宋本春秋公羊經傳解詁

第二册

（漢）何休 撰 （唐）陸德明 音義

國家圖書館出版社

第二册目録

卷七

卷八

卷十

昭公

卷十一

卷十二

春秋公羊經傳解詁宣公第七

何休學

元年。春。王正月。公即位。繼弒君不言即位。此其言即位何。其意也（桓公篡成君宣公篡未踰年君嫌其義異故復發傳）。公子遂如齊逆女（譏喪娶復書不親迎者嫌觸諱不成其文也有母言如者緣內諱無貶公文）三月。遂以夫人婦姜至自齊。遂何以不稱公子。一事而再見者。卒名也（卒竟也竟但舉名者省文）夫人何以不稱姜氏（据僑如以夫人婦姜氏至自齊也經有姜不但問不稱氏者嫌据夫人氏欲使去姜）貶。曷為貶（据俱至也）譏喪娶也。喪娶者。公也。則曷為貶夫人（据師還也）內無貶于公之道也（明下無貶上之義）內無貶于公之道。則曷為貶夫人（据俱有諱義）夫人與公一體也（恥辱等與公共之夫人貶則公惡明矣去氏比於去姜差輕可言故不諱貶夫人。差初賣反）其稱婦何据桓公夫人至不稱婦有姑之辭也有姑當以婦禮至無姑當以夫人禮至故分別言之言以者見行遂意也見繼重在遂因遠別也月者公不親迎危録之例也。夏季孫行父如齊。晉放其大夫胥甲父于衛。放之者何。猶曰無去是云爾是是衛然則何言爾。近正也。此其爲近正奈何。古者大夫已去三年待放古者刑不上大夫蓋以爲摘巢毀卵則鳳皇不翔刳胎焚夭則麒麟不至刑之則恐誤刑賢者死者不可復生刑者不可復屬故有罪放之而已所以尊賢者之類也三年者古者疑獄三年而後斷易曰繫用徽纆寘於叢棘三歲不得凶是也自嫌有罪當誅故三年不敢去。摘吐狄反刳口孤反屬音蜀叢棘才工反君放之非也曰無去是非也大夫待放正也聽君不去衛正也古者臣有大喪則君三年不呼其門重奪孝子之恩也禮父母之喪三年不從政齊衰大功之喪三月不從政故孔子曰夏后氏三年之喪既殯而致事殷人既葬而致事周人卒哭而致事君子不奪人之親亦不可奪親也已練可以弁冕此說時衰正失非謂禮當然弁禮所謂皮弁爵弁也皮弁武冠爵弁文冠夏曰收殷曰冔周曰弁加旒曰冕主所以入宗廟。冔況甫反服金革之事謂以兵事使之君使之非也非古道也臣行之禮也臣順君命亦禮也此與君放之非臣待君放正同故引同類相發明閔子閔子騫以孝聞要經而服事禮已練男子除乎首婦人除乎帶○要一遙反既而曰若此乎古之道不即人心既事畢言古者不敢斥君即近也退而致仕退退身也致仕還祿位于君孔子蓋善之也善其服事外得事君之義致仕內不失親親之恩言古者又孫順不訕其君也不言君子者時賢者多以為非唯孔子以為是○孫音遜○公會齊侯于平州○公子遂如齊○六月齊人取濟西田外取邑不書此何以書據曹取之不書○濟子禮反所以賂齊也魯所以賂遺齊故稱人共國辭○遺唯季反曷為賂齊據上無戰伐無所謝為弒子赤之賂也子赤齊外孫宣公篡弒之恐為齊所誅為是賂之故諱使若齊自取之者亦因惡齊取篡者賂當坐取邑未之齊坐者由律行言許受賂也月者惡內甚于邾婁子益○秋邾婁子來朝○楚子鄭人侵陳遂侵宋微者不得言遂遂者楚子之遂也不從鄭人去遂者兵尊者兼將○將子匠反

○晉趙盾帥師救陳。宋公。陳侯。衛侯。曹伯會晉師于斐林。伐鄭。此晉趙盾之師也据上趙盾救陳微者不能會諸侯○斐芳尾反曷爲不言趙盾之師据公子遂會晉趙盾于衡雍伊雒戎盟再出名氏君不會大夫之辭也時諸侯爲趙盾所會不與卑致尊故正之去大夫名氏使若更有師也殊會地之者起諸侯爲盾所會○冬。晉趙穿帥師侵柳。柳者何。天子之邑也天子之間田也有大夫守之晉與大夫忿爭侵之○閒音閑曷爲不繫乎周据王師敗績于貿戎繫王○貿音茂不與伐天子也絕正其義使若兩國自相伐○晉人。宋人。伐鄭

二年。春。王二月。壬子。宋華元帥師。及鄭公子歸生帥師戰于大棘。宋師敗績。獲宋華元復出宋者非獨惡華元明恥辱及宋國○華戶化反○秦師伐晉秦稱師者閔其衆惡其將本秦之忿起殽之戰今襄公繆公已死可以止矣而復伐晉惡其構怨結禍無已○夏。晉人。宋人。衛人。陳人。侵鄭。○秋。九

月乙丑晉趙盾弑其君夷獋。夷獋户刀反又古刀反二傳作夷皐。冬十月乙亥天王崩匡王

三年春王正月郊牛之口傷改卜牛牛死乃不郊猶三望其言之何據食角緩也辭間容之故為緩不若食角急也別天牲主以角書者譏宣公養牲不謹敬不絜清而災重事至尊故詳録其簡甚曷為不復卜據定十五年牛死改卜牛養牲養二卜二卜語在下帝牲不吉帝皇天大帝在北辰之中主總領天地五帝羣神也不吉者有災則扳稷牲而卜之先卜帝牲養之有災更引稷牲卜之以為天牲養之凡當二卜爾復不吉不復郊。扳普顏反又甫姦反帝牲在于滌三月滌宮名養帝牲三年之處也謂之滌者取其蕩滌絜清三年者各主一月取三月一時足以充其天牲。于滌大歷反養牲宮名於稷者唯具是視視其身體具無災害而已不特養于滌宮所以降稷尊帝郊則曷為必祭稷據郊者主為祭天王者必以其祖配祖謂后稷周之始祖姜嫄履大人迹所生配配食也王者則曷為必以其

祖配据方父事夫自內出者。無匹不行匹合也無所與會合則不行自外
至者。無主不止必得主人乃止者天道闇昧故推人道以接之不以文王配者重本尊始之義也故孝經曰郊
祀后稷以配天宗祀文王於明堂以配上帝五帝在太微之中迭生子孫更王天下書改卜者善其應變得禮也○迭大結反更王音庚
下于況反○葬匡王。○楚子伐賁渾戎。賁渾舊音六或音奔下戶門反二傳作陸渾○
夏。楚人侵鄭。○秋。赤狄侵齊。○宋師圍曹。○冬。十
月。丙戌。鄭伯蘭卒。○葬鄭繆公葬不月者子未三年而弒故略之也○繆音穆
四年。春。王正月。公及齊侯平莒及郯。莒人不肯。○
公伐莒。取向。此平莒也。其言不肯何据取汶陽田不言棘不肯辭
取向也爲公取向作辭也恥行義爲利故諱使若莒不肯起其平也聽公平伐取其邑以弱之者愈也莒言及者明非莒不
肯起其平也書齊侯者公不能獨平也月者惡錄之○公爲于僞反○秦伯稻卒。○夏。六月。乙
酉。鄭公子歸生弒其君夷。○赤狄侵齊。○秋。公如

齊。公至自齊。冬。楚子伐鄭。五年春。公如齊。夏。公至自齊。秋。九月。齊高固來逆子叔姬。叔孫得臣卒不日者知公子遂欲弒君爲人臣知賊而不言明當誅。冬。齊高固及子叔姬來。何言乎高固之來据當舉叔姬爲重大夫私事不當書。爲重直用反下同言叔姬之來。而不言高固之來則不可禮大夫妻歲一歸宗叔姬爲歸嫁而與高固來如但言叔姬來而不言高固來則魯負教戒重不可言故書高固明失教戒重在固言及者猶公及夫人子公羊子曰。其諸爲其雙雙而俱至者與言其雙行匹至似於鳥獸。楚人伐鄭

六年春。晉趙盾衛孫免侵陳。趙盾弒君。此其復見何据宋督鄭歸生齊崔杼弒其君後不復見。見何賢徧反親弒君者。趙穿也復見趙盾者欲起親弒者趙穿非盾親弒君者趙穿則曷爲加之趙盾不討賊

也。何以謂之不討賊據皆去葬弃不加弒晉史書賊曰。晉趙盾
弒其君夷獋。趙盾曰。天乎。無辜辜罪也呼天告冤吾不弒君。
誰謂吾弒君者乎。史曰。爾爲仁爲義。人弒爾君。而
復國不討賊。此非弒君如何復反也趙盾不能復應者明義之所責不可辭趙
盾之復國奈何。靈公爲無道。使諸大夫皆內朝禮公
族朝於內朝親親也雖冨貴者以齒明父子也外朝以官體異姓也宗廟之中以爵爲位崇德也宗人授事以官尊賢也升餕受爵以上嗣尊
祖之道也喪紀以服之精粗爲序不奪人之親也○餕音俊然後處乎臺上。引彈而彈
之。己趨而辟丸己己諸大夫也○己音紀是樂而已矣以是爲笑樂○是樂音洛趙
盾已朝而出。與諸大夫立於朝。有人荷畚荷負也畚草器若今
市所量穀者是也齊人謂之鍾○有人何本又作荷胡可反又音同畚音本自閨而出者宮中之門謂之闈其
小者謂之閨從內朝出立于外朝見出閨者知外朝在閨外內朝在閨內可知趙盾曰。彼何也。夫畚。

曷爲出乎閨彼何者始怪何等物之辭熟視知其爲畚乃言夫畚者賤器何故乃出尊者之閨乎呼之不至怪而呼欲問之曰子大夫也欲視之則就而視之顧君責已以視人欲以見就爲解也古者士大夫通曰子○繲佳賣反又如字趙盾就而視之則赫然死人也赫然已支解之貌趙盾曰是何也曰膳宰也主宰割殺膳者若今大官宰人熊蹯不熟蹯掌公怒以斗摮而殺之摮猶擊也擊謂旁擊頭項○摮五羔反又苦交反猶擊也擊口弔反擊手也支解將使我棄之趙盾曰嘻趨而入靈公望見趙盾愬而再拜愬者驚貌禮臣拜然後君答拜靈公先拜者畚出盾入知其欲諫欲以敬拒之使不復言也禮天子爲三公下階御前席大夫興席士式几○愬所革反又許路反趙盾逡巡北面再拜稽首頭至地曰稽首頭至手曰拜手趨而出本欲諫君君以拜謝知已意與其當覺悟故出靈公心怍焉怍慙貌慙盾知己過○怍在洛反欲殺之於是使勇士某者往殺之某者本有姓字記傳者失之勇士入其大門則無人

門焉者。入其閨則無人閨焉者焉者於也是無人於閨門守視者也上其堂則無人焉但言焉絕語辭堂不設守視人故不言堂焉者俯而闚其户俯俛頭户室户方食魚飧。勇士曰嘻。子誠仁人也。吾入子之大門。則無人焉。入子之閨則無人焉。上子之堂則無人焉。是子之易也易猶省也。飧音孫子爲晉國重卿。而食魚飧。是子之儉也。君將使我殺子。吾不忍殺子也。雖然。吾亦不可復見吾君矣負君命也遂刎頸而死勇士自斷頭也傳極道此者用約儉之衛也甚於重門擊柝孔子曰禮與其奢也寧儉此之謂也。頸居郢反斷音短重直容反柝他洛反靈公聞之怒。滋欲殺之甚滋猶益也衆莫可使往者。於是伏甲于宮中。召趙盾而食之。趙盾之車右祁彌明者。國之力士也。禮大夫驂乘有車右有御者。而食音嗣下同祁工支反佹然從乎趙盾而入。佗然壯勇貌。○佗魚乙反放乎堂下而立嫌靈公復欲殺盾故入以爲意禮器記曰天子堂高九尺諸侯七尺大夫五尺士三尺趙盾已食。靈公謂盾曰。吾聞子之劒。蓋利劒也。子以示我。吾將觀焉授君劒當拔而進其首靈公因欲以推殺之趙盾起。將進劒。祁彌明自下呼之曰。盾食飽則出。何故拔劒於君所。趙盾知之由入曰知之自已知曰覺焉躇階而走躇猶超遽不暇以次。○躇丑略反與踱同一本作辵音同劇不其據反本亦作遽靈公有周狗周狗可以比周之狗所指如意。○比毗志反謂之獒大四尺曰獒○獒五刀反呼獒而屬之獒。獒亦躇階而從之。祁彌明逆而踆之以足逆躝曰踆○踆音存以足逆蹋之躝徒臘反絕其頷頷口。○頷户感反趙盾顧曰。君之獒不若臣之獒也。然而宮中甲鼓而起。甲即上所道伏甲約勒聞鼓聲當起殺盾有起于甲中者。抱趙盾而乘之欲趨疾走趙盾顧曰。吾何

以得此于子猶曰吾何以得此救急之恩於子邪非所以意悟曰。子某時所食活
我于暴桑下者也某時者記傳者失之暴桑蒲蘇桑傳道此者明人當素積恩德趙盾曰。
子名爲誰後欲報之曰。吾君孰爲介介甲也猶曰我晉君誰爲與此甲兵豈不爲盾乎
子之乘矣。何問吾名之乘即上車也猶曰子已上車矣何不疾去而反徐問吾名乎欲令蚤免去不望報矣。○蚤音早
趙盾驅而出。衆無留之者明盾賢人不忍殺也且靈公無道民衆不說以致見殺
趙穿緣民衆不說。起弒靈公。然後迎趙
盾而入。與之立于朝復大夫位也即所謂復國不討賊明史得用責之傳極道此上事者明君雖不君臣不可以不臣○不說音悅
而立成公黑臀不書者明以惡夷狎猶不書○剽立○臀徒門反剽匹妙反
夏四月○秋。八月。螺先是宣公伐莒取向公比如齊所致○冬。十月
七年春。衛侯使孫良夫來盟○夏。公會齊侯伐萊
○秋。公至自伐萊○大旱爲伐萊踰時也○爲于僞反○冬。公會晉

侯。宋公。衛侯。鄭伯。曹伯。于黒壤

八年。春。公至自會。○夏。六月。公子遂如齊。至黄乃復。其言至黄乃復何（据公孫敖不言至復又不言乃）有疾也（乃難辭也上言乃復下有卒知以疾爲難）○（難辭乃旦反）何言乎有疾乃復（据公如晉以有疾乃復殺恥以爲有疾無惡）譏。何譏爾。大夫以君命出。聞喪。徐行而不反（聞喪者聞父母之喪徐行者不忍疾行又爲君當使人追代之以喪喻疾者喪尚不當反況於疾乎順經文而重責之言乃不言有疾者有疾猶不得反也敖不言乃者明無所難爲重敖當誅遂當絶）○辛巳。有事于大廟。○仲遂卒于垂。仲遂者何（据不稱公子故問之）公子遂也（自是後無遂卒知公子遂）何以不稱公子（据公子季友卒雖加字猶稱公子也）貶。曷爲貶。爲弒子赤貶。然則曷爲不於其弒焉貶（据叔孫得臣卒不貶）於文則無罪。於子則無年（据翬終隱之篇貶欲使於文十八年子赤卒年中貶）（此解十八年秋如齊不貶意也十八年編於文公貶之則嫌有罪於文公無罪）

於子亦也卒乃貶者元年逆女嫌爲喪娶貶也公會平州下如齊也嫌公遂如齊嫌坐乃復貶也貶加字者起嬰齊所氏明爲歸父後大宗不
得絕也地者絕外卒明當有卒外禮也日者不去樂也書有事者爲不去樂張本○編必連反○壬午。猶繹。萬
入去籥。繹者何。祭之明日也禮繹繼昨日事但不灌地降神爾天子諸侯曰繹大夫曰
賓尸士曰宴尸去事之殺也必繹者尸屬昨日配先祖食不忍輒忘故因以復祭禮則無有誤敬慎之至殷曰肜周曰繹繹者據今日道昨日
不敢斥尊言之文意也肜者肜肜不絕據昨日道今日斥尊言之質意也祭必有尸者節神也禮天子以卿爲尸諸侯以大夫爲尸卿大夫以
下以孫爲尸夏立尸殷坐尸周旅酬六尸○屬音燭肜羊弓反萬者何。干舞也干謂楯也能爲人扞難而不使
害人故聖王貴之以爲武樂萬者其篇名武王以萬人服天下民樂之故名之云爾○楯食允反扞户旦反籥者何。籥
舞也籥所吹以節舞也吹籥而舞文樂之長其言萬入去籥何據入者不言萬去樂不言
名去其有聲者不欲令人聞之也廢其無聲者廢置也置者不去也齊人語
存其心焉爾。存其心焉爾者何。知其不可而爲之
也明其心猶存於樂知其不可故去其有聲者而爲之猶者何。通可以已也禮大夫死爲廢一時

之祭有事于廟而聞之者去樂卒事卒事而聞之者廢繹日者起明日也言入者據未奏去萬爵時書凡祭自三年喪已下各以日月廢時祭唯郊社越紼而行事可○戊子。夫人熊氏薨。○晉師白狄伐秦。○楚人滅舒蓼。○秋。七月。甲子。日有食之既是後楚莊王圍宋、析骸易子伐鄭勝晉鄭伯凶伍晉大敗於邲中國精奪屈服彊楚之應。○冬。十月。己丑。葬我小君頃熊。雨不克葬。庚寅。日中而克葬。頃熊者何。宣公之母也熊氏楚女宣公卽僖公妾子。○頃音傾而者何。難也。乃者何謂問定公日下昃乃克葬難也禮卜葬從遠日不克葬見難者臣子重難不得以正日葬其君曷爲或言而。或言乃。乃難乎而也言乃者內而深言而者外而淺下昃日昳久故言乃孔子曰其爲之也難言之得無訒乎皆所以起孝子之情也雨不克葬者爲不得行葬禮孔子曰生事之以禮死葬之以禮祭之以禮故不得行禮則不葬也魯自錄雨不克葬者恩錄內尤深也別朝莫者明見日乃葬也。○訒音刃莫音暮○城平陽。○楚師伐陳

九年。春。王正月。公如齊月者善宣公事齊合古禮卒使齊歸濟西田不就十年月者五年再

朝近得正孔子曰知和而和不以禮節之亦不可行也明雖事人皆當合禮。公至自齊。夏仲孫蔑如京師。齊侯伐萊。秋取根牟。根牟者何。邾婁之邑也。曷爲不繫乎邾婁。諱亟也亟疾也屬有小君之喪邾婁子來加禮未期而取其邑故諱不繫邾婁也上有小君喪而下諱取之則邾婁加禮明矣未期年從加禮數者猶王子虎從會葬數。亟去冀反未期音基。八月滕子卒。九月晉侯宋公衛侯鄭伯曹伯會于扈。晉荀林父帥師伐陳。辛酉晉侯黑臀卒于扈。扈者何。晉之邑也。諸侯卒其封內不地。此何以地据陳侯鮑卒不地卒于會故地也起時衰多窮厄伐喪而卒於諸侯會上故地危之未出其地故不言會也左右皆臣民雖卒於會上危愈於竟外故不復著言會也出外死有輕重死於師尤甚於會次之如人國次之於封內最輕不書葬者故篡也。冬十月癸酉衛侯鄭卒不書葬者殺公子瑕也。宋人圍滕。楚子伐鄭。晉郤缺

帥師救鄭。陳殺其大夫泄冶

十年。春。公如齊。公至自齊。齊人歸我濟西田。齊已取之矣。其言我何（据歸讙及闡齊已取不言我。○僤本又作闡昌善反）言我者未絕於我也。曷為未絕于我（据有俄道）齊已言取之矣（齊已言語許取之）其實未之齊也（其人民貢賦尚屬於魯實未歸於齊不言來者明不從齊來不當坐取邑凡歸邑物例皆時）。夏。四月。丙辰。日有食之（與甲子既同事重故累食）。己巳。齊侯元卒。齊崔氏出奔衛。崔氏者何。齊大夫也。其稱崔氏何（据齊高無咎出奔名連崔氏者與尹氏俱稱氏嫌為采邑）貶。曷為貶（据外大夫奔不貶）譏世卿。世卿。非禮也（復見譏者嫌尹氏王者大夫職重不當世諸侯大夫任輕可世也因齊大國禍著故就可以為法戒明王者尊莫大於周室彊莫大於齊國世卿猶能危之）。公如齊（不言奔喪者尊內也猶不言朝聘）五月。公至自齊。癸巳。陳夏徵舒弒

其君平國。六月。宋師伐滕。公孫歸父如齊。葬齊
惠公。晉人。宋人。衛人。曹人。伐鄭。秋。天王使王
季子來聘。王季子者何。天子之大夫也。其稱王季
子何据叔服不繫王不稱子王札子不稱季貴也。其貴奈何。母弟也。子者王子也天
子不言子弟故變文上季繫先王以明之著其骨肉貴體親也。公孫歸父帥師伐邾婁取
蘱。蘱顛又力對㪚類二反。大水。先是城平陽取根牟及蘱役重民怨之所生。季孫行父
如齊。冬。公孫歸父如齊。齊侯使國佐來聘。
饑。何以書。以重書也。民食不足百姓不可復興危亡將至故重而書之明當自省減開倉庫贍振之
哀公問於有若曰年饑用不足如之何有若對曰盍徹乎曰二吾猶不足如之何其徹也對曰百姓足君孰與不足百姓不足君孰與足。贍
常豔反。楚子伐鄭
十有一年。春。王正月。夏。楚子。陳侯。鄭伯。盟于辰

陵不日月者莊王行霸約諸侯明王法討徵舒善其憂中國故爲信辭○公孫歸父會齊人伐莒○秋晉侯會狄于欑函離不言會言會者見所聞世治近升平內諸夏而詳錄之殊夷狄也下發傳於是者方具說其義故從外內悉舉者明言之○冬十月楚人殺陳夏徵舒此楚子也其稱人何據下入陳稱子貶曷爲貶據徵舒有罪不與外討也辟天子故貶見之即所謂貶絕然後罪惡見不與外討者因其討乎外而不與也雖內討亦不與也雖自討其臣下亦不得專殺也曷爲不與據善爲齊誅之實與而文不與不言執與討賊同文文曷爲不與諸侯之義不得專討也諸侯之義不得專討則其曰實與之何上無天子下無方伯天下諸侯有爲無道者臣弒君子弒父力能討之則討之可也與齊桓專封同義不書兵者時不伐○丁亥楚子入陳日者惡莊王討賊之後欲利其國復出楚子者爲下納善不當貶不

可因上貶文

納公孫甯儀行父于陳。此皆大夫也。其言納何。據納者謂已絕也。今甯儀行父上未有出奔絕文，故見大夫反言納也。○甯，乃定反，音佞。納公黨與也。徵舒弒君，甯儀行父如楚訴徵舒，徵舒之黨從後絕其位，楚爲討徵舒而納之，本以助公見絕，故言納公黨與。不書徵舒絕之者，以弒君爲重。主書者，美楚能變悔改過以遂前功，卒不取其國而存陳。不繫國者，因上入陳可知。

十有二年。春。葬陳靈公。討此賊者。非臣子也。何以書葬。據惠公殺里克不書卓子葬。君子辭也。楚已討之矣。臣子雖欲討之。而無所討也。無所復討也。不從殺泄冶不書葬者，泄冶有罪，故從討賊書葬，則君子辭與泄冶罪兩見矣。不月者，獨甯儀行父有訴楚功，上已言納，故從餘臣子恩薄略之。○楚子圍鄭。○夏。六月。乙卯。晉荀林父帥師。及楚子戰于邲。晉師敗績。大夫不敵君。此其稱名氏以敵楚子何。據城濮之戰子玉得臣貶也。不與晉而與楚子爲禮也。不與晉而反與楚子爲君臣之禮，以惡晉。曷爲不與

晉而與楚子爲禮也據城濮之戰貶得臣者不與楚爲禮莊王伐鄭勝乎
皇門勝戰勝皇門鄭郭門放乎路衢路衢鄭郭內衢道四達謂之衢鄭伯肉袒左
執茅旌茅旌祀宗廟所用迎道神指護祭者斷曰藉不斷曰旌用茅者取其心理順一自本而暢乎末所以通精誠副至意
○斷音短藉在夜反右執鸞刀鸞刀宗廟割切之刀環有和鋒有鸞執宗廟器者示以宗廟不血食自歸首以
逆莊王曰寡人無良邊垂之臣諸侯自稱曰寡人天子自稱曰朕良善也無善喻有
過言已有過於楚邊垂之臣謙不敢斥莊王以干天禍干犯也謙不敢斥莊王歸之於天是以使
君王沛焉沛焉者怒有餘之貌猶傳曰力沛若有餘○沛普蓋反辱到敝邑遠自勞辱到於
鄭也諸侯自稱國曰敝邑君如矜此喪人自謂已喪亡錫之不毛之地墝埆
不生五穀曰不毛謙不敢求肥饒○墝埆上苦交反下音學使帥一二耋老而綏焉六十稱耋
七十稱老綏安也謙不敢多索丁夫願得主帥一二老夫以自安○多索所白反舊本作策音索請唯君王之
命莊王曰君之不令臣交易爲言是亦莊王謙不斥鄭伯之辭令善也交易

猶往來也言君之不善臣數往來爲惡言○屢住力住反又作數數音朔是以使寡人得見君之玉面而微至乎此微喻小也積小語言以致於此莊王親自手旌自以手持旌也緇廣充幅長尋曰旐繼旐如燕尾曰旆加文章曰旗錯革鳥曰旟注旄首曰旌左右撝軍退舍七里。將軍子重諫曰南郢之與鄭相去數千里南郢楚都不能二千里言數千里者欲深感莊王使納其言○數所主反諸大夫死者數人廝役扈養死者數百人艾草爲防者曰廝汲水漿者曰役養馬者曰扈炊亨者曰養○扈養餘亮反艾魚廢反今君勝鄭而不有無乃失民臣之力乎無乃猶得無莊王曰古者杅不穿皮不蠹則不出於四方杅飲水器穿敗也皮裘也蠹壞也言杅穿皮蠹乃出四方古者出四方朝聘征伐皆當多少圖有所喪費然後乃行爾喻已出征伐士卒死傷固其宜也不當以是故滅有鄭恥不能早服也○杅不音于費芳味反是以君子篤於禮而薄于利篤厚也不惜杅皮之費而貴朝聘征伐者厚於禮義薄於財利要其人而不要其土本所以伐鄭者欲要其人服罪過耳不要取其

土地猶古朝聘欲厚禮義不顧杅皮告從從服從不赦不詳善用心曰詳吾以不詳
道民災及吾身何日之有何日之有猶無有日既則晉師之救
鄭者至荀林父也曰請戰荀林父請戰莊王許諾將軍子重諫
曰晉大國也國大衆彊王師淹病矣淹久也諸大夫厮役死者是君請勿
許也莊王曰弱者吾威之彊者吾辟之是以使寡
人無以立乎天下以是故必使寡人無以立功名于天下令之還師而逆
晉寇言還者時莊王勝鄭去矣會晉師至復還戰也言寇者傳序經意謂晉如寇虜莊王鼓之晉師
大敗晉衆之走者舟中之指可掬矣時晉乘舟渡泌水戰兵敗反走欲急
去先入舟者斬後扳舟者指指隋舟中身隋泌水中而死可掬者言其多也以兩手曰掬禮天子造舟諸侯維舟卿大夫方舟士特舟○可掬
九六反注同扳普顏反又必顏反造七報反莊王曰嘻吾兩君不相好敵大夫戰言兩
君者林父本以君命來百姓何罪令之還師而佚晉寇佚猶過使得過渡泌

水去也晉見莊王行義於陳功立威行嫉妬欲敗之救鄭雖解猶擊之不止為其欲壞楚善行以求上人故奪不使與楚成禮而亭林父於上罪起其事言及者以臣及君不嫌晉直明晉汲汲欲敗楚爾陸戰當舉地而舉水者大莊王閔隋水而佚晉寇○而佚音逸注同壞音怪○

秋七月○冬十有二月戊寅楚子滅蕭日者屬上有王言今反滅人故深責之○晉人宋人衛人曹人同盟于清丘○宋師伐陳○衛人救陳

十有三年春齊師伐衛○夏楚子伐宋○秋螽先是新饑而使歸父會齊人伐莒賦斂不足國家遂虛下求不已之應○螽音終○冬晉殺其大夫先縠

十有四年春衛殺其大夫孔達○夏五月壬申曹伯壽卒日者公子喜時父也緣臣子尊榮莫不欲與君父共之故加録之所以養孝子之志許人子者必使父也○晉侯伐鄭○秋九月楚子圍宋月者惡久圍宋使易子而食之○惡烏路反○葬曹文公○冬公孫歸父會齊侯于穀

十有五年春。公孫歸父會楚子于宋。宋見圍不得與會地以宋者善內為救宋行雖不能解猶為見人之厄則矜之故養遂其善意不嫌與實解宋同文者平事見刺皆可知○與音預 ○夏五月。宋人及楚人平。外平不書。此何以書。據上楚鄭平不書 大其平乎己也。己二大夫 何大乎其平乎己。據大夫無遂事 莊王圍宋。軍有七日之糧爾。盡此不勝。將去而歸爾。於是使司馬子反。乘堙而闚宋城。宋華元亦乘堙而出見之。堙距堙上城具 司馬子反曰。子之國何如。華元曰。憊矣。曰何如。問憊意也○憊皮誡反 曰。易子而食之。析骸而炊之。析破骸人骨也 司馬子反曰。嘻。甚矣憊。雖然。雖如所言 吾聞之也。圍者古有見圍者 柑馬而秣之。秣者以粟置馬口中柑者以木銜其口不欲令食粟示有畜積○柑其廉反以木銜馬口 使肥者應客。示飽足也 是何子之情也。猶曰何大露情 華元曰。

吾聞之君子見人之厄則矜之（矜閔）小人見人之厄則幸之（幸僥幸）吾見子之君子也是以告情于子也司馬子反曰諾（諾者受語辭）勉之矣（勉猶努力使努力堅守之）吾軍亦有七日之糧爾盡此不勝將去而歸爾揖而去之反于莊王（反報於莊王）莊王曰何如司馬子反曰憊矣曰何如曰易子而食之析骸而炊之莊王曰嘻甚矣憊雖然（雖已憊）吾今取此然後而歸爾（意未足也）司馬子反曰不可吾已告之矣軍有七日之糧爾莊王怒曰吾使子往視之子曷為告之司馬子反曰以區區之宋（區區小貌）猶有不欺人之臣可以楚而無乎是以告之也莊王曰諾（先以諾受絕子反語）舍而止（更命築舍而止示無去計）雖然（雖宋

已知我糧短吾猶取此。然後歸爾欲徹糧待勝也司馬子反曰。然則君請處于此。臣請歸爾。莊王曰。子去我而歸。吾孰與處于此。吾亦從子而歸爾。引師而去之。故君子大其平乎己也大其有仁恩此皆大夫也。其稱人何。貶。曷爲貶据大其平平者在下也言在下者譏二子在君側不先以便宜反報歸美于君而生事專平故貶稱人等不勿貶不言遂者在君側無遂道也以主坐在君側遂爲罪也知經不以文實貶也凡爲文實貶者皆以取專事爲罪月者專平不易○

六月。癸卯。晉師滅赤狄潞氏。以潞子嬰兒歸。潞何以稱子据其滅稱氏潞子之爲善也。躬足以亡爾躬身雖然。君子不可不記也。離于夷狄疾夷狄之俗而去離之故稱子而未能合于中國未能與中國合同禮義相親比也故猶繫赤狄晉師伐之。中國不救。狄人不有。是以亡也以去俗歸義亡故君子閔傷進之曰者痛録之名者示所聞世始録小國也録以歸者因可責而責之責而加進之者明不當絶當復其氏○秦人伐晉○王札子殺召伯毛伯王札子者何長庶之號也天子之庶兄札者冠且字也禮天子庶兄冠而不名所以尊之子者王子也天子不言子弟故變文王札繫先王以明之不稱伯仲者辟同母兄弟起其爲庶兄也主書者惡天子不以禮尊之而任以權至令殺尊卿二人不言其大夫者挈也惡二大夫居尊卿之位爲下所提挈而殺之大夫相殺不稱人者正之諸侯大夫顧弒君重故降稱人王者至尊不得顧○秋螽從十三年之後上求未已而又歸公此年再出會内計稅畝百姓動擾之應○仲孫蔑會齊高固于牟婁○初稅畝初者何始也○稅畝者何履畝而稅也時宣公無恩信於民民不肯盡力於公田故履踐案行擇其善畝穀最好者稅取之初稅畝何以書譏何譏爾譏始履畝而稅也○何譏乎始履畝而稅據用田賦不言初亦不言稅畝古者什一而藉什一以借民力以什與民自取其一爲公田古者曷爲什一而藉據數非一什一者天下之中正也多乎什一大桀小桀奢泰多取於民比於桀也寡乎

什一。大貉小貉蠻貉無社稷宗廟百官制度之費稅薄。○大貉，亡百反。費，芳味反。什一者。天下之中正也。什一行而頌聲作矣頌聲者，太平歌頌之聲，帝王之高致也。春秋經傳數萬，指意無窮，狀相須而舉，相待而成，至此獨言頌聲作者，民以食爲本也。夫飢寒並至，雖堯舜躬化，不能使野無寇盜；貧富兼并，雖皐陶制法，不能使彊不陵弱。是故聖人制井田之法而口分之：一夫一婦受田百畝，以養父母妻子，五口爲一家，公田十畝，即所謂什一而稅也；廬舍二畝半，凡爲田一頃十二畝半，八家而九頃，共爲一井，故曰井田。廬舍在內，貴人也；公田次之，重公也；私田在外，賤私也。井田之義：一曰無泄地氣，二曰無費一家，三曰同風俗，四曰合巧拙，五曰通財貨。因井田以爲市，故俗語曰市井。種穀不得種一穀，以備災害。田中不得有樹，以妨五穀。還廬舍種桑荻雜菜，畜五母雞、兩母豕，瓜果種疆畔，女工蠶織，老者得衣帛焉，得食肉焉，死者得葬焉。多於五口，名曰餘夫，餘夫以率受田二十五畝。十井共出兵車一乘。司空謹別田之高下善惡，分爲三品：上田一歲一墾，中田二歲一墾，下田三歲一墾。肥饒不得獨樂，墝埆不得獨苦，故三年一換土易居，財均力平，兵車素定，是謂均民力，彊國家。在田曰廬，在邑曰里。一里八十戶，八家共一巷。中里爲校室，選其耆老有高德者，名曰父老；其有辯護伉健者，爲里正，皆受倍田，得乘馬。父老比三老孝弟官屬，里正比庶人在官之吏。民春夏出田，秋冬入保城郭。田作之時，春，父老及里正旦開門坐塾上，晏出後時者不得出，莫不持樵者不得入。五穀畢入，民皆居宅，里正趨緝績，男女同巷相從夜績至於夜中故女功一月得四十五日作從十月盡正月止男女有所怨恨相從而歌飢者歌其食勞者歌其事男年六十女年五十無子者官衣食之使之民間求詩鄉移於邑邑移於國國以聞於天子故王者不出牖户盡知天下所苦不下堂而知四方十月事訖父老教於校室八歲者學小學十五者學大學其有秀者移於鄉學鄉學之秀者移於庠庠之秀者移於國學學於小學諸侯歲貢小學之秀者於天子學於大學其有秀者命曰造士行同而能偶別之以射然後爵之士以才能進取君以考功授官三年耕餘一年之畜九年耕餘三年之積三十年耕有十年之儲雖遇唐堯之水殷湯之旱民無近憂四海之內莫不樂其業故曰頌聲作矣○數所主反以食音嗣伉苦浪反一音苦杏反塈音溉莫音暮

○冬蝝生未有言蝝生者此其言蝝生何蝝即螺也始生曰蝝大曰螺○蝝與專反蝝生不書此何以書幸之也幸僥幸幸之者何聞災當懼反喜非其類故執不知問猶曰受之云爾受之云爾者何上變古易常上謂宣公變易公田古常舊制而税畝應是而有天災應是變古易常而有天災螺民用飢其諸則宜於此焉變矣言宣公於此天災饑後能受過變寤明年復古行中冬大有年其功美過於無災故君子深為喜而僥幸之變螺言蝝以不為災書起其事○饑

十有六年。春。王正月。晉人滅赤狄甲氏。及留吁。言及者留吁行微不進○夏。成周宣謝災。成周者何。東周也。後周分為二天下所名為東周名為成周者本成王所定名天下初號之云爾○宣謝災左氏作宣榭火宣謝者何。宣宮之謝也。宣宮周宣王之廟也至此不毀者有中興之功室有東西廂曰廟無東西廂有室曰寢無室曰謝何言乎成周宣謝災。據天子之居稱京師宋災不別所燒樂器藏焉爾。宣王中興所作樂器成周宣謝災。何以書。記災也。外災不書。此何以書。新周也。新周故分別所災不與宋同也孔子以春秋當新王上黜杞下新周而故宋因天災中興之樂器示周不復興故繫宣謝於成周使若國文黜而新之從為王者後記災也○秋。郯伯姬來歸。嫁不書者為媵也來歸書者後為嫡也死不卒者已棄有更適人之道或時為大夫妻故不得待以初也棄歸例有罪時無罪月○冬。大有年。

十有七年。春。王正月。庚子。許男錫我卒。錫思歷反○丁未。蔡侯申卒。○夏。葬許昭公。○葬蔡文公。不月者齊桓晉文沒

後先背中國與楚故略之與楚在文十年

○六月。癸卯。日有食之是後邾婁人戕鄫子四國大夫敗齊師于鞌齊侯逸獲君道微臣道強之所致。鞌音安○己未。公會晉侯。衛侯。曹伯。邾婁子同盟于斷道。斷音短又大短反○秋。公至自會。○冬。十有一月。壬午。公弟叔肹卒稱字者賢之宣公篡立叔肹不仕其朝不食其祿終身於貧賤故孔子曰篤信好學守死善道危邦不入亂邦不居天下有道則見無道則隱此之謂也禮盛德之士不名天子上大夫不名春秋公子不為大夫者不卒卒而字者起其宜為天子上大夫也孔子曰興滅國繼絕世舉逸民天下之民歸心焉

十有八年。春。晉侯。衛世子臧伐齊。○公伐杞。○夏。四月。○秋。七月。邾婁人戕鄫子于鄫。戕鄫子于鄫者何。殘賊而殺之也支解節斷之故變殺言戕戕則殘賊惡無道也言于鄫者刺鄫無守備小國本不卒故亦不日。斷音短○甲戌。楚子旅卒。何以不書葬。據日而名吳楚之君不書葬。辟其號也旅即莊王也葬從臣子辭當稱王故絕其葬明當誅之至此卒者因其有賢行

○行下孟反 ○公孫歸父如晉○冬十月壬戌公薨于路寢○歸父還自晉至檉遂奔齊還者何善辭也何善爾歸父使於晉上如晉是還自晉至檉聞君薨家遣家爲魯所逐遣以先人弒君故也墠帷埽地曰墠今齊俗名之云爾將祖歸故設帷重形○墠帷音善埽地張帷哭君成踊踊辟踊也禮必踊者如嬰兒之慕母矣成踊成三月五哭踊之禮禮臣爲君本服斬衰故成踊比二日朝莫哭踊三日朝哭踊莫不復哭踊去事之殺也○殺所戒反反命乎介因介反命禮卿出聘以大夫爲上介以士爲衆介自是走之齊主書者善其不以家見逐怨懟成踊哭君終臣子之道起時莫能然也言至檉者善其得禮於檉言遂者因介反命是也不待報罪也逐弒君本當絕小善錄者本宜公同莫之人又不當逐不日者伯討可逐故從有罪例也○懟直類反

春秋公羊卷第七

經傳叁阡捌伯丹陸字
注陸阡捌伯伍拾玖字
音義伍伯伍拾陸字

仁仲比校訖

春秋公羊經傳解詁成公第八

何休學

元年。春。王正月。公即位。○二月。辛酉。葬我君宣公。○無冰周二月夏十二月尚書曰舒恒燠若易京房傳曰當寒而溫倒賞也是時成公幼少季孫行父專權而委任之所致○舒恒如字緩也尚書作豫奧本又作燠於六反煖也少詩召反○三月。作丘甲。何以書。譏。何譏爾。譏始丘使也四井爲邑四邑爲丘甲鎧也譏始使丘民作鎧也古者有四民一曰德能居位曰士二曰辟土殖穀曰農三曰巧心勞手以成器物曰工四曰通財粥貨曰商四民不相兼然後財用足月者重錄之○鎧苦代反辟婢亦反粥羊六反○夏。臧孫許及晉侯盟于赤棘時者謀結鞌之戰不相負也後爲晉所執不日者執在三年外尋舊盟後非此盟所能保○秋。王師敗績于貿戎。孰敗之。蓋晉敗之。以晉比侵柳圍郊知王師討晉而敗之○貿戎音茂一音茅左氏作茅戎或曰。貿戎敗之。以地貿戎故然則曷爲不言晉敗之。据侵柳圍郊言晉王者無敵莫敢當也正其義使若王自敗于貿戎莫敢當敵敗之也不日月若深正之使若不戰○冬十月二年春齊侯伐我北鄙○夏四月丙戌衛孫良夫帥師及齊師戰于新築衛師敗績○築音竹○六月癸酉季孫行父臧孫許叔孫僑如公孫嬰齊帥師會晉郤克衛孫良夫曹公子手及齊侯戰于鞌齊師敗績曹無大夫公子手何以書據羈無氏○公子手一本作午左氏作首○鞌音安憂內也春秋託王于魯因假以見王法明諸侯有能從王者征伐不義克勝有功當襃之故與大夫大夫敵君不貶者隨從王者大夫得敵諸侯也不從內言敗之者君子不掩人之功故從外言戰也魯舉四大夫不舉重者惡內多虛國家悉出用兵重録內也○以見賢徧反年末注同惡烏路反○秋七月齊侯使國佐如師己酉及國佐盟于袁婁君不使乎大夫此其行使乎大夫何據高子來盟魯無君不稱使不從王者大夫稱使者實晉郤克爲主經先晉傳舉郤克是也○不使所吏反下及注使乎大夫同侯獲

也佚獲者已獲而逃亡也當絕賤使與大夫敵體以起之君獲不言師敗績等起不去師敗績者辟内敗文○佚獲音逸下同一本作失去起呂反其佚獲奈何。師還齊侯還繞○還音環注同晉郤克投
戟。逡巡再拜稽首馬前。逢丑父者。頃公之車右
也人君驂乘有車右有御者○逡七巡反頃音傾乘繩證反面目與頃公相似。衣服與
頃公相似禮皮弁以征故言衣服相似頃公有負晉魯之心故特選丑父備急欲以自代代頃公當
左升車象陽陽道尚左故人君居左臣居右○尚時亮反使頃公取飲。頃公操飲而
至不知頃公將欲堅敵意邪勢未得去邪○公操七刀反持也曰。革取清者革更也軍中人多水泉濁
欲使遠取清者因云去頃公用是佚而不反不書獲者内大惡諱逢丑父曰。
吾賴社稷之神靈。吾君已免矣。郤克曰。欺三軍者。
其法奈何法者顧問執法者曰。法斮斮斬○斮莊略反又仕略反斬也於是斮逢
丑父丑父死君不賢之者經有使乎大夫於王法頃公當絕如賢丑父是賞人之臣絕其君也若以丑父故不絕頃公是開諸侯戰

不能死難也如以襄出無絕頃公者自齊所當善爾非王法所當貴○難乃旦反 己酉。及齊國佐盟
于袁婁。曷爲不盟于師。而盟于袁婁 據國佐如師 前此
者。晉郤克與臧孫許同時而聘于齊 不書聘之 蕭同姪
子者。齊君之母也 蕭同國名姪子者蕭同君姪娣之子嫁於齊生頃公○姪大結反又文乙反 踊
于棓而窺客 踊上也凡無高下有絕加躡板曰棓齊人語○踊音勇上也棓普口反又步侯反高下有絕加躡板曰棓而闚去規反本又作窺上時掌反躡女輒反 則客或跛或眇。於是使跛者迓
跛者。使眇者迓眇者 迓迎也卿主迎者也聘禮賓至大夫帥至于館卿致館宰夫朝服致飧腍研明訝于館○跛布可反眇亡小反迓本又作訝五嫁反迎也飧音孫腍而審反 二大夫出。相與踦閭而
語 閭當道門閉一扇開一扇一人在外一人在內曰踦閭將別恨爲齊所侮戲謀伐之而不欲使人聽之○踦閭居倚反踦足也又音於綺反又初義反何云閉一扇開一扇一人在外一人在內曰踦閭 移日然後相去。齊人皆曰。
患之起。必自此始 知必爲國家憂明芻蕘之言不可廢且起頃公不覺寤○芻初俱反蕘如遙反 二

大夫歸。相與率師為鞌之戰。齊師大敗。齊侯使國
佐如師恠師勝猶不解往問之郤克曰。與我紀侯之甗齊襄公滅紀所得甗
邑其土肥饒欲得之或說甗玉甑○甗音言又魚輦反又音彥邑也反魯衛之侵地。使耕者
東畝使耕者東西如晉地且以蕭同姪子為質見侮戲本由蕭同姪子○為質音致下注
及下同則吾舍子矣。國佐曰。與我紀侯之甗。請諾。反魯
衛之侵地。請諾。使耕者東畝。是則土齊也則晉悉以齊為土地
是不可行蕭同姪子者。齊君之母也。齊君之母。猶晉君
之母也。不可言至尊不可為質請戰如欲使耕者東西畝質齊君之母當請戰壹戰不
勝。請再。再戰不勝。請三。言齊雖敗尚可三戰三戰不勝。則齊國
盡子之有也。何必以蕭同姪子為質。揖而去之。郤
克眣魯衛之使。使以其辭而為之請郤克恥傷其威故使魯衛大夫以國

佐辭爲國佐請○眣音舜又玉乙反又達結反之使所吏反爲之于僞反注皆同然後許之逮于袁婁

而與之盟逮及也追及國佐于袁婁也傳極道此者本禍所由生因錄國佐受命不受辭義可拒則拒可許則許一言使四國大夫汲汲追與之盟○八月壬午宋公鮑卒○鮑白卯反○庚寅衛侯遬卒音速○遬○取汶陽田汶陽田者何鞌之賂也以國佐言反魯衛之侵地請諾本所侵地非一揔繫汶陽者省文也不言取之齊者恥內乘勝勢脅齊求賂得邑故諱使若非齊邑○汶音問○冬○楚師鄭師侵衛○十有一月公會楚公子嬰齊于蜀○丙申公及楚人秦人宋人陳人衛人鄭人齊人曹人邾婁人薛人鄫人盟于蜀此楚公子嬰齊也其稱人何據會而盟一處知一人也○處昌慮反得壹貶焉爾得一貶者獨此一事得具見其惡故貶之爾不然則當沒公也如齊高傒矣不沒公者明不主爲公故也上會不序諸侯大夫者嬰齊楚專政驕蹇臣也數道其君率諸侯侵中國故獨先舉於上乃貶之明本在嬰齊當先誅其本乃及其末○數道所角反下音導

三年春王正月公會晉侯宋公衛侯曹伯伐鄭○辛亥葬衛繆公 繆音穆 ○二月公至自伐鄭○甲子新宮災三日哭新宮者何宣公之宮也 以無新宮知宣公之宮廟 宣宮則曷爲謂之新宮不忍言也 親之精神所依而災孝子隱痛不忍正言也謂之新宮者因新入宮易其西北角示昭穆相繼代有所改更也 其言三日哭何 據桓僖宮災不言三日哭 廟災三日哭禮也 善得禮痛傷鬼神無所依歸故君臣素縞哭之○縞古老反 新宮災何以書記災也 此象宣公篡立當誅絕不宜列昭穆成公幼少臣威大重結怨彊齊將不得久承宗廟之應○幼少詩召反下同大重音泰一音他賀反 ○乙亥葬宋文公○夏公如晉○鄭公子去疾率師伐許 ○去起呂反 ○公至自晉○秋叔孫僑如率師圍棘棘者何汶陽之不服邑也 棘民初未服於魯 其言圍之何 據國內兵不舉 不聽也 不聽者叛也不言叛者爲內諱故書圍以起之不先以文德來之而

便以兵圍之當與圍外邑同罪故言圍也得曰取不得曰圍○爲于僞反○大雩成公幼少大臣秉政繼以亂政教先是作丘甲爲鞌之戰伐鄭圍棘不恤民之所生○晉郤克衛孫良夫伐將咎如將咎如咎音古刀反左氏作廧咎如○冬十有一月晉侯使荀庚來聘○衛侯使孫良夫來聘○丙午及荀庚盟○丁未及孫良夫盟此聘也其言盟何據不舉重嫌生事故此以輕問重也聘而言盟者尋舊盟也尋猶尋繹也以不舉重連聘而言之知尋繹舊故約誓也書者惡之詩曰君子屢盟亂是用長二國既脩禮相聘不能相親信反復相疑故舉聘以非之○繹音亦惡之烏路反下同屢力住反用長丁丈反反復扶又反○鄭伐許謂之鄭者惡鄭襄公與楚同心數侵伐諸夏自此之後中國盟會無已兵革數起夷狄比周爲黨故夷狄之○數侵所角反下同比毗志反

四年春宋公使華元來聘○三月壬申鄭伯堅卒○伯臤苦刃反本或作堅○杞伯來朝○夏四月甲寅臧孫許卒○

公如晉。葬鄭襄公。秋。公至自晉。冬。城運。鄭伯伐許未踰年君稱伯者時樂成君位親自伐許故如其意以著其惡

五年。春。王正月。杞叔姬來歸始歸不書與郯伯姬同。仲孫蔑如宋。夏。叔孫僑如會晉荀秀于穀荀秀左氏作荀首。梁山崩。梁山者何。河上之山也。梁山崩何以書。記異也。何異爾。大也。何大爾。梁山崩。壅河三日不沵故不日以起之不書壅河者舉崩大爲重。壅於勇反沵音流外異不書。此何以書。爲天下記異也山者陽精德澤所由生君之象河者四瀆所以通道中國與王道同記山崩壅河者此象諸侯失勢王道絶大夫擅恣爲海內害自是之後六十年之中弑君十四亡國三十二故湨梁之盟徧剌天下之大夫。爲天于僞反通道音導湨古闃反徧音遍

○秋。大水先是既有丘甲安牽棘之役又重以城鄆民怨之所生。重直用反。○冬。十有一月。己酉。天王崩定王。○十有二月。己丑。公會晉侯。齊侯。

宋公。衛侯。鄭伯。曹伯。邾婁子。杞伯。同盟于蟲牢約備彊楚。蟲牢直弓反下力刀反

六年。春。王正月。公至自會月者前蟲大夫獲齊侯今親相見故危之。二月。辛巳。立武宮。武宮者何。武公之宮也在春秋前立者何。立者不宜立也。立武宮。非禮也禮天子諸侯立五廟受命始封之君立一廟至於子孫過高祖不得復立廟周家祖有功尊有德立后稷文武廟至於子孫自高祖已下而七廟天子卿大夫三廟元士二廟諸侯之卿大夫比元士二廟諸侯之士一廟立武宮者蓋時衰多廢人事而好求福於鬼神故重而書之臧孫許伐齊有功故立武宮。復扶又反好呼報反。取鄟。鄟者何。邾婁之邑也。曷為不繫乎邾婁。諱亟也諱蟲背信亟也屬相與為蟲牢之盟旋取其邑故使若非蟲牢人矣。鄟市轉反又音專亟去異反注同背音佩屬音燭。衛孫良夫率師侵宋。夏。六月。邾婁子來朝。公孫嬰齊如晉。壬申。鄭伯費卒不書葬者為中國諱蟲牢之盟約備彊楚楚伐鄭喪不能救晉

又侵之故去葬使若非伐喪○（費音祕爲于僞反去起呂反）○秋仲孫蔑叔孫僑如率師侵宋○楚公子嬰齊率師伐鄭○冬季孫行父如晉○晉欒書率師侵鄭

七年春王正月鼷鼠食郊牛角改卜牛鼷鼠又食其角乃免牛（鼷鼠者鼠中之微者角生上指逆之象易京房傳曰祭天不愼鼷鼠食郊牛角書又食者重録魯不覺寤重有災也不重言牛獨重言鼠者言角牛可知食牛者未必故鼠故重言鼠○鼷音兮重有直用反下同）○吴伐郯（吴八國見者罕與中國交至升平乃見故因始見以漸進○郯音談見者賢徧反下同）○夏五月曹伯來朝○不郊猶三望○秋楚公子嬰齊率師伐鄭○公會晉侯齊侯宋公衛侯曹伯莒子邾婁子杞伯救鄭八月戊辰同盟于馬陵公至自會○吴入州來○冬大雩（先是公會諸侯救鄭承前不恤民之所致）○衛孫林父出奔晉

八年。春。晉侯使韓穿來言汶陽之田。歸之于齊。來言者何。內辭也。脅我使我歸之也。以此經加之知見使即聞晉語自歸之但當言歸曷為使我歸之。據本魯邑鞌之戰。齊師大敗。齊侯歸。弔死視疾。七年不飲酒。不食肉。晉侯聞之曰。嘻。奈何使人之君七年不飲酒不食肉。請皆反其所取侵地。晉侯聞齊侯悔過自責高其義畏其德使諸侯還鞌之所喪邑魯見使卑有恥故諱不言使者因兩為其義諸侯不得相奪土地晉適可來議語之魯宜聞義自歸之爾不得使也主書者善晉之義齊。嘻許其反喪息浪反語無據反 ○晉欒書帥師侵蔡。○公孫嬰齊如莒。○宋公使華元來聘。○夏。宋公使公孫壽來納幣。納幣不書。此何以書。據紀履緰來逆女不書納幣。○緰音須錄伯姬也。伯姬守節逮火而死賢故詳錄其禮所以殊於衆女○晉殺其大夫趙同。趙括。○括古活反○秋。七月。天子使召伯來錫公命。其稱天子何據天王使毛伯來錫文公命不稱天子元年春王正月。正也正者文不變也其餘皆通矣其餘謂不繫于元年者或言王或言天王或言天子皆相通矣以見刺譏是非也王者號也德合元者稱皇孔子曰皇象元逍遥術無文字德明謚德合天者稱帝河洛受瑞可放仁義合者稱王符瑞應天下歸往天子者爵稱也聖人受命皆天所生故謂之天子此錫命稱天子者爲王者長愛幼少之義欲進勉幼君當勞來與賢師良傅如父教子不當賜也月者例也爲魯喜録之○見賢徧反應應對之應爵稱尺證反爲王于僞反下爲魯爲下同少詩召反勞來力報反下力代反○冬。十月。癸卯。杞叔姬卒棄而曰卒者爲下脅杞歸其喪張本文使若尚爲杞夫人○晉侯使士燮來聘。叔孫僑如。會晉士燮。齊人。邾婁人。伐郯。衛人來媵。媵不書。此何以書據逆女不書媵也言來媵者禮君不求媵諸侯自媵夫人○來媵以證反又繩證反録伯姬也伯姬以賢聞諸侯諸侯爭欲媵之故善而詳録之媵例時

九年。春。王正月。杞伯來逆叔姬之喪以歸。杞伯曷

為來逆叔姬之喪以歸 据已棄也 內辭也脅而歸之也 言以歸者與公怒執人同辭而不得專其本意知其為脅也已棄而脅歸其喪悖義恥深惡重故使若杞伯自來逆之○悖布內反 ○公會晉侯齊侯宋公衛侯鄭伯曹伯莒子杞伯同盟于蒲 不日者已得鄭盟當以備楚而不以罪執之旋使會叛楚緣隙潰莒不能救禍由中國無信故諱為信辭使若莒潰非盟失信所以甚中國因與下潰日相起 公至自會○二月伯姬歸于宋○夏季孫行父如宋致女未有言致女者此其言致女何錄伯姬也 古者婦人三月而後廟見稱婦擇日而祭於禰成婦之義也父母使大夫操禮而致之必三月者取一時足以別貞信貞信著然後成婦禮書者與上納幣同義所以彰其絜且為父母安榮之言女者謙不敢自成禮婦人未廟見而死歸葬於女氏之黨○廟見賢徧反下同操七刀反別彼列反且為于偽反 ○晉人來媵媵不書此何以書錄伯姬也 義與上同復發傳者樂道人之善○復扶又反 ○秋七月丙子齊侯無野卒○晉人執鄭伯○晉欒書帥師伐鄭○

冬。十有一月。葬齊頃公。楚公子嬰齊帥師伐莒。庚申。莒潰曰者録責中國無信同盟不能相救至爲夷狄所潰。潰户内反。楚人入運。秦人。白狄。伐晉。鄭人圍許。城中城十年。春。衛侯之弟黑背率師侵鄭。夏。四月。五卜郊。不從。乃不郊。其言乃不郊何据上不郊不言乃僖公不從言免牲也不免牲。故言乃不郊也不免牲常坐盜天牲失事天之道故。諱使若重難不得郊。難乃旦反。五月。公會晉侯。齊侯。宋公。衛侯。曹伯伐鄭不致者成公數卜郊不從怨懟故不免牲不但不免牲而已故奪臣子辭以起之。數所角反懟直類反。齊人來媵。媵不書。此何以書。録伯姬也。三國來媵。非禮也。曷爲皆以録伯姬之辭言之。婦人以衆多爲侈也侈大也朝廷侈於婦上婦人侈於妬下伯姬以至賢爲三國所爭媵故侈大其能容之唯天子娶十二女。侈昌氏反大也妬丁故反取七住反本或作娶。丙年晉侯獳卒（不書葬者殺大夫趙同等。○獳乃侯反）。秋七月。○公如晉（如晉者冬也去冬者惡成公前既怨懟不免牲今復如晉過郊乃反遂怨懟無事天之意當絕之○去起呂反惡烏路反復扶又反）

十有一年。春。王三月。公至自晉。○晉侯使郤州來聘。（郤州本亦作犨尺由反）己丑。及郤州盟。○夏。季孫行父如晉。○秋。叔孫僑如如齊。○冬。十月

十有二年。春。周公出奔晉。周公者何。天子之三公也。王者無外。此其言出何。自其私土而出也（私土者謂其國也此起諸侯入為天子三公也周公驕蹇不事天子出居私土不聽京師之政天子召之而出走明當并絕其國故以出國錄也不月者小國也）○夏。公會晉侯。衛侯。于沙澤。（○沙澤素禾反又如字二傳作瑣澤定七年同）○秋。晉人敗狄于交剛。○冬。十月

十有三年。春。晉侯使郤錡來乞師。（○郤錡魚綺反）○三月。公

如京師（月者善公尊天子）○夏五月公自京師遂會晉侯齊
侯宋公衛侯鄭伯曹伯邾婁人滕人伐秦其言自
京師何（據僖公二十八年諸侯遂圍許不言自王所）公鑿行也（以起公鑿行也鑿猶更造之意○鑿
在洛反造意也）公鑿行奈何不敢過天子也（時本欲直伐秦涂過京師不敢過天
子而不朝復生事脩朝禮而後行故起時善而褒成其意使若故朝然後生事也間無事復出公者善公鑿行○復出扶又反）○曹
伯盧卒于師（本亦作盧○盧力吳反）○秋七月公至自伐秦（月者
危公幼而遠用兵）○冬葬曹宣公
十有四年春王正月莒子朱卒（莒大于邾婁至此乃卒者庶其見殺不得卒至
此始卒又不得日）○夏衛孫林父自晉歸于衛○秋叔孫僑
如如齊逆女（凡娶早晚皆不譏者從紀履緰一譏而已○凡取本又作娶）○鄭公子喜
率師伐許○九月僑如以夫人婦姜氏至自齊○冬

十月。庚寅衛侯臧卒○秦伯卒
十有五年春。王二月。葬衛定公○三月乙巳。仲嬰
齊卒。仲嬰齊者何疑仲遂後故問之公孫嬰齊也未見於經爲公孫嬰
齊今爲大夫死見於經爲仲嬰齊○未見賢徧反下同年末及注皆同公孫嬰齊。則曷爲謂之
仲嬰齊。爲兄後也。爲兄後。則曷爲謂之仲嬰齊據本
公孫爲人後者。爲之子也更爲公孫之子故不得復氏公孫○復扶又反年內同爲人
後者爲其子。則其稱仲何據氏非一孫以王父字爲氏也
謂諸侯子也顧興滅繼絕故紀族明所出然則嬰齊孰後。後歸父也。歸父使
于晉而未反宣公十八年自晉至檉奔齊訖今未還○使于所吏反及下使乎同何以後之據巳
絕也叔仲惠伯。傅子赤者也叔仲者叔彭生氏也文家字積於叔叔仲有長幼故連氏之經云仲
者明春秋質家當積於仲惠謚也○長丁丈反文公死。子幼子赤幼也公子遂謂叔仲

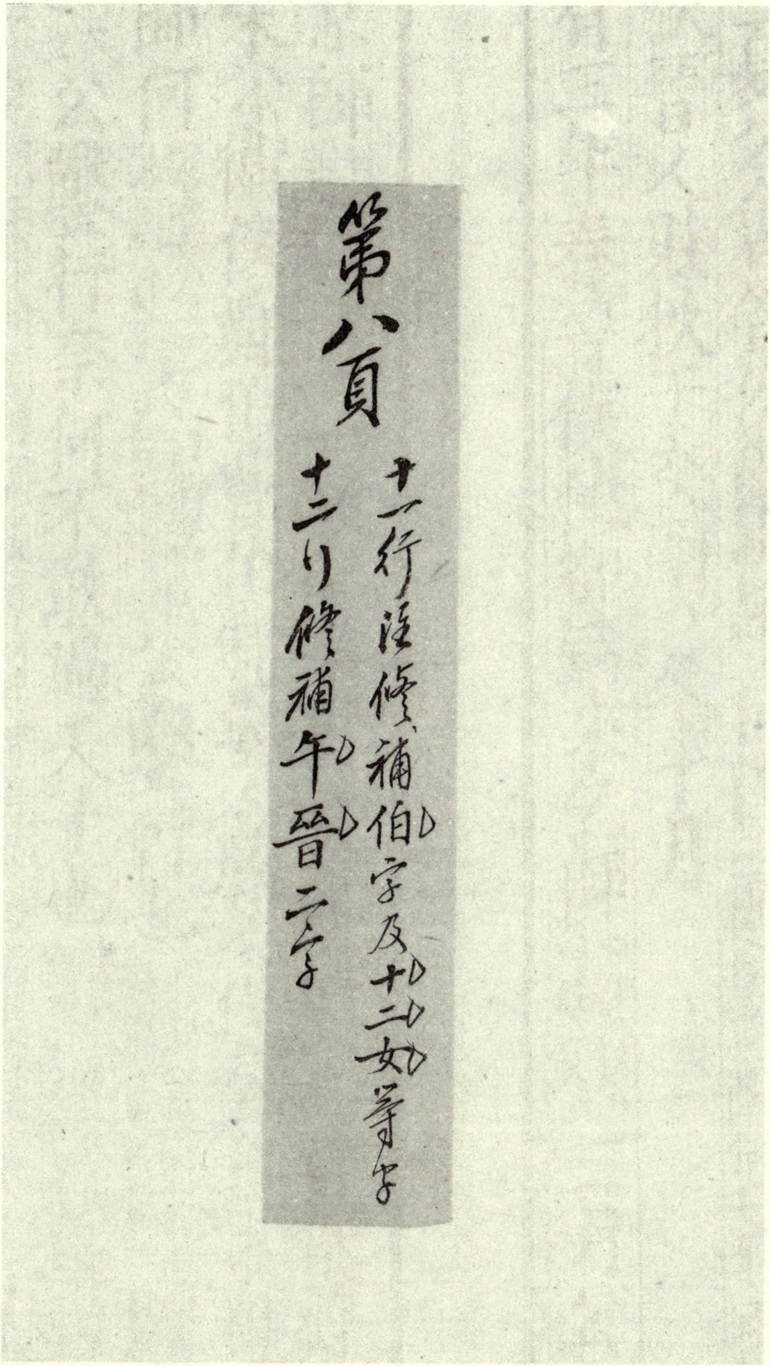
第八頁

十一行注修補伯字及十二如等字

十二行修補午晉二字

惠伯曰。君幼如之何。願與子慮之。叔仲惠伯曰。吾子相之。老夫抱之。禮大夫七十而致事若不得謝則必賜之几杖行役以婦人從適四方乘安車自稱曰老夫。○相之息亮反下同 何幼君之有。公子遂知其不可與謀。退而殺叔仲惠伯。弒子赤而立宣公。殺叔仲惠伯不書者舉弒君爲重叔仲惠伯事與荀息相類不得爲累者有異也叔仲惠伯直先見殺爾不如荀息死之。○殺子音弒 宣公死。成公幼。臧宣叔者相也。臧孫許宣謚 君死不哭。聚諸大夫而問焉。曰。昔者叔仲惠伯之事。孰爲之。諸大夫皆雜然曰。仲氏也。其然乎。於是遣歸父之家。時見君幼欲以防示諸大夫。○雜七合反又如字 然後哭君。歸父使乎晉。還自晉至檉。聞君薨家遣。墠帷哭君。成踊。反命于介。自是走之齊。魯人徐傷歸父之無後也。徐者皆共之辭也關東語傷其先人爲惡身見逐絕不忿懟也 於是使嬰齊後之也弟無後兄之義爲亂昭穆之序失父子之親故不言仲孫明不與子爲父孫○癸丑公會晉侯衛侯鄭伯曹伯宋世子成齊國佐邾婁人同盟于戚○世子戌音恤本或作成晉侯執曹伯歸之于京師爲篡喜時爲于僞反○公至自會○夏六月宋公固卒不日者多取三國媵非禮故略之○楚子伐鄭○秋八月庚辰葬宋共公○共音恭○宋華元出奔晉○宋華元自晉歸于宋不省文復出宋華元者宋公卒子幼華元以憂國爲大夫山所譖出奔晉晉人理其罪宋人反華元誅山故繁文大之也言歸者明出入無惡○宋殺其大夫山不氏者見殺在華元歸後嫌直自見殺者故貶之明以譖華元故○宋魚石出奔楚與山有親恐見及也後得言復入者出無惡知非君漏言魚石不殺山○冬十有一月叔孫僑如會晉士燮齊高無咎宋華元衛孫林父鄭公子鰌邾婁人會吳于鍾離○曷爲殊會吳据楚不殊

〇㦬息協反咎其九反鰌音秋外吳也曷爲外也據襄五年不外之春秋內其國而外諸夏內諸夏而外夷狄內其國者假魯以爲京師也諸夏外土諸侯也謂之夏者大總下土言之辭也不殊楚者楚始見所傳聞世尚外諸夏未得殊也至於所聞世可得殊又卓然有君子之行吳似夷狄差醇而適見於可殊之時故獨殊吳〇傳直專反行下孟反差醇初賣反下音純王者欲一乎天下曷爲以外內之辭言之據大一統言自近者始也明當先正京師乃正諸夏諸夏正乃正夷狄以漸治之葉公問政於孔子孔子曰近者說遠者來季康子問政於孔子孔子曰政者正也子帥而正孰敢不正是也月者危録之諸侯既委任大夫復命交接夷狄〇葉公舒涉反下文同說音悅〇許遷于葉。

十有六年，春，王正月，雨木冰。雨木冰者何？雨而木冰也。何以書？記異也。木者少陽幼君大臣之象冰者凝陰兵之類也冰脅木者君臣將執於兵之徵也〇少詩召反〇夏，四月，辛未，滕子卒。滕始卒於宣公日於成公不名邾婁始卒於文公日於襄公名俱葬於昭公是以知滕小〇鄭公子喜帥師侵宋〇六月丙寅朔。

日有食之（是後楚滅舒庸晉厲公見殺尤重故十七年復食○復扶又反）○晉侯使欒
黶來乞師○（欒力官反黶於斬反）○甲午晦晦者何冥也何以
書記異也（此王公失道臣代其治故陰代陽○冥亡定反又亡丁反治直吏反）○晉侯及楚子
鄭伯戰于鄢陵楚子鄭師敗績敗者稱師楚何以
不稱師（据宋公戰于泓敗績稱師○鄢於晚反又於建反泓烏宏反）王痍也王痍者何
傷乎矢也（時爲飛矢所中○痍音夷傷也所中丁仲反）然則何以不言師敗
績（据王痍）末言爾（末無也無所取於言師敗績也凡舉師敗績爲重衆今親傷人君當舉傷君爲重以言戰又言
敗績知非詐當蒙上日也○爲重于僞反下爲代公同）○楚殺其大夫公子側○秋
公會晉侯齊侯衛侯宋華元邾婁人于沙隨不
見公公至自會不見公者何公不見見也（不見見者恚乞師不
得意欲執之○恚一睡反）○公不見見大夫執何以致會（据不得意之會公失序

不致不恥也。曷爲不恥。據邑之會公失序恥公幼也。因公幼殺恥爲諱辭不書行父執者
公不見見已直矣。○公會尹子、晉侯、齊國佐、邾婁人伐鄭。○
曹伯歸自京師。執而歸者名。曹伯何以不名。而不
言復歸于曹何。據曹伯襄復歸于曹易也。易故未言之不復舉國名。○易以豉反注及下同復
扶又反下而復同其易奈何。公子喜時在內也。公子喜時在
內。則何以易。據本篡喜時也。○喜時左傳作欣時公子喜時者。仁人也。內
平其國而待之。和平其臣民令專心于負芻。○令力呈反外治諸京師而免
之。訟治于京師解免使來歸其言自京師何。據僖二十八年晉人執衛侯歸之于京師後復歸于衛俱
天子所歸不言自京師不連歸問者嫌自京師天子有力文言甚易欲并問力文與上說喜時錯言甚易也。舍
是無難矣。言歸自京師者與內據臣子致公同文欲言甚易也舍此所從還無危難矣主所以見曹伯歸本據喜時書非錄京師有力也故歸書者賢喜時爲兄所篡終無怨
書哉憂免其難非至仁莫能行之故書起其功也。○舍

是音捨注同下傳舍之臣放此無難乃旦反注同○九月晉人執季孫行父舍之于招丘執未有言舍之者此其言舍之何仁之也曰在招丘悕矣悕悲也仁之者若曰在招丘可悲矣閔録之辭招丘章遥反又上饒反二傳作苕丘悕音希悲也執未有言仁之者此其言仁之何代公執也其代公執奈何前此者晉人來乞師而不與不書者不與無惡公會晉侯會沙隨也將執公季孫行父曰此臣之罪也於是執季孫行父成公將會晉厲公謂上伐鄭也言謚者別嬰齊所請也明言公會晉侯者嬰齊所請事也故下與嬰齊傳合同○別彼列反會不當期將執公季孫行父曰臣有罪執其君子有罪執其父此聽失之大者也今此臣之罪也舍臣之身而執臣之君吾恐聽失之為宗廟羞也於是執季孫行父善其過則稱己美則稱君

累代公執在危殆之地故地言舍而月之者痛傷忠臣不得其所為代公執不稱行人者在君側非出使○出使所吏反○冬十月乙亥叔孫僑如出奔齊○十有二月乙丑季孫行父及晉郤州盟于扈行父執釋不致者與公至為重○公至自會○乙酉刺公子偃

十有七年春衛北宮結率師侵鄭○夏公會尹子單子晉侯齊侯宋公衛侯曹伯邾婁人伐鄭○六月乙酉同盟于柯陵○柯古河反○秋公至自會○齊高無咎出奔莒○九月辛丑用郊用者何用者不宜用也九月非所用郊也周之九月夏之七月天氣上升地氣下降又非郊時故加用之然則郊曷用郊用正月上辛魯郊傳卜春三月言正月者因見百王正所當用也三王之郊一用夏正言正月者春秋之制也正月者歲首上辛猶始新皆取其首先之意日者明用辛例不郊則不日○因見賢徧反下同或

曰用然後郊或曰用者先有事存后稷神名也晉人將有事於河必先有事於惡池齊人將有事於泰山必先有事於䣞林魯人將有事於天必先有事於泮宮九月郊尤悖禮故言用小大盡譏之以不郊乃譏三望知郊不得譏小也又夕牲告牷后稷當在日上不得在日下。○惡如字又火呉反池如字又大河反䣞芳尾反又音配泮音判本又作頖牷音全○晉侯使荀罃來乞師○罃乙耕反○冬公會單子晉侯宋公衛侯曹伯齊人邾婁人伐鄭十有一月公至自伐鄭月者方正下壬申故月之○壬申公孫嬰齊卒于貍軫非此月日也曷爲以此月日卒之据下丁巳朔知壬申在十月○貍力之反軫之忍反左氏作脤穀梁作蜃待君命然後卒大夫曷爲待君命然後卒大夫据昭公出奔卒叔孫舍前此者嬰齊走之晉不書者以爲公請除出奔之罪也○爲于僞反下文爲公同公會晉侯將執公嬰齊爲公請公許之反爲大夫歸至于貍軫而卒十月壬申日貍軫魯地無君命不敢卒大夫國人

未被君命不敢使從大夫禮公至十一月至是也曰。吾固許之反爲大夫許反

爲大夫即受命矣然後卒之子善其不敢自專故引其死日下就公至月卒之起其事所以激當世之驕臣○激古狄反

○十有二月丁巳朔。日有食之。○邾婁子貜且卒貜且俱縛反下子餘反○晉殺其大夫郤錡。郤州。郤至。○楚人滅舒庸舒庸東夷道吳圍巢

十有八年。春。王正月。晉殺其大夫胥童。○庚申。晉弑其君州蒲日者二月庚申日上繫於正月者起正月見幽二月庚申日死也厲公很殺四大夫臣下人人恐見及以致此禍故日起其事深爲有國者戒也○齊殺其大夫國佐。○公如晉。○

夏。楚子。鄭伯伐宋。○宋魚石復入于彭城不書叛者楚爲魚石伐宋取彭城以封之本受于楚非得于宋故舉伐於上起其意也楚以封魚石復本繫于宋言復入者不與楚專封故從犯君録之主書者起其專封。復入扶又反注同爲于僞反下爲宋同○公至自晉。○晉侯使士匄來

聘。匃古害反○秋杞伯來朝○八月邾婁子來朝○築鹿囿何以書譏何譏爾有囿矣又爲也刺奢泰妨民天子囿方百里公侯十里伯七里子男五里皆取一也○鹿囿音又○己丑公薨于路寢○冬楚人鄭人侵宋○晉侯使士彭來乞師○士彭二傳作士魴襄十二年同○十有二月仲孫蔑會晉侯宋公衛侯邾婁子齊崔杼同盟于虛打不日者時欲行義爲宋誅魚石故善而爲信辭或喪盟略○杼直呂反虛打起魚反下勑丁反○丁未葬我君成公

春秋公羊卷第八

經傳叄阡叄伯捌拾壹字　注肆阡叄伯叄拾伍字
音義壹阡玖拾柒字

仁仲　比校訖

春秋公羊經傳解詁襄公第九

何休學

元年春王正月公即位。仲孫蔑會晉欒黶宋華元衛甯殖曹人莒人邾婁人滕人薛人圍宋彭城。宋華元曷爲與諸侯圍宋彭城据晉趙鞅以地正國加叛文今此無加叛文故問之○殖市力反爲宋誅也故華元無惡文。○爲宋于僞反下爲宋楚爲并注同其爲宋誅奈何魚石走之楚楚爲之伐宋取彭城以封魚石魚石之罪奈何以入是爲罪也詭在成十八年書者善諸侯爲宋誅雖不能誅猶有屈彊臣之助楚已取之矣曷爲繫之宋据莒人伐杞取牟婁後莒牟夷以牟婁來奔不繫杞不與諸侯專封也故奪繫於宋使若宋邑者楚救不書者從封内兵也○夏晉韓屈帥師伐鄭。仲孫蔑會齊崔杼曹人邾婁人杞人

四万九千五

次于合刺欲救宋而後不能也知不救鄭者時鄭背中國不能救不得刺。于合二傳作鄫背音佩。秋。楚公子壬夫帥師侵宋。九月。辛酉。天王崩。邾婁子來朝。冬。衛侯使公孫剽來聘。剽匹妙反。晉侯使荀罃來聘

二年。春。王正月。葬簡王。鄭師伐宋。夏。五月。庚寅。夫人姜氏薨。六月。庚辰。鄭伯睔卒不書葬者諱伐喪。睔古困反。晉師宋師衛甯殖侵鄭。秋。七月。仲孫蔑會晉荀罃宋華元衛孫林父曹人邾婁人于戚。己丑。葬我小君齊姜。齊姜者何。齊姜與繆姜則未知其爲宣夫人與成夫人與齊姜者宣公夫人九年繆姜者成公夫人也傳家依違者襄公服繆姜喪未踰年親自伐鄭有惡故傳從內義不正言也。繆音穆。與音餘下同。叔孫豹如宋。冬。

仲孫蔑會晉荀罃齊崔杼宋華元衛孫林父曹人邾婁人滕人薛人小邾婁人于戚遂城虎牢虎牢者何鄭之邑也以下戍繫鄭其言城之何据外城邑不書取之也取之則曷為不言取之据取牟婁為中國諱也曷為為中國諱据莒伐杞取牟婁不為中國諱○為中于偽反下及注幷下文鄭為皆同諱伐喪也曷為為不繫乎鄭為中國諱也大夫無遂事此其言遂何歸惡乎大夫也使若大夫自生事取之者即實遂但當言取之○楚殺其大夫公子申

三年春楚公子嬰齊帥師伐吳○公如晉○夏四月壬戌公及晉侯盟于長樗○樗勑居反公至自晉盟地者不于都也以晉致者上盟不于都嫌如晉不得入故以晉致起之不別盟得意者成公比失意于晉公獨得容盟得意亦可知○別彼列反○六

月公會單子晉侯宋公衛侯鄭伯莒子邾婁子齊世子光己未同盟于雞澤盟下日者信在世子光也陳侯使袁僑如會其言如會何据曹伯襄言會諸侯鄫子言會盟○僑其驕反後會也不直言會盟者時諸侯不親與袁僑盟又下方殊及之戊寅叔孫豹及諸侯之大夫及陳袁僑盟曷爲殊及陳袁僑据俱諸侯之大夫也言之大夫者辟諸侯與大夫皆盟爲其與袁僑盟也陳鄭楚之與國陳侯有慕中國之心有疾使大夫會諸侯欲附疏不復備責遂與之盟共結和親故殊之起主爲與袁僑盟也復出陳者喜得陳國也不重出地有諸侯在臣繫君故因上地○爲其于僞反注同不復扶又反下同重直用反○秋公至自會○冬晉荀罃帥師伐許

四年春王三月己酉陳侯午卒○夏叔孫豹如晉○秋七月戊子夫人弋氏薨○弋氏以職反莒女也左氏作姒氏○葬陳成公○八月辛亥葬我小君定弋定弋者何襄公

之毋也定弋莒女也襄公者成公之妾子○定弋左氏作定姒○冬，公如晉。○陳人圍頓。

五年，春，公至自晉。○夏，鄭伯使公子發來聘。○叔孫豹、鄫世子巫如晉。外相如不書，此何以書？据晉郤克與臧孫許同時而聘于齊不書○巫亡扶反爲叔孫豹率而與之俱也。以不殊鄫世子俱言如也○爲于僞反叔孫豹則曷爲率而與之俱？据非內大夫蓋舅出也。巫者鄫前夫人莒女襄公母姊妹之子也俱莒外孫故曰舅出莒將滅之，故相與往殆乎晉也。殆疑疑讝于晉齊人語○疑讝魚竭反莒將滅之，則曷爲相與往殆乎晉？据當以兵救之取後乎莒也。其取後乎莒奈何？莒女有爲鄫夫人者，蓋欲立其出也。時莒女嫁爲鄫後夫人夫人無男有女還嫁之于莒有外孫鄫子愛後夫人而無子欲立其外孫主者者善之得爲善者雖揚父之惡救國之滅者可也○仲孫蔑、衛孫林父會吳于善稻。不殊衛者晉侯欲會吳于戚使魯衛先通好見使畀故不殊蓋起所恥○善稻左氏五十八。作善道好呼報反○秋大雩先是襄公數用兵圍彭城城虎牢三年再會四年如晉踰年乃反又賦斂重恩澤不施之所致。○數所角反斂力驗反○楚殺其大夫公子壬夫○公會晉侯宋公陳侯衛侯鄭伯曹伯莒子邾婁子滕子薛伯齊世子光吳人鄫人于戚吳何以稱人據上善稻之會不稱人吳鄫人云則不辭孔子曰言不順則事不成方以吳抑鄫國列在稱人上不以順辭故進吳稱人所以抑鄫者經書莒人滅鄫又與巫許巫當存惡鄫夫不見見惡必以吳者夷狄尚知父死子繼故以甚鄫也等不使鄫稱國若鄫不如夷狄故不得與夷狄同文。○惡鄫烏路反不見賢徧反公至自會○冬戍陳孰戍之諸侯戍之曷為不言諸侯戍之據下救陳言諸侯離至不可得而序離至離別前後至也陳坐欲與中國被強楚之害中國宜雖然同心救之乃解怠前後至故不序以刺中國之無信○雜然七合反又如字十年注同解古賣反故言我也言我者以魯至時書與魯微者同文微者同文者使若城楚丘辟魯獨戍之戍例時○楚公子貞帥師伐陳○公會晉侯宋公衛侯。鄭伯。曹伯。莒子。邾婁子。滕子。薛伯。齊世子光。
救陳。十有二月。公至自救陳。辛未。季孫行父卒
六年春。王三月。壬午。杞伯姑容卒始卒便名日書葬者新黜未忍便略也
○夏。宋華弱來奔。○秋。葬杞桓公。○滕子來朝。○
莒人滅鄫莒稱人者莒公子鄫外孫稱人者從莒無大夫也言滅者以異姓爲後莒人當坐滅也不月者取後于莒非兵
滅。○冬。叔孫豹如邾婁。○季孫宿如晉。○十有二
月。齊侯滅萊。曷爲不言萊君出奔据譚子言奔。曷爲于僞反。國
滅君死之。正也明國當存不書殺萊君者與舉滅國爲重。○重直用反
七年春。郯子來朝○郯音談。○夏。四月。三卜郊。不從。乃免
牲。○小邾婁子來朝。○城費○費音秘。○秋。季孫宿如
衛。○八月。螺先是郯小邾婁來朝有賓主之賦加以城費季孫宿如衛煩擾之應○螺音終一音鍾。○冬。十

成十七。

月。衛侯使孫林父來聘。壬戌。及孫林父盟。楚公子貞帥師圍陳。十有二月。公會晉侯。宋公。陳侯。衛侯。曹伯。莒子。邾婁子。于鄬。（鄬于委反字林凡吹反）鄭伯髡原如會。未見諸侯。丙戌。卒于操。操者何。鄭之邑也。諸侯卒其封内不地。此何以地。（据陳侯鮑卒不地。髡原苦門反左氏作髡頑操七報反一音七南反左氏作鄵）隱之也。何隱爾。弒也。孰弒之。其大夫弒之。曷為不言其大夫弒之。（据鄭公子歸生弒其君夷書。殺也音試下及注皆同）為中國諱也。曷為為中國諱。（据歸生弒君不為中國諱。為中于僞反下及注皆同）鄭伯將會諸侯于鄬。其大夫諫曰。中國不足歸也。則不若與楚。鄭伯曰。不可。其大夫曰。以中國為義。則伐我喪。（据城虎牢事）以中國為彊。則不若楚。（言楚屬圍陳不能救。屬音燭於是弒之禍由中國無義故深諱使若自卒。髡由音禍鄭伯髡原何以名据陳侯如會不名傷而反未至乎舍而卒也舍昨日所舍止處也以操鄭邑知傷而反也未見諸侯尚往辭知未至舍也云爾者古者保辜諸侯卒名故於如會名之明如會時爲大夫所傷以傷辜死也君親無將見辜者辜內當以弒君論之辜外當以傷君論之。處昌慮反見辜賢遍反未見諸侯其言如會何致其意也鄭伯欲與中國意未達而見弒故養遂而致之所以達賢者之心陳侯逃歸起鄭伯欲與中國卒逢其禍諸侯莫有恩痛自疾之心於是懼然後逃歸故書以剌中國之無義加逃者抑陳侯也孔子曰夷狄之有君不如諸夏之亡不當背也。背音佩

八年。春。王正月。公如晉月者起鄭爲之會鄭伯以弒陳侯逃歸公獨脩禮於大國得自安之道故善錄之。以殺音試○夏。葬鄭僖公。賊未討。何以書葬。爲中國諱也探順上事使若無賊然不月者本實當去葬責臣子故不足也。爲中于僞反去起呂反○鄭人侵蔡。獲蔡公子燮。此侵也。其言獲何据宋師敗績獲宋華元戰乃言獲也。燮素協

反侵而言獲者。適得之也時適遇值其不備獲得之易不言取之者封内兵不書嫌如子糾取一人故言獲起有兵也又將兵御禦難不明候伺雖不戰鬬當坐獲○易以豉反難乃旦反伺音司又息嗣反○季孫宿會晉侯。鄭伯。齊人。宋人。衛人。邾婁人。于邢丘。邢音刑○公至自晉。○莒人伐我東鄙。○秋九月。大雩由城費公比出會如晉莒人伐我動擾不恤民之應○冬。楚公子貞帥師伐鄭。○晉侯使士匄來聘

九年。春。宋火。曷爲或言災。或言火。大者曰災。小者曰火大者謂正寢社稷宗廟朝廷也下此則小矣災者離本辭故可以見火○宋火二傳作宋災離力智反見賢遍反然則内何以不言火據西宮災不言火内不言火者。甚之也春秋以内爲天下法動作當先自克責故小有火如大有災何以書。記災也。外災不書。此何以書。爲王者之後記災也是時周樂已毀先聖法度浸跡遠不用之應○爲王于僞反浸

子鳩反○夏季孫宿如晉○五月辛酉夫人姜氏薨○秋八月癸未葬我小君繆姜○冬公會晉侯宋公衛侯曹伯莒子邾婁子滕子薛伯杞伯小邾婁子齊世子光伐鄭十有二月己亥同盟于戲事連上伐不致者惡公服繆姜喪未踰年而親伐鄭故奪臣子辭○戲許宜反惡烏路反○楚子伐鄭

十年春公會晉侯○宋公○衛侯曹伯莒子邾婁子滕子薛伯杞伯小邾婁子○齊世子光會吳于柤○柤莊加反○夏五月甲午遂滅偪陽○偪音福又彼力反公至自會滅日者甚惡諸侯不崇禮義以相安反遂爲不仁開道疆夷滅中國中國之禍連蔓日及故疾録之滅止于取邑例不當書晉書致者深諱使若公與上會不與下滅○惡烏路反道音導蔓音萬公與音預下同○楚公子貞鄭公孫輒帥師伐宋○晉師伐秦○秋莒人伐我東鄙○公會晉

侯。宋公。衛侯。曹伯。莒子。邾婁子。齊世子光。滕子。薛
伯。杞伯。小邾婁子。伐鄭。○冬。盜殺鄭公子斐。公子
發。公孫輒不言其大夫者降從盜故與盜同文。○斐芳尾反左氏作騑○戍鄭虎牢。孰
戍之。諸侯戍之。曷為不言諸侯戍之。離至不可得
而序。故言我也刺諸侯既取虎牢以為蕃蔽不能雜然同心安附之。○為蕃方元反諸侯已
取之矣。曷為繫之鄭据莒牟夷以牟婁來奔本杞之邑不繫于杞諸侯莫之
主有。故反繫之鄭諸侯本無利虎牢之心欲共以距楚爾無主有之者故不當坐取邑故反繫之鄭見其意
也所以見之者上諱伐喪不言取今刺戍之舒緩嫌於義反故正之去爾。○諸侯莫之主有絕句見其賢徧反下同○楚公子
貞帥師救鄭。○公至自伐鄭
十有一年。春。王正月。作三軍。三軍者何。三卿也為軍
置三卿官也卿大夫爵號大同小異方据上卿道中下故揔言三卿。○為軍于偽反年末同作三軍何以書

欲問作多書手作少書手故復全舉句以問之○復扶又反譏。何譏爾。古者上卿下卿。

上士下士說古制司馬官數古者諸侯有司徒司空上卿各一下卿各二司馬事省上下卿各一上士相上卿下士相下

卿足以為治襄公委任彊臣國家內亂兵革四起軍職不共不推其原乃益司馬作中卿官踰王制故譏之言軍者本以軍數置之月者重錄

之○省所景反相上息亮反下同治直吏反共音恭○夏。四月。四卜郊。不從。乃不郊

成公下文不致此致者襄公但不免牲爾不怨懟無所起○懟直類反○鄭公孫舍之帥師侵

宋。公會晉侯。宋公。衛侯。曹伯。齊世子光。莒子。邾

婁子。滕子。薛伯。杞伯。小邾婁子。伐鄭。秋。七月。己

未。同盟于京城北。○京城北左氏作亳城北公至自伐鄭。楚子。

鄭伯伐宋。○公會晉侯。宋公。衛侯。曹伯。齊世子光。

莒子。邾婁子。滕子。薛伯。杞伯。小邾婁子。伐鄭。會于

蕭魚。此伐鄭也。其言會于蕭魚何据伐鄭常難今有詳錄之文○難乃

曰反

蓋鄭與會爾中國以鄭故三年之中五起兵至是乃服其後無干戈之患二十餘年故喜而詳録其會起得鄭爲重。與音預○公至自會。○楚人執鄭行人良霄。霄音消。○

冬。秦人伐晉爲楚救鄭

十有二年。春。王三月。莒人伐我東鄙。圍台。邑不言圍。此其言圍何。伐而言圍者。取邑之辭也。伐而不言圍者。非取邑之辭也外取邑有嘉惡當書不直言取邑者深恥中國之無信也前九年伐得鄭同盟于戲楚伐鄭不救卒爲鄭所背中國以弱蠻荊以強兵革亟作蕭魚之會服鄭最難不務長和親復相貪犯故諱而言圍以起之月者加責之。○台他來反又音臺背音佩亟去冀反難乃旦反長丁丈反○季孫宿帥師救台。遂入運入運者討叛也封内兵書者爲遂舉討叛惡遂者得而不取與不討同故言入起其事大夫無遂事。此其言遂何。公不得爲政爾時公微弱政教不行故季孫宿遂取鄆以自益其邑○

夏。晉侯使士彭來聘。○秋。九月。吳子乘卒至此卒者與中國會

同本在楚後賢季子因始卒其父是後亦欲見其迭爲君卒皆不日吳遠于楚○迭大結反○冬楚公子貞帥師侵宋○公如晉

十有三年春公至自晉○夏取詩詩者何邿婁之邑也曷爲不繫乎邿婁諱亟也諱背蕭魚之會亟○取詩二傳作邿亟去冀反注同背音佩○秋九月庚辰楚子審卒○冬城防

十有四年春王正月季孫宿叔老會晉士匄齊人宋人衛人鄭公孫囆曹人莒人邾婁人滕人薛人杞人小邾婁人會吳于向月者危刺諸侯委任大夫交會彊夷臣日以彊三年之後君若贅旒然○囆勑邁反二傳作蠆向舒亮反綴流知銳反又作丁悅反一本作贅旒○二月乙未朔日有食之是後衛侯爲彊臣所逐出奔溴梁之盟信在大夫○夏四月叔孫豹會晉荀偃齊人宋人衛北宮結鄭公孫囆曹人莒人邾婁人

滕人。薛人。杞人。小邾婁人。伐秦。己未。衛侯衎出奔齊日者爲孫氏甯氏所逐後甯氏復納之出納之者同當相起故獨日也不書孫甯逐君者舉君絶爲重見逐說在二十七年。復扶又反。莒人侵我東鄙。秋。楚公子貞帥師伐吳。冬。季孫宿會晉士匄。宋華閲。衛孫林父。鄭公孫蠆。莒人。邾婁人。于戚。閲音悅

十有五年。春。宋公使向戌來聘。戌音恤二月。己亥。及向戌盟于劉。劉夏逆王后于齊。劉夏者何。天子之大夫也。劉者何。邑也。其稱劉何。据宰渠伯糾繫官。劉夏戶雅反以邑氏也諸侯入爲天子大夫不得氏國稱本爵故以所受采邑氏稱子所謂采者不得有其土地人民采取其租稅爾禮記王制曰天子三公之田視公侯卿視伯大夫視子男元士視附庸稱子者參見義顧爲天子大夫亦可以見諸侯不生名亦可以見爵亦可以見大夫稱傳曰天子大夫是也不稱劉子而名者禮逆王后當使三公故貶去大夫明非禮也。采邑七代反下謂采同租稅子奴反下舒鋭

反見義賢徧反下同大夫稱尺證反去起呂反外逆女不書。此何以書。過我也
明曾當共送迎之禮○過古禾反共音恭○夏。齊侯伐我北鄙。圍成俱犯竟魚此不月十二年
月者疾始可知公救成。至遇。其言至遇何据季孫宿救台不言所至不敢進
也兵不敵不敢進也不言止次如公次于郎以刺之者量力不責重民也故與至攜同文封内兵書者爲不進張本○攜户圭反又囚
兖反爲于僞反○季孫宿。叔孫豹。帥師城成郛。○郛芳夫反○秋。八
月。丁巳。日有食之是後湨梁之盟信在大夫齊蔡莒吕吳衛之禍徧滿天下○邾婁人
伐我南鄙。○冬。十有一月。癸亥。晉侯周卒。○周一本作雕
十有六年。春。王正月。葬晉悼公。○三月。公會晉侯。
宋公。衛侯。鄭伯。曹伯。莒子。邾婁子。薛伯。杞伯。小邾
婁子。于湨梁。○狊本又作湨古闃反戊寅。大夫盟。諸侯皆在是。
其言大夫盟何据葵丘之盟諸侯皆在有大夫不言大夫盟信在大夫也故書

大夫盟不言諸侯之大夫者起信在大夫何言乎信在大夫据上三年戊寅不起徧剌天下之大夫也曷爲徧剌天下之大夫据戊寅不剌之○徧剌音遍下及下同注君若贅旒然旒旂旒贅繫屬之辭若今俗名就贅爲贅壻矣以旂旒喻者爲下所執持東西旒者其數名禮記玉藻曰天子旂十有二旒諸侯九卿大夫七士五不言諸侯之大夫者明所剌者非但會上大夫并徧剌天下之大夫不殊內大夫者欲一其文見惡同也至此所以徧剌之者湨梁之會服鄭最難諸侯勞倦莫肯復出而大夫常行三委于臣而君遂失權大夫故得信在故孔子曰唯器與名不可以假人不重出地者與三年雞澤大夫盟同義○贅章銳反本又作綴丁衛反又丁劣反繫繫屬也旒音留本又作流旒旗之旒屬蜀音燭見惡賢徧反難乃旦反復扶又反重直用反晉人執莒子邾婁子以歸錄以歸者甚惡晉有罪無罪皆當歸京師不得自治之○惡烏路反○齊侯伐我北鄙○夏公至自會○五月甲子地震是時湨梁之盟政在臣下其後叛臣二弑君五楚滅舒鳩齊侯襲莒乖離出奔兵事最甚○叔老會鄭伯晉荀偃衛甯殖宋人伐許○秋齊侯伐我北鄙圍成○大雩先是伐許齊侯圍成

動民之應○冬叔孫豹如晉
十有七年春王二月庚午邾婁子瞷卒○瞷音閑或下訐反左氏
作牼○宋人伐陳○夏衛石買帥師伐曹○秋齊侯
伐我北鄙圍洮○洮他刀反左氏作桃○齊高厚帥師伐我北
鄙圍防○九月大雩比年仍見圍不暇恤民之應○宋華臣出奔陳
○冬邾婁人伐我南鄙
十有八年春白狄來白狄者何夷狄之君也何以
不言朝不能朝也○言朝直遥反下同○夏晉人執衛行人石
買○秋齊師伐我北鄙○冬十月公會晉侯宋公
衛侯鄭伯曹伯莒子邾婁子滕子薛伯杞伯小邾
婁子同圍齊曹伯負芻卒于師○楚公子午帥師

伐鄭
十有九年。春。王正月。諸侯盟于祝阿下有執不日者善同伐齊故褒與信
辭。祝阿二傳作祝柯晉人執邾婁子。公至自伐齊。此同圍齊
也。何以致伐據諸侯圍許致圍未圍齊也故致伐起未圍齊。則其
言圍齊何。抑齊也。曷爲抑齊據侵蔡伐楚猶不抑爲其亟伐也。
或曰。爲其驕蹇。使其世子處乎諸侯之上也以下葬略或說
是也亟伐者丼數爾加圍者明當從滅死二等奪其爵土。爲其于僞反下同亟去冀反注同憍蹇紀橋反本又作驕下紀輦反丼數必政反
下所主反下數年同取邾婁田自漷水。其言自漷水何據齊人取濟西田不
言自濟水。漷火虢反徐音郭取濟子禮反下同以漷爲竟也。何言乎以漷爲竟
據取邑未嘗道竟界漷移也魯本與邾婁以漷爲竟漷移入邾婁界魯隨而有之諸侯土地本有度數不得隨水隨水
有之當坐取邑故云爾○季孫宿如晉。○葬曹成公。○夏。衛孫

林父帥師伐齊○秋七月辛卯齊侯瑗卒瑗于眷反一音環
二傳作環○晉士匄帥師侵齊至穀聞齊侯卒乃還還
者何善辭也何善爾大其不伐喪也此受命乎君
而伐齊則何大乎其不伐喪据公子買戍衛不卒戍言戍衛遂公意大夫
以君命出進退在大夫也禮兵不從中御外臨事制宜當敵爲師唯義所在士匄聞齊侯卒引
師而去恩動孝子之心義服諸侯之君是後兵寢數年故起時善之言乃者士匄有難重廢君命之心故見之言至穀者未侵齊也言聞者在
竟外舉侵者張本○難乃旦反見賢徧反○八月丙辰仲孫蔑卒○齊殺其
大夫高厚○鄭殺其大夫公子喜○喜二傳作嘉○冬葬齊
靈公不月者抑其父嫌子可得無過故奪臣子恩明光代父從政處諸侯之上不孝也○城西郛言西郛者
据都城錄道東西○叔孫豹會晉士匄于柯○柯古河反○城武城
二十年春王正月辛亥仲孫遬會莒人盟于向○遬

音速。夏六月庚申公會晉侯齊侯宋公衛侯鄭伯曹伯莒子邾婁子滕子薛伯杞伯小邾婁子盟于澶淵澶市然反。秋公至自會。仲孫遬帥師伐邾婁。蔡殺其大夫公子燮。蔡公子履出奔楚。陳侯之弟光出奔楚爲二慶所譖還在二十三年。弟光左氏傳作弟黃。叔老如齊。冬十月丙辰朔日有食之自溴梁之盟臣恣日甚故比年日食。季孫宿如宋

二十有一年春王正月公如晉月者溴梁之盟後中國方班離善公獨能與大國。邾婁庶其以漆閭丘來奔邾婁庶其者何邾婁大夫也邾婁無大夫此何以書据快無氏。漆音七閭力於反快苦夬反重地也惡受人叛臣邑故重而書之不言叛者舉地言奔則魯坐受與庶其叛兩明故省文也。惡烏路反。夏公

至自晉○秋晉欒盈出奔楚○九月庚戌朔日有食之○冬十月庚辰朔日有食之○曹伯來朝○公會晉侯齊侯宋公衛侯鄭伯曹伯莒子邾婁子于商任任音壬○十有一月庚子孔子生時歲在己卯○庚子孔子生傳文上有十月庚辰此亦十月也一本作十一月庚子又本無此句

二十有二年春王正月公至自會月者危公前彊隨鄰有邾婁地又受其叛臣邑而今與會不於上會月者與日食同月不得復見○與音預見賢徧反○夏四月○秋七月辛酉叔老卒○冬公會晉侯齊侯宋公衛侯鄭伯曹伯莒子邾婁子滕子薛伯杞伯小邾婁子于沙隨公至自會○楚殺其大夫公子追舒

二十有三年春王二月癸酉朔日有食之○三月

己巳。杞伯匄卒。匄古害反○夏。邾婁鼻我來奔。邾婁鼻我者何。邾婁大夫也。邾婁無大夫。此何以書。以近書也以奔無他義知以治近升平書也所傳聞世見治始起外諸夏錄大略小大國有大夫小國略稱人所聞之世內諸夏治小如大廩廩近升平故小國有大夫治之漸也見於邾婁者自近始也獨舉一國者時亂實未有大夫治亂不失其實故取足張法而已○鼻我二傳作畀我以治直吏反下見治治之漸同近升平附近之近下近升同傳直專反見治賢徧反下同○葬杞孝公。○陳殺其大夫慶虎。及慶寅。○陳侯之弟光。自楚歸于陳前爲二慶所譖出奔楚楚人治其罪陳人誅二慶及光故言歸宋大夫山譖華元貶此不貶者殺二慶而光歸譖光可知○譖側鴆反○晉欒盈復入于晉。入于曲沃。曲沃者何。晉之邑也。其言入于晉。入于曲沃何据當舉重○復入扶又反注同欒盈將入晉。晉人不納。由乎曲沃而入也欒盈本欲入晉篡大夫位晉人不納更入於曲沃得其士衆以入晉國曲沃大夫當坐故復言入篡大夫位例時○秋。齊侯伐衛。

遂伐晉。八月。叔孫豹帥師救晉。次于雍渝。曷爲
先言救而後言次據次于聶北救邢○渝羊朱反左氏作榆聶輒女輒反先通君命也
惡其不遂君命而專止次故先通君命言救○惡烏路反○己卯。仲孫遫卒。○冬。十月。
乙亥。臧孫紇出奔邾婁。○紇恨發反○晉人殺欒盈。曷
爲不言殺其大夫據篡公得大夫之位非其大夫也明非君所置不得爲大夫
無大夫文而殺之稱人者從討賊辭爲其除亂也○齊侯襲莒
二十有四年。春。叔孫豹如晉。○仲孫羯帥師侵齊
○仲孫羯本又作褐亦作羯同居謁反○夏。楚子伐吳。○秋。七月。甲子。朔。日
有食之既是後楚滅舒鳩齊崔杼衛甯喜弒其君○齊崔杼帥師伐莒。○
大水前此叔孫豹救晉仲孫羯侵齊比興師衆民怨之所生八月。癸巳。朔。日有食之
與甲子同○公會晉侯。宋公。衛侯。鄭伯。曹伯。莒子。邾婁子。

滕子。薛伯。杞伯。小邾婁子于陳儀。陳儀二傳作夷儀二十五年同。冬。楚子。蔡侯。陳侯。許男伐鄭。公至自會。陳鍼宜咎出奔楚。咸本又作鍼其廉反咎其九反。叔孫豹如京師。大饑。有死傷曰大饑無死傷曰饑

二十有五年。春。齊崔杼帥師伐我北鄙。夏。五月。乙亥。齊崔杼弑其君光。公會晉侯。宋公。衛侯。鄭伯。曹伯。莒子。邾婁子。滕子。薛伯。杞伯。小邾婁子于陳儀。六月。壬子。鄭公孫舍之帥師入陳。曰者陳鄭俱楚之與國今鄭背楚入陳明中國當憂助鄭以離楚弱陳故爲中國憂錄之。背音佩爲于僞反。秋。八月。己巳。諸侯同盟于重丘。會盟再出不舉重者起諸侯欲誅崔杼故詳錄之。重直龍反。公至自會。衛侯入于陳儀。陳儀者何。衛之邑也。曷爲不言入

于衛据與鄭突入櫟同○櫟力狄反諼君以弒也以先言入後言弒也時衛侯爲剽所篡逐不能以義自復詐頼居見邑爲剽臣然後候間伺便使甯喜弒之君子恥其所爲故就爲臣以諼君惡之未得國言入者起詐篡從此始○諼況元反以弒音試注同後年放此伺便音同下婢面反惡烏路反○楚屈建帥師滅舒鳩○屈居勿反○冬。鄭公孫蠆帥師伐陳○十有二月。吳子謁伐楚。門于巢卒。門于巢卒者何。入門乎巢而卒也。入門乎巢而卒者何。入巢之門而卒也以先言門後言于巢吳子欲伐楚過巢不假塗卒暴入巢門門者以爲欲犯巢而射殺之君子不然所不知故與巢得殺之使若吳爲自死文所以彊守禦也書伐者明持兵入門乃得殺之○謁左氏作遏卒暴七忽反射食亦反吳子謁何以名據諸侯伐人不名傷而反。未至乎舍而卒也以名卒間無事知以傷卒死還就張本文伐名知傷而反卒繫巢知未還至舍巢不坐殺復見卒者卒內當以弒君論之卒外當以傷君論之○復扶又反

二十有六年春。王二月。辛卯。衛甯喜弒其君剽甯喜

爲衛侯衎弒剽不舉衎弒剽者讓成于喜剽匹妙反喜爲于僞反下文爲惡曷爲同。○衛孫林父入于戚以叛衎盜國林父未君事衎言叛者林父本逐衎衎入故叛衎得誅之猶定公得誅季氏故正之云爾○甲午。衛侯衎復歸于衛。此讓君以弒也。其言復歸何据齊陽生至陳乞家時書入于齊不書復歸復歸者入無惡文惡剽也主惡剽衛侯入無惡則剽惡明矣○惡剽烏路反注及下惡剽以惡弃上注故惡惡反惡惡輕以惡皆同曷爲惡剽据齊陽生不書歸惡舍剽之立於是未有說也凡篡立皆緣親親也剽以公孫立於是位尤非其次故衛人未有說喜由此得成讓禍故惡以爲戒也篡重不書反惡此者因重不得書故得惡輕亦欲以見重○有說音悅注同以見賢徧反下出見同然則曷爲不言剽之立据衛人立晉不言剽之立者。以惡衛侯也欲起衛侯失衆出奔故不書剽立剽立無惡則衛侯惡明矣曰者起甯氏復納之故出入同文也甯喜弒君而衛侯歸則甯氏納之明矣以歸出奔俱曰知出納之者同衛侯歸而孫氏叛孫氏本與甯氏共逐之亦可知也名者起盜國盜國明則復歸爲惡剽出見矣○復納扶又反○夏晉侯使荀吳來聘。○公會晉人。鄭良霄。宋人。曹人。

于澶淵○秋宋公殺其世子痤痤有罪故平公書葬○痤在禾反○晉人執衛甯喜此執有罪何以不得爲伯討據甯喜弑君者稱人而執非伯討不以其罪執之也明不得以爲功當坐執人○八月壬午許男甯卒于楚○甯乃定反○冬楚子蔡侯陳侯伐鄭○葬許靈公

二十有七年春齊侯使慶封來聘○夏叔孫豹會晉趙武楚屈建蔡公孫歸生衛石惡陳孔瑗鄭良霄許人曹人于宋○孔瑗二傳作孔奐○衛殺其大夫甯喜衛侯之弟鱄出奔晉衛殺其大夫甯喜則衛侯之弟鱄曷爲出奔晉據與射姑同○鱄市轉反又音專一音直轉反射音亦又音夜爲殺甯喜出奔也曷爲爲殺甯喜出奔據非同姓○爲殺于僞反下爲殺爲我爲衛注深爲

皆同 衛甯殖與孫林父逐衛侯而立公孫剽。甯殖病

將死。謂喜曰。黜公者非吾意也。孫氏爲之 黜猶出逐 ○黜公勑

律反下文注同 我即死。女能固納公乎 固猶必也喜者殖子殖本與孫氏共立剽而孫氏獨得其

權故有此言 ○女音汝 喜曰。諾。甯殖死。喜立爲大夫。使人謂獻

公曰。黜公者非甯氏也。孫氏爲之。吾欲納公何如。

獻公曰。子苟欲納我。吾請與子盟 盟者欲堅固喜意 喜曰。無

所用盟 時喜見獻公多詐欲使公子鱄保之故辭不肯盟曰臣納君義也無用爲盟矣 請使公子鱄

約之 喜素信鱄以爲鱄能保獻公 獻公謂公子鱄曰。甯氏將納我。

吾欲與之盟。其言曰。無所用盟。請使公子鱄約之。

子固爲我與之約矣。公子鱄辭曰。夫負羈縶 縶馬絆也

○羈縶本又作馽下陟立反馬絆也絆音半 執鈇鑕。從君東西南北。則是臣

僕庶孼之事也（僕從者庶孼衆賤子猶樹之有孼生○鈇音甫又方于反鑕之實反從君才用反又如字注同孼魚列反又五割反注及下同）若夫約言爲信。則非臣僕庶孼之所敢與也（鱄見獻公多詐不敢保○與音預）獻公怒曰。黜我者非甯氏與孫氏。凡在爾（欲以此語迫從令必約之○令力呈反）公子鱄不得已而與之約。已約。歸至殺甯喜（獻公歸至國背約殺甯喜○背音佩下同）公子鱄挈其妻子而去之（慙恚不能保獻公○挈苦結反恚一睡反）將濟于河。攜其妻子（攜猶提也）而與之盟（恐乘舟有風波之害己意不得展故將濟豫與之盟）曰。苟有履衛地食衛粟者。昧雉彼視（昧割也時割雉以爲盟猶曰視彼割雉負此盟則如彼矣傳極道此者見獻公無信刺鱄兄爲甯臣所逐既不能救又移心事剽背爲姦約獻公雖復因喜得反誅之小負未爲大惡而深以自絶所謂守小信而忘大義拘小介而失大忠不爲君漏言者即漏言當坐殺大夫不得以正葬并正葬并明喜有罪○昧舊音刎亡粉反一音末又音蔑割也見獻賢遍反下見此同復扶又反介音界）○秋。七月。辛巳。豹及諸侯之大

夫盟于宋。曷爲再言豹 据盟于首戴不再出公 殆諸侯也 殆危也危
諸侯故再出豹懼錄之 曷爲殆諸侯 据首戴不殆 爲衛石惡在是也。
曰。惡人之徒在是矣 衛侯衎不信而使惡臣石惡來故深爲諸侯危懼其將負約爲禍原先見此者
衎負縛殺喜得書葬嫌於義絕可欲起其小負會盟再出不舉重者亦再出豹也石惡惡者下出奔是也 ○冬。十有二
月。乙亥。朔。日有食之 是後閽殺吳子餘祭蔡世子般弒其君莒人弒其君之應○閽殺音昏下音弒
二十九年同祭側界反
二十有八年。春。無氷 豹羯爲政之所致 ○夏。衛石惡出奔晉
○邾婁子來朝。○秋。八月。大雩 公方久如楚先是豫賦于民之所致 仲孫
羯如晉。○冬。齊慶封來奔。○十有一月。公如楚 如楚皆月
者危公朝夷狄也 ○十有二月。甲寅。天王崩 靈王 ○乙未。楚子
昭卒 乙未與甲寅相去四十二日蓋閏月也葬以閏數卒不書閏者正取朞月明朞三年之喪始死得以閏數非死月不得數閏。

閏數所主反下同期月居其反又作朞

二十有九年春王正月公在楚何言乎公在楚據成十六年正月公在晉不書正月以存君也正月歲終而復始臣子喜其君父與歲終而復始執贄存之故言在在晉不書在楚書者惡襄公久在夷狄爲臣子危録之○而復扶又反下皆同惡襄烏路反下惡惡以同爲臣于僞反下故爲爲季子傳凡爲同

○夏五月公至自楚○庚午衛侯衎卒○閽弑吳子餘祭閽者何門人也守門人號刑人也以刑爲閽古者肉刑墨劓擯宮與大辟而五孔子曰三皇設言民不違五帝畫象世順機三王肉刑揆漸加應世黠巧姦僞多○劓魚器反臏毗忍反辟婢亦反畫象音獲應應世應對之應黠閑八反刑人則曷爲謂之閽據非刑人名刑人非其人也以刑人爲閽非其人故變盜言閽君子不近刑人近刑人則輕死之道也刑人不自賴而用作閽由之出入卒爲所殺故以爲戒不言其君者公家不畜士庶不友放之遠地欲去聽所之故不繫國不繫國故不言其君○不近附近之近下同○仲孫羯會晉荀盈齊高止宋華定衛世

叔齊鄭公孫段曹人莒人邾婁人滕人薛人小邾婁人城杞書者杞時微善能成王者後 ○晉侯使士鞅來聘 ○鞅於丈反 ○杞子來盟貶稱子者微弱不能自城危社稷宗廟當坐善城之復貶者諸侯自閔而城之非杞能以善道致諸侯 ○吳子使札來聘吳無君無大夫此何以有君有大夫據向之會稱國 ○札側八反 賢季子也何賢乎季子據聘不足賢其而使賢有君有大夫荊人來聘是也 讓國也其讓國奈何謁也餘祭也夷昧也與季子同母者四與并也并季子四人 季子弱而才兄弟皆愛之同欲立之以爲君謁曰今若是迮而與季子國迮起也倉卒意○迮子各反起也卒七忽反 季子猶不受也請無與子而與弟弟兄迭爲君迭猶更也○迭大結反更也更音庚 而致國乎季子皆曰諾故諸爲君者皆輕死爲勇飲食必祝祝因

祭祝也論語曰雖蔬食菜羹瓜祭是也○祝之又反又之六反注同蔬食音嗣曰天苟有吳國猶曰天誠欲有吳國當與賢弟尚速有悔於予身尚猶努力速疾也悔咎予我也欲急致國于季子意故謁也死餘祭也立故迭爲君餘祭也死夷眛也立夷眛也死則國宜之季子者也季子使而亡焉僚者長庶也即之緣兄弟相繼而即位所以不書僚簒者緣季子之心惡以己之是揚兄之非故爲之諱所以起至而君之○季子使所吏反下同僚者力彫反長庶丁丈反下注同季子使而反至而君之爾不爲讓國者僚已得國無讓也闔廬曰先君之所以不與子國而與弟者凡爲季子故也將從先君之命與則國宜之季子者也如不從先君之命與則我宜立者也僚惡得爲君乎於是使專諸刺僚闔廬謁之長子光專諸膳宰僚耆炙魚因進魚而刺之○闔戶臘反廬力居反命與音餘下命與同僚惡烏於虔反本又作惡音烏刺僚七賜反又七亦反注同耆市志反而致國乎季子季

子不受。曰。爾弒吾君。吾受爾國。是吾與爾爲篡也。爾殺吾兄。吾又殺爾。是父子兄弟相殺。終身無已也（兄弟相殺者謂闔廬爲季子殺僚。○爾殺吾君申志反注殺僚同篡初患反）去之延陵（延陵吳下邑禮公子無去國之義故不越竟）終身不入吳國（不入吳朝既不忍討闔廬義不可留事）故君子以其不受爲義。以其不殺爲仁（故大其能去以其不以貪賊苟止故推二事與之）賢季子。則吳何以有君有大夫（据其本不賢其君）以季子爲臣。則宜有君者也（方以季子賢許使有臣有大夫故宜有君）札者何。吳季子之名也。春秋賢者不名。此何以名。許夷狄者不壹而足也（故降字而名）季子者所賢也。曷爲不足乎季子。許人臣者必使臣。許人子者必使子也（緣臣子尊榮莫不欲與君父共之字季子則遠其君夷狄常例離君父辭故不足以隆父子之親厚君臣之義季子讓在殺僚後豫於此賢之者移諱於闔廬不可以見讓故復因聘起）

其事○遠于萬反見賢徧反○秋九月葬衛獻公○齊髙止出奔北

燕○燕音烟○冬仲孫羯如晉

三十年春王正月楚子使薳頗來聘月者公數如晉希見荅今見聘故喜

録之○薳于委反頗普皮反又音彼一音普何反一本作皷者音同二傳作薳罷數所角反○夏四月蔡世子

般弒其君固不日者深爲中國隱痛有子弒父之禍故不忍言其日○般音班深爲于僞反下爲伯不爲爲中國

同○五月甲午宋災伯姬卒伯姬守禮含悲極思之所生外災例時此日者爲伯姬卒日○思息

吏反○天王殺其弟年夫王者得專殺書者惡失親親也末三年不去王者方惡不思慕而殺弟不顯子

行也不從直稱君者擧重也莒殺意恢以失子行録設但殺弟不能書是也不爲諱者年夫有罪○年夫音佞又如字二傳作佞夫惡失烏路

反下皆同去起呂反子行下孟反下子行其行同○王子瑕奔晉稱王子者惡天子重失親親○重直用反又直

勇反○秋七月叔弓如宋葬宋共姬外夫人不書葬○

此何以書隱之也何隱爾宋災伯姬卒焉說在下也○共音恭

其稱謚何（据葬紀伯姬不言謚）賢也。何賢爾。宋災伯姬存焉。有司復曰。火至矣。請出。伯姬曰。不可。吾聞之也。婦人夜出（謂有事宗廟）不見傅母不下堂（禮后夫人必有傅母所以輔正其行衛其身也選老大夫爲傅選老大夫妻爲母。傅母如字又武候反本又作姆同）傅至矣。母未至也。逮乎火而死（故賢而錄其謚）。鄭良霄出奔許。自許入于鄭。鄭人殺良霄。冬。十月。葬蔡景公。賊未討。何以書葬。君子辭也（君子爲中國諱使若加弒月者弒父比竟原恥尤重故足諱辭。加殺音試下同）。晉人。齊人。宋人。衛人。鄭人。曹人。莒人。邾婁人。滕人。薛人。杞人。小邾婁人。會于澶淵。宋災故。宋災故者何。諸侯會于澶淵。凡爲宋災故也。會未有言其所爲者。此言所爲何。錄伯姬也（重錄伯姬之賢爲諸侯所閔憂。凡爲于僞反下及注所爲同）諸侯相聚聚歛也相聚歛財物而更宋之所喪更復也如今俗名解浣衣復之爲更衣○更宋音庚又古孟反復也償也所喪息浪反下注同浣户管反曰死者不可復生爾財復矣復者如故時諸侯共償復其所喪○復生扶又反償常亮反此大事也曷爲使微者據詳録所爲故卿也卿則其稱人何貶曷爲貶之據善重也卿不得憂諸侯也時雖名諸侯使之恩實從卿發故貶起其事明大夫之義得憂内不得憂外所以抑臣道也宋憂内并貶者非救危亡禁作福也

三十有一年春王正月○夏六月辛巳公薨于楚宫公朝楚好其宫歸而作之故名之云爾作不書者見者不復見○好其呼報反見者賢徧反下同○秋九月癸巳子野卒○己亥仲孫羯卒○冬十月滕子來會葬此書者與叔服同義○癸酉葬我君襄公○十有一月莒人弒其君密州莒子納去疾及展立莒子廢之展因國人攻莒子殺之去疾奔齊稱人以弒者莒無大夫密州爲君惡民所賤故稱國以弒之

春秋公羊卷第九

經傳肆阡玖伯柒拾玖字

注伍阡貳伯柒拾捌字

音義壹阡陸伯貳拾伍字

余仁仲刊于家塾

春秋公羊經傳解詁昭公第十

何休學

元年。春。王正月。公即位。○叔孫豹會晉趙武。楚公子圍。齊國酌。宋向戌。衛石惡。陳公子招。蔡公孫歸生。鄭軒虎。許人。曹人于漷。戌惡皆與君同名不正之者正之當貶貶之嫌觸大惡方譏二名爲諱義當正亦可知○國酌二傳作國弱招上遥反軒虎軒依字許言反舊音呼二傳作罕虎漷音郭又音虢左氏作虢穀梁作郭

此陳侯之弟招也。何以不稱弟。據八年稱弟貶。曷爲貶。據八年殺偃師猶不貶爲殺世子偃師貶。曰陳侯之弟招殺陳世子偃師。大夫相殺稱人。此其稱名氏以殺何。難八年事○爲殺于僞反下注爲内爲仕皆同難乃旦反二年注同言將自是弒君也。明其欲弒君故令與弒君而立者同文孔瑗弒君本謀在招○令力呈反今將爾。詞曷爲與親弒者同。君

親無將。將而必誅焉。然則曷爲不於其弒焉貶 據未弒也 以親者弒。然後其罪惡甚。春秋不待貶絶而罪惡見者。不貶絶以見罪惡也 招殺偃師是也。見者賢徧反下同 ○貶絶然後罪惡見者。貶絶以見罪惡也 招稱公子及楚人討夏徵舒貶皆是也 今招之罪已重矣。曷爲復貶乎此。據棄疾不豫貶○復扶又反 著招之有罪也。何著乎招之有罪。據棄疾不著 言楚之託乎討招以滅陳也 起楚託討招以滅陳意也所以起之者八年先言滅後言執託討招不明故豫貶於此明楚先以正罪討招乃滅陳也 ○三月。取運。運者何。内之邑也。其言取之何 據自魯之有 不聽也 不聽者叛也不言叛者爲内諱故書取以起之不先以文德來之而便以兵取之當與外取邑同罪故書取月者爲内喜得之 ○夏。秦伯之弟鍼出奔晉。秦無大夫。此何以書。仕諸晉也 爲仕之於晉書○鍼其廉反 曷爲仕諸晉 據國地足以祿之有千乘之國十井爲一乘公侯封方百里凡千乘伯四百九十乘子男二百五十乘時秦侵伐自廣大故曰千乘○千乘繩證反注同而不能容其母弟故君子謂之出奔也弟賢當任用之不肖當安處之乃仕之他國與逐之無異故云爾○六月丁巳邾婁子華卒○晉荀吳帥師敗狄于大原此大鹵也曷爲謂之大原據讀言大原也○大原音泰下同鹵力古反地物從中國以中國形名言之所以曉中國教殊俗也邑人名從主人邑人名自夷狄所名也不若地物有形名可得正故從夷狄辭言之原者何上平曰原下平曰隰分別之者地勢各有所生原宜粟隰宜麥當教民所宜因以制貢賦○隰音習別彼列反○秋莒去疾自齊入于莒○莒展出奔吳主書去疾者重篡也莒無大夫書展者起與去疾爭篡當國出奔言自齊者當坐有力也皆不氏者當國也不從莒無大夫去氏者莒殺意恢稱公子篡重不嫌本不當氏○去疾起呂反○叔弓帥師疆運田疆運田者何與莒爲竟也疆竟也與莒是正竟界若言城中丘○疆運居良反下同與莒爲竟則曷爲帥師而往

據邾侵伐畏莒也畏莒有賊臣亂子而興師與之正竟見刺曾微弱失操煩擾百姓○葬邾婁悼公
○冬十有一月己酉楚子卷卒○卷音權左氏作麇○楚公子
比出奔晉辟内難也
二年春晉侯使韓起來聘○夏叔弓如晉○秋鄭
殺其大夫公孫黑○冬公如晉至河乃復其言至
河乃復何據公如晉次于乾侯而還言至自乾侯不言至乾侯乃復不敢進也乃難辭也時聞晉欲
執之不敢往君子榮見與恥見距故諱使若至河河水有難而反○乃難奴旦反下有難同○季孫宿如晉
三年春王正月丁未滕子泉卒○夏叔弓如滕○
五月葬滕成公月者襄公上葬諸侯莫肯加禮獨滕子來會葬故恩録之明公當自行不當遣大夫失禮尤重
以責内○秋小邾婁子來朝○八月大雩先是公季孫宿比如晉○冬
大雨雹爲季氏○雨于付反雹步角反爲于僞反○北燕伯款出奔齊名者所見世著

治大平責小國詳録出奔當誅○治直吏反大音泰

四年春。王正月。大雨雪爲季氏○大雨雪于付反左氏作大雨雹爲季于僞反下文及注爲齊誅並同○夏楚子蔡侯陳侯鄭伯許男徐子滕子頓子。胡子沈子小邾婁子宋世子佐淮夷會于申不殊淮夷者楚子主會行義故君子不殊其類所以順楚而病中國楚人執徐子○秋七月楚子蔡侯陳侯許男頓子胡子沈子淮夷伐吴執齊慶封殺之此伐吴也其言執齊慶封何爲齊誅也故繫之齊其爲齊誅奈何慶封走之吴以襄公二十八年奔魯自魯走之吴不書者以絶于齊在魯不復爲大夫賤故不復録之○不復扶又反下同吴封之於防不書入防者使防繫吴嫌犯吴也夫吴嫌齊邑也○去起呂反然則曷爲不言伐防据防已爲國不與諸侯專封也故奪言伐吴慶封之罪何脅齊君而亂齊國也道爲齊誅意也稱侯而執者伯討也月者善義兵遂滅厲莊王滅蕭日此不日者靈王非賢責之略○滅厲如字又音賴左氏作賴○九月取鄫其言取之何據國言滅滅之也滅之則其言取之何內大惡諱也因鄫上有滅文故使若取內邑○冬十有二月乙卯叔孫豹卒

五年春王正月舍中軍舍中軍者何復古也善復古也○舍中音捨下及注同然則曷爲不言三卿據上言作三軍等問不言軍云卿者上師解言三卿因以爲難○爲難乃旦反下同五亦有中三亦有中此乃解上作三軍時意作時益中軍不可言中軍者五亦有中三亦有中不知何中也今此據上作三軍不言中則益三之中舍三之中皆可知也弟子本據上言作三難下中不言三也如師解言本益中故下言舍中爲其將復據下中難上不言中故解上以解下如此則下不言三亦可知也不言卿者欲同上下文以相起傳不足以解之者以上解下文當同亦可知月者善錄之○爲不僞反復扶又反○楚殺其大夫屈申○公如晉○夏莒牟夷以牟婁及防茲來奔莒牟夷

者何莒大夫也莒無大夫此何以書重地也其言及防茲來奔何据濫閭丘不言及髙張言及不以私邑累公邑也公邑君邑也私邑臣邑也累次也義不可使臣邑與君邑相次序故言及以絶之○秋七月公至自晉○戊辰叔弓帥師敗莒師于濆泉濆泉者何直泉也直泉者何涌泉也蓋戰而涌爲異也不傳異者外異不書此象公在晉臣下專受莒叛邑地以與兵戰鬬百姓悲怨歎息氣逆之所致故因以著戰處欲明天之與人相報應之義○濆泉扶粉反濆泉踊泉也左氏作蚡泉穀梁作賁泉剫邑慮反應應應對之應○秦伯卒何以不名据諸侯名秦者夷也匿嫡之名也嫡子生不以名令于四竟擇勇猛者而立之○嫡丁歷反注及下同其名何据秦伯嬰稻名嫡得之也獨嬰稻以嫡得立之○冬楚子蔡侯陳侯許男頓子沈子徐人越人伐吳吳未服慶封之罪故也越稱人者俱助義兵意進于淮夷故加人以進之義兵不月者進越爲義兵明故省文

六年。春。王正月。杞伯益姑卒不日者行微弱故略之上城杞巳貶復卒略之者入所見世責小國詳始録内行也諸侯内行小失不可勝書故於終略責之見其義○復扶又反内行下孟反下同勝音升見賢遍反○葬秦景公。夏。季孫宿如晉。葬杞文公。宋華合比出奔衛○比如字又毗志反○秋。九月。大雩先是季孫宿如晉是後叔弓與公比如楚有豫賦之煩也○賦斂力驗反或無此字○楚薳頗帥師伐吴。冬。叔弓如楚。齊侯伐北燕

七年。春。王正月。暨齊平書者善録内也不出主名者君相與平國中皆安故以舉國體言之月者刺内暨暨也時魯方結婚于吴外慕強楚故不汲汲于齊○暨其器反○三月。公如楚。叔孫舍如齊莅盟○叔孫舍二傳作婼○夏。四月。甲辰朔。日有食之是後楚滅陳蔡執其君于乾谿○秋。八月。戊辰。衛侯惡卒。○九月。公至自楚。○冬。十有一月。癸未。季孫宿卒。○十有二月。

癸亥。葬衛襄公當時而日者世子輒有惡疾不早廢之臨死乃命臣下廢之自下廢上鮮不爲亂故危錄之。
當丁浪反又如字鮮息淺反
八年。春。陳侯之弟招。殺陳世子偃師說在元年變其言陳者起招致楚滅陳自此始故重舉國○故重直用反年末同○夏。四月。辛丑。陳侯溺卒。○溺乃狄反。○叔弓如晉。○楚人執陳行人干徵師。殺之。○陳公子留出奔鄭。○秋。蒐于紅。蒐者何。簡車徒也。徒衆○廋所留反本亦作蒐何以書。蓋以罕書也。說在桓六年。○陳人殺其大夫公子過。○過音戈○大雩。先是公如楚半年乃歸費重所致。○費芳味反○冬。十月。壬午。楚師滅陳。執陳公子招。放之于越。殺陳孔瑗。○葬陳哀公日者疾詐諼滅人也不舉滅爲重復書三事言執者疾諼詐義故列見之詐義不先書者本懷滅心重舉陳者上已言滅不復重舉無以明。○諼況元反復書扶又反下同見賢徧反九年。春。叔弓會楚子于陳。陳已滅復見者從地名録猶宋鄬以邑録不舉小地者顧後當存。復見扶又反下同下賢徧反。許遷于夷。夏。四月。陳火。陳已滅矣。其言陳火何据災異爲有國者戒。陳火左氏作災存陳也陳已滅復火者死灰復燃之象也此天意欲存之故從有國記災曰。存陳悕矣書火存陳者若曰陳爲天所存悲之。悕音希悲也曷爲存陳据災非一天意曷爲悲陳而存之滅人之國。執人之罪人罪人招也殺人之賊孔瑗弑君賊也葬人之君。若是則陳存悕矣楚爲無道詐討賊行義陳臣子辟門虛心待之而滅其國若是則天存之者悲之也不書孔瑗弑君者本爲招弑當舉招爲重方不與楚討賊故沒招正賊文以將與上貶起之月者閔之。辟婢亦反開也本爲于僞反。秋。仲孫貜如齊。貜俱縛反又居碧反。冬。築郎囿。囿音又

十年。春。王正月。夏。晉欒施來奔。晉欒施左氏作齊欒施。秋。七月。季孫隱如。叔弓。仲孫貜。帥師伐莒。隱如左氏作意如。戊

子晉侯彪卒○彪彼虬反○九月叔孫舍如晉○葬晉平公
○十有二月甲子宋公戌卒去冬者蓋昭公取吴孟子之年故貶之○宋戌讀左傳者
音戌向戌與君同名則宜音恤去起呂反
十有一年春王正月叔弓如宋○葬宋平公○夏四
月丁巳楚子虔誘蔡侯般殺之于申楚子虔何以
名据誘戎曼子不名○戎曼音蠻絶曷爲絶之据俱誘之爲其誘討也使不自知
而死故加誘○爲于僞反此討賊也蔡侯般弑父而立雖誘之則曷爲絶之
据與莊王外討晉文譎尊○譎古穴反懷惡而討不義君子不予也内懷利國之心
而外託討賊故不與其討賊而責其誘許也地者起以好會誘之○好呼報反○楚公子棄疾帥師
圍蔡○五月甲申夫人歸氏薨○大蒐于比蒲大
蒐者何簡車徒也何以書蓋以罕書也説在桓六年○比音毗

○仲孫貜會邾婁子盟于侵羊不日者蓋諱喪盟使若議結善事○侵羊二傳作祲祥○秋季孫隱如會晉韓起齊國酌宋華亥衛北宮佗鄭軒虎曹人杞人于屈銀○佗大河反屈銀並如字二傳作厥慭

○九月己亥葬我小君齊歸齊歸者何昭公之母也歸氏胡女襄公嫡夫人○嫡丁歷反

○冬十有一月丁酉楚師滅蔡執蔡世子有以歸用之此未踰年之君也其稱世子何据陳子也不君靈公不成其子也靈公即般也不君不與靈公坐弒父誅不得為君也不成其子不成有得稱子繼父也上不與楚誘討嫌有不當絕故正之去耳不君靈公則曷為不成其子据惡惡止其身誅君之子不立雖不與楚誘討其惡坐弒父誅當以誅君論之故去爾言執者時楚託義滅之非怒也無繼也父誅子當絕惡乎用之用之防也其用之防奈何蓋以築防也持其足以頭築防惡不以道孔子曰人而不仁

疾之巳甚亂也日者疾誒滅人。○惡乎音烏惡不烏路反

十有二年。春。齊高偃帥師納北燕伯于陽。伯于陽者何卽納上伯款非犯父命不當言于陽又微國出入不兩書伯不當再出故斷三字問之。○斷丁管反又丁亂反公子陽生也。子曰。我乃知之矣子謂孔子乃乃是歲也時孔子年二十三具知其事後作春秋案史記知公誤爲伯子誤爲于陽在生刊滅闕。○刊苦干反在側者曰。子苟知之何以不革。曰。如爾所不知何如猶奈也猶曰奈女所不知何寧可強更之乎此夫子欲爲後人法不欲令人妄億措子絕四毋意毋必毋固毋我。○女音汝強其丈反令力呈反下令楚同億於力反錯七故反或七各反字或作措春秋之信史也。其序則齊桓晉文唯齊桓晉文會能以德優劣國大小相次序其會則主會者爲之也非齊桓晉文則如主會者爲之雖優劣大小相越不改更信文也其詞則丘有罪焉爾丘孔子名其貶絕譏刺之辭有所失者是丘之罪聖人德盛尚謙故自名爾主書者惡納篡也不書所篡出奔者微國雖未踰年君猶不錄不足陽下言于北燕者史文也北燕本在上從史文也。○惡納烏路反 ○三月。壬申。

鄭伯嘉卒。夏，宋公使華定來聘。公如晉，至河乃復。五月，葬鄭簡公。楚殺其大夫成然。成然，左氏作成熊。秋七月。冬十月，公子憖出奔齊。憖，之鎮反，或作憖，魚覲反。楚子伐徐。晉伐鮮虞。謂之晉者，中國以無義故爲夷狄所強。今楚行詐滅陳蔡，諸夏懼然去而與晉會于屈銀，不因以大綏諸侯，先之以博愛，而先伐同姓，從親親起，欲以立威行霸，故狄之。

十有三年春，叔弓帥師圍費。費音祕。夏四月，楚公子比自晉歸于楚，弒其君虔于乾谿。此弒其君，其言歸何？据齊陽生入惡不言歸。谿，苦兮反。歸無惡於弒立也。歸無惡於弒立者何？靈王爲無道，作乾谿之臺，三年不成，楚公子棄疾脅比而立之，然後令于乾谿之役曰：比已立矣，後歸者不得復其田里。衆罷而去之，靈王經而死時棄疾詐告比得晉力可以歸至而脅立之比之義宜効死不立而立君因自經故加弑也言歸者明其本無弑君而立之意加弑責之爾不日者惡靈王無道封内地者起禍所由因以爲戒○罷音皮惡烏路反楚公子棄疾弑公子比比已立矣其稱公子何據齊公子商人弑其君舍其意不當也據上傳知其脅其意不當則曷爲加弑焉爾據王子朝不貶○朝如字比之義宜乎效死不立大夫相殺稱人此其稱名氏以弑何據經言弑公子比也言將自是爲君也故使與弑君而立者同文也不言其者比實已立嫌觸實公子棄疾則楚子居也○秋公會劉子晉侯齊侯宋公衛侯鄭伯曹伯莒子邾婁子滕子薛伯杞伯小邾婁子于平丘八月甲戌同盟于平丘不舉重者起諸侯欲討棄疾故詳録之不言劉子及諸侯者間無異事可知矣公不與盟○與音預注二不肯與及下文不與焉注公不與不宜與皆同晉人執季孫隱如以歸公至自會公不

與盟者何。公不見與盟也。時晉主會疑公如楚不肯與公盟故諱使若公自不肯與盟

公不見與盟。大夫執。何以致會。据得意乃致會不恥也。

曷為不恥。据邑之會公失序恥之諸侯遂亂。反陳蔡。君子不恥不與焉。時諸侯將征棄疾棄疾乃封陳蔡之君使說諸侯諸侯從陳蔡之君言還反不復討楚楚亂遂成故去爾公不與盟不書成楚亂者時不受盟也諸侯實不與公盟而言公不與盟者遂亂雖見與公猶不宜與也故因為公張義。復扶又反為公于偽反。

蔡侯廬歸于蔡。陳侯吳歸于陳。此皆滅國也。其言歸何。据歸者有國辭。廬力吳反不與諸侯專封也。故使若有國自歸若也名者專受其封當誅書者因以起楚封之所以能起之者上有存陳文陳見滅無君所責又蔡本以篡見殺但不成其子不絕其國即諸侯存之當有文實也。

冬。十月。葬蔡靈公。書葬者經不與楚討嫌本可責復讎故書葬明當從誅君論之不得責臣子。

公如晉。至河乃復。吳滅州來。不日者略兩夷

十有四年。春。隱如至自晉。三月。曹伯滕卒。夏。

四月。秋。葬曹武公。八月。莒子去疾卒入昭公卒不日不書葬者本篡故因不序。去起吕反。冬。莒殺其公子意恢莒無大夫書殺公子者未踰年而殺其君之子不孝尤甚故重而録之稱氏者明君之子。恢苦回反

十有五年春。王正月。吴子夷昧卒夷昧音末本亦作末。二月。癸酉。有事于武宫。籥入。叔弓卒。去樂卒事。其言去樂卒事何據入者言萬去籥言名不言卒事。籥羊略反去樂起吕反注去籥及下文去樂同禮也加以録卒事即非禮但當言去樂而已若去籥矣總言樂者明悉去也去樂恩痛不忍舉卒事畢竟祭事大夫聞君之喪。攝主而往主謂已主祭者已聞君之喪義不可以不即行故使兄弟若宗人攝行主事而往不廢祭者古禮也古有分土無分民大夫不世己父未必爲今君臣也孝經曰資于事父以事君而敬同大夫聞大夫之喪。尸事畢而往尸賓事畢而往也日者爲卒日。爲于僞反。夏。蔡昭吴奔鄭不言出者始封名言歸嫌與天子歸

有罪同故奪其有國之辭明專封。昭吳左氏作朝吳。六月丁巳朔日有食之并十七年食蓋與孛于大辰同占。秋晉荀吳帥師伐鮮虞。冬公如晉

十有六年。春齊侯伐徐。楚子誘戎曼子殺之楚子何以不名据誘蔡侯名。戎曼又音蠻又音萬二傳作戎蠻哀四年同夷狄相誘君子不疾也曷為不疾据俱誘也若不疾乃疾之也以為固當常然者乃所以為惡也顧以無知薄責之戎曼稱子者入昭公見王道大平百蠻貢職夷狄皆進至其爵不日者本不卒不地者略也。見賢徧反。夏公至自晉。秋八月己亥晉侯夷卒。九月大雩先是公數如晉。數如音朔。季孫隱如如晉。冬十月葬晉昭公

十有七年。春小邾婁子來朝。夏六月甲戌朔日有食之。秋郯子來朝。八月晉荀吳帥師滅賁

渾戎。○賁渾音六下户門反　冬。有星孛于大辰。孛者何。彗星也

三字皆發問者或言入或言于或言方嫌爲孛異猶問録之。○星孛音佩彗息遂反又因歲反　其言于大辰何

據北斗言入于大辰非常名　在大辰也。大辰者何。大火也。大火謂心　大火爲

大辰。伐爲大辰　伐謂參伐也大火與伐天所以示民時早晚天下所取正故謂之大辰辰時也。○參所林反

北辰亦爲大辰　北辰北極天之中也常居其所迷惑不知東西者須視北辰以別心伐所在故加亦亦者兩相

須之意。○別彼列反　何以書。記異也。心者天子明堂布政之宮亦爲孛彗者邪亂之氣掃故置新之象是後周

分爲二天下兩主宋南里以亡。○邪似嗟反　○楚人及吳戰于長岸。詐戰不言

戰。此其言戰何　據於越敗吳于醉李檇李音醉本或作醉　敵也　俱無勝負不可言敗故言戰也

不月者略兩夷

十有八年。春。王三月。曹伯須卒。○夏。五月。壬午。宋。

衛。陳。鄭災。何以書。記異也。何異爾。異其同日而俱

災也。外異不書。此何以書。爲天下記異也。詩去其儀不忒正是四國四國天下象也是後王室亂諸侯莫肯救故天應以同日俱災若曰無天下云爾。爲于僞反忒他得反應應對之應。六月。邾婁人入鄅。鄅音禹又音矩。秋。葬曹平公。冬。許遷于白羽

十有九年。春。宋公伐邾婁。夏。五月。戊辰。許世子止弒其君買蔡世子般弒父不忍日此日者加弒爾非實弒也。己卯。地震季氏稍盛宋南里以叛王室大亂諸侯莫肯救晉人圍郊吳勝雞父尹氏立王子朝之應。秋。齊高發帥師伐莒。冬。葬許悼公。賊未討。何以書葬。不成于弒也。曷爲不成于弒據將而誅之。于殺音試下于殺加殺皆同止進藥而藥殺也時悼公病止進藥悼公飲藥而死。止進藥而藥殺。則曷爲加弒焉爾據意善也。譏子道之不盡也。其譏子道之不盡奈何。

曰樂正子春之視疾也樂正子春曾子弟子以孝名聞復加一飯則脫然愈復損一飯則脫然愈復加一衣則脫然愈復損一衣則脫然愈脫然疾除貌也言消息得其節○復加扶又反下同一飯扶晚反下同止進藥而藥殺是以君子加弒焉爾失其消息多少之宜曰許世子止弒其君買是君子之聽止也聽治止罪葬許悼公是君子之赦止也原止進藥本欲愈父之病無害父之意故赦之赦止者免止之罪辭也明止但得免罪不得繼父後許男斯代立無惡文是也

二十年春王正月○夏曹公孫會自鄸出奔宋奔未有言自者此其言自何据始出奔未有言此者與宋華亥入宋南里復出奔異○鄸音蒙又亡忠反又亡貢反一音亡增反者此舊於此下有比者非復扶又反畔也時會盜鄸以奔宋畔則曷爲不言其畔言叛者當言以鄸如邾婁庶期爲公子喜時之後諱也春

秋爲賢者諱諱使若從鄸出奔者故與自南里同文。爲公子于僞反下爲賢爲會爲之諱同何賢
乎公子喜時據喜時不書讓國也。其讓國奈何。曹伯廬
卒于師在成十三年則未知公子喜時從與。喜時曹伯廬弟。從與才用反
下音餘下從與同公子負芻從與負芻喜時庶兄或爲主于國。或爲主
于師古者諸侯師出世子率與守國次宜爲君者持棺絮從所以備不虞或時疾病相代行本史文不具故傳疑之。絮從女居反
說文云絜緼也一曰敝絮也公子喜時見公子負芻之當主也。逡巡
而退。賢公子喜時。則曷爲爲會諱。君子之善善也
長。惡惡也短。惡惡止其身不遷怒也。逡七旬反惡惡並如字一讀上烏路反下同善
善及子孫。賢者子孫。故君子爲之諱也君子不使行善者有後患
故以喜時之讓除會之叛不通鄸爲國如通濫者喜時本正當立有明王與當還國明叔術功惡相除裁足通濫爾。濫力甘反又力暫反
。秋。盜殺衛侯之兄輒。母兄稱兄。兄何以不立據立嫡以

長。輒左氏作縶嫡丁歷反長丁丈反有疾也。何疾爾。惡疾也。惡疾謂瘖聾盲癘禿跛傴不逮人倫之屬也書者惡衛侯兄有疾不憐傷厚遇營衛不固至令見殺失親親也公子不言之兄弟言之者敵體辭嫌於尊卑不明故加之以絕之所以正名也。瘖於今反聾路工反癘力世反又力大反禿吐木反跛布可反傴於矩反惡烏路反令力呈反。冬十月。宋華亥。向甯。華定。出奔陳。月者危三大夫同時出奔將爲國家患明當防之。向甯二傳作向寧。十有一月。辛卯。蔡侯廬卒。

二十有一年。春。王三月。葬蔡平公。夏。晉侯使士鞅來聘。宋華亥。向甯。華定。自陳入于宋南里以畔。宋南里者何。若曰因諸者然。因諸者齊故刑人之地公羊子齊人故以齊喻也宋樂大心自曹入于蕭不言宋南里者略叛臣從刑人于國家尤危故重舉國。重直用反。秋。七月。壬午。朔。日有食之。是後周有篡禍。八月。乙亥。叔痤卒。叔痤在禾反左氏作叔輒。冬。蔡侯朱出奔楚。出奔者爲東國所篡也大國奔例月此時者意惡背中國而與楚故略之。惡背烏路

反下音佩。○公如晉。至河乃復

二十有二年。春。齊侯伐莒。○宋華亥。向甯。華定。自宋南里出奔楚前出奔已絕賤復錄者以故大夫專勢入南里化君而出當誅也言自者別從國去。○復扶又反別從彼列反下同。○大蒐于昌姦。大瘦所求反本亦作蒐昌姦二傳作昌間。○夏四月乙丑。天王崩。○六月。叔鞅如京師。○葬景王。○王室亂謂王猛之事何言乎王室亂据天子之居稱京師天王入于成周天王出居于鄭不言亂言不及外也宮謂之室刺周室之微邪庶並篡無一諸侯之助四夫之救如一家之亂也故變京師言王室不言成周言王室者正王以責諸侯也傳不事事悉解者言不及外外當責之故正王可知也不爲天子諱者方責天下不救之。○邪庶似嗟反

劉子。單子。以王猛居于皇。其稱王猛何据未踰年已葬當稱子當國也時欲當王者位故稱王猛見當國也錄居者事所見也不舉猛爲重者時猛尚幼以二子爲計勢故加以以者行二子意辭也二子不舉重者尊同權等。○見當賢偏反下同。○秋。劉子。單子。以王猛入于

王城。王城者何。西周也。時居王城邑。自號西周主其言入何据非成周篡辭也時雖不入成周已得京師也半稱王置官自號西周故從篡辭言入起其事也不言西周者正之無二京師也不月者本無此國無可與別輕重也。冬十月。王子猛卒。此未踰年之君也。其稱王子猛卒何据子卒不言名外未踰年君不當卒不與當也。不與當者。不與當父死子繼。兄死弟及。之辭也春秋篡成者皆與使當君之父死子繼兄死弟及者篡所緣得位成為君辭也猛未悉得京師未得成王又外未踰年君二者皆不當卒又名者非與使當成為君也嫌上入無成周文非篡辭故從得位卒明其為篡也月者方以得位明事故從外未踰年君例。十有二月。癸酉朔。日有食之是後晉人圍郊犯天子邑

二十三年。春。王正月。叔孫舍如晉。癸丑。叔鞅卒。晉人執我行人叔孫舍。晉人圍郊。郊者何。天子之邑也天子間田有大夫主之。間音閑曷為不繫于周。不與伐

天子也與侵柳同義○夏六月蔡侯東國卒于楚不日者惡背中國而與楚故略之月者比肸附父讎責之淺也不書葬者篡也篡不書者以惡朱在三年之內不共悲哀舉錯無度失衆見篡○惡烏路反下同背音佩共音恭錯七故反○秋七月莒子庚輿來奔○戊辰吳敗頓胡沈蔡陳許之師于雞父胡子髠沈子楹滅獲陳夏齧此偏戰也曷為以詐戰之辭言之据戊齊國書及吳戰于艾陵俱與夷狄言戰今此從詐戰辭言敗○雞父音甫髠苦門反楹音盈左氏作逞穀梁作盈夏齧户雅反下五結反艾五蓋反不與夷狄之主中國也序上言戰別客主人直不直也今吳序上而言戰則主中國辭也○別彼列反下及傳同然則曷為不使中國主之据齊國書主吳中國亦新夷狄也中國所以異于夷狄者以其能尊尊也王室亂莫肯救君臣上下壞敗亦新有夷狄之行故不使主之不稱國國出師者賤略之言之師者辟許獨稱師上五國稱國之嫌○之行下孟反下同其言滅獲何据蔡公孫歸生滅沈以沈子嘉歸殺之國言滅君言殺又獲晉侯言獲此陳夏齧亦言獲君大夫無別別君臣也君死于位曰

滅。生得曰獲。大夫生死皆曰獲大夫不世故不別死位不與夷狄之主中國。則其言獲陳夏齧何据荊敗蔡師于莘以蔡侯獻舞歸不言獲。莘所巾反吳少進也能結日偏戰行少進故從中國辭治之髡楹下云滅者死戰當加禮使若自卒相順也經先舉敗文嫌敗走及殺之故以自滅爲文明本死位乃敗之爾名者從赴辭也。天王居于狄泉。此未三年。其稱天王何据毛伯來求金不稱天王著有天子也時庶孽並篡天王失位徙居微弱其故急著正其號明天下當救其難而事之。孽魚列反難乃旦反尹氏立王子朝貶言尹氏者著世卿之權尹氏貶王子朝不貶者年未滿十歲未知欲富貴不當坐明罪在尹氏。子朝如字。八月乙未。地震是時猛朝更起與王爭入遂至數年晉陵周竟吳敗六國季氏逐昭公吳光弒僚滅徐故曰至三食地爲再動。更音庚數所主反爲于僞反。冬。公如晉。至河。公有疾。乃復。何言乎公有疾乃復据上比乃復不言公不言有疾殺恥也因有疾以殺畏晉之恥與舉公者重疾也子之所慎齊戰疾

二十有四年。春。王二月。丙戌。仲孫貜卒。○叔孫舍

至自晉。夏五月乙未朔日有食之是後季氏逐昭公吳滅巢弑其君僚又滅徐。秋八月大雩先是公如晉仲孫貜卒民被其役時年叔倪出會故秋七月復大雩。被皮寄反。丁酉杞伯鬱釐卒。鬱釐音來又力之反本亦作釐二傳作郁釐。冬吳滅巢。葬杞平公

二十有五年春叔孫舍如宋。夏叔倪會晉趙鞅宋樂世心衛北宮喜鄭游吉曹人邾婁人滕人薛人小邾婁人于黃父。倪音詣又五兮反左氏作詣樂世心世如字又以制反左氏作大心父音甫。有鸜鵒來巢何以書記異也何異爾非中國之禽也宜穴又巢也非中國之禽而來居此國國將危亡之象鸜鵒猶權欲宜穴又巢此權臣欲國自下居上之徵也其後卒為季氏所逐。鸜音權左氏作鸜音劬鵒音欲。秋七月上辛大雩季辛又雩又雩者何又雩者非雩也聚衆以逐季氏也一月

不當再舉雩言又雩者起非雩也昭公依託上雩生事聚衆欲以逐季氏不書逐季氏者諱不能逐反起下孫及為所敗故因雩起其事也但
舉日不舉辰者辰不同不可相為上下又日為君辰為臣去辰則逐季氏意明矣上不當日言上辛者為下辛張本不言下辛言季辛者起季
氏不執下而逐君。下孫音遜下文同去起呂反為下于僞反下而為同。九月。己亥。公孫于齊。
次于楊州地者臣子痛君失位詳録所舍止。楊州左氏作陽州。齊侯唁公于野
井。唁公者何。昭公將弒季氏傳言弒者從昭公之辭。唁音彥將殺音試下及注同
告子家駒曰。季氏為無道。僭於公室久矣。諸侯稱公室吾
欲弒之何如昭公素畏季氏意者以為如人君故言弒子家駒曰。諸侯僭於
天子。大夫僭於諸侯久矣。昭公曰。吾何僭矣哉失禮
成俗不自知也子家駒曰。設兩觀禮天子諸侯臺門天子外闕兩觀諸侯內闕一觀。觀工亂反注同
乘大路禮天子大路諸侯路車大夫大車士飾車朱干干楯也以朱飾楯。楯食允反又音尹玉戚
戚斧也以玉飾斧。玉戚干寂反以玉飾斧以舞大夏大夏夏樂也周所以舞夏樂者王者始起未制作之時取先王

之樂與已同者假以風化天下天下大同乃自作樂取夏樂者與周俱文也王者舞六樂于宗廟之中舞先王之樂明有法也舞已之樂明有
制也舞四夷之樂大德廣及之也東夷之樂曰侏離南夷之樂曰任西夷之樂曰禁北夷之樂曰昧○大夏户雅反注同株離音誅禁音金又
居鴆反八佾以舞大武。此皆天子之禮也。且夫牛馬維
婁繫馬曰維繫牛曰婁○佚音逸且夫音扶下有夫并注同婁力主反委已者也委食已者○委已于偽反注同
已音紀委食音嗣下同而柔焉柔順季氏得民衆久矣季氏專賞罰得民衆之心
久矣民順從之猶牛馬之於委食已者君無多辱焉恐民必不從君命而爲季氏用反逐君故亡爾子家駒上
說正法下引時事以諫者欲使昭公先自正乃正季氏昭公不從其言。終弒之而敗
焉果反爲季氏所逐走之齊。齊侯唁公于野井弔云國曰唁弔死國曰弔弔喪
主曰傷弔所執紼曰絻○紼音弗絻音問曰。奈何君去魯國之社稷。昭公曰。
喪人自謂亡人○喪息浪反下同亡也不佞不善失守魯國之社稷。執
事以羞謙自比齊下執事言以羞及君○嗛自音謙本亦作謙再拜顙顙者猶今叩頭矣謝見唁

也。再拜顙息黨反拜而稽顙也慶子家駒慶賀曰。慶子免君於大難
矣。子家駒曰。臣不佞。陷君於大難。君不忍加之以
鈇鑕。賜之以死。鈇鑕要斬之罪即所錫之以死。大難乃旦反下同鈇音甫又方于反鑕之實反要一遥反
再拜顙。謝爲齊侯所憂高子執簞食。簞葦器也圓曰簞方曰笥食即下所致糗也。簞音丹器
器食音嗣注同葦于鬼反笥思嗣反糗丘九反又昌紹反與四脡脯。屈曰朐申曰脡。脡他頂反又大頂反朐其俱反
國子執壺漿。壺禮器腹方口圓曰壺反之曰方壺有爵飾曰。吾寡君聞君在
外。餕饔未就。餕孰食饔孰肉未就未成也解所以致糗意。餕音俊敢致糗于從
者。糗糒也謙不敢斥魯侯故言從者。于從才用反注及下皆同糒音備昭公曰。君不忘吾
先君。延及喪人。錫之以大禮。再拜稽首。以衽受。衽衣
下裳當前者也器謙不敢求索。衽而甚反又而鴆反掩裳際也索所白反高子曰。有夫不祥。猶曰
人皆有夫不善君無所辱大禮。禮臣受君錫荅拜謂之拜命之辱高子見昭公拜辱大卑故曰君無所辱

（大禮。大早音泰下大學同）昭公蓋祭而不嘗（食必祭者謙不敢便嘗示有所先不嘗者待禮讓也）景公曰寡人有不腆先君之服未之敢服（腆厚也服謂齊侯所著衣服也言未敢服者見魯侯乃敢服之謙辭也禮天子朝皮弁夕玄端朝服以聽朝玄端以燕皮弁以征不義取禽獸行射諸侯朝朝服夕深衣玄端以燕裨冕以朝天子以祭其祖禰卿大夫冕服而助君祭朝服祭其祖禰士爵弁韍衣裳以助公祭玄端以祭其祖禰。腆他典反厚也著丁略反裨婢支反韍音弗）有不腆先君之器未之敢用。（器謂上所執簞壺）敢以請（請行禮）昭公曰喪人不佞失守魯國之社稷。執事以羞敢辱大禮敢辭（不敢當而大禮故敢辭）景公曰寡人有不腆先君之服未之敢服有不腆先君之器未之敢用敢固以請昭公曰以吾宗廟之在魯也（以我守宗廟在魯時）有先君之服未之能以服有先君之器未之能以出敢固辭（已有時未能以事人今已無有義不可以受人之禮）景公曰寡人有

不腆先君之服。未之敢服。有不腆先君之器。未之
敢用。請以饗乎從者。欲令受之故益謙言從者。○令力呈反 昭公曰。喪人
其何稱 行禮賓主當各有所稱時齊侯以諸侯遇禮接昭公昭公自嫌失國不敢以故稱自稱故孰謙問之。○故稱尺證反
景公曰。孰君而無稱 猶曰誰爲君者而言無所稱乎昭公非君乎 昭公於是噭
然而哭 噭然哭聲貌感景公言而自傷。○噭古弔反一音古狄反 諸大夫皆哭 皆諸大夫從昭
公者 既哭以人爲菑 菑周埒垣也所以分別內外衛威儀今大學辟雍作側字。○菑側其反又側吏反埒力
悅反下音裒別彼列反辟音壁 以幦爲席 幦車覆笭。○幦亡歷反車覆笭也一音呼覓反覆笭力丁反
以鞌爲几。以遇禮相見 以諸侯出相遇之禮相見。○鞌音安 孔子曰。其禮與
其辭足觀矣 言昭公素能若此禍不至是主書者喜爲大國所唁地者痛録公明臣子當憂納公也 ○
冬。十月。戊辰。叔孫舍卒。○十有一月。己亥。宋公佐
卒于曲棘。曲棘者何。宋之邑也。諸侯卒其封內不

地此何以地憂内也時宋公聞昭公見逐欲憂納之至曲棘而卒故恩録之○十有二月齊侯取運外取邑不書此何以書爲公取之也爲公取運以居公善其憂内故書不舉伐者以言語從季氏取之月者善録齊侯○爲公于僞反注同二十有六年春王正月葬宋元公○三月公至自齊○居于運月者閔公失國居運致者明臣子當憂納公不當使居運後不復月者始録可知○不復扶又反下同○夏公圍成書者惡公失國幸而得運不脩文德以來之復擾其民圍成不從叛書者本與國俱叛故不得復以叛爲重不從定公又以親圍下邑爲譏者昭無臣子又即如定公當致也○惡烏路反○秋公會齊侯莒子邾婁子杞伯盟于鄟陵不月者時諸侯相與約欲納公故内喜爲大信辭○鄟音專本亦作專公至自會居于運致會者責臣子明公已得意于諸侯不憂助納之而使居于運○九月庚申楚子居卒○冬十月天王入于成周成周者何東周也是時王猛自號爲西周天下因謂成周爲東周其言入何据入者篡辭不嫌也上言

天王著有天子巳明不嫌爲篡主言入者起其難也不言京師者起正居在成周實外之月者爲天下喜録王者反正位○爲天于僞反

尹氏召伯毛伯以王子朝奔楚立王子朝獨舉尹氏出奔并舉召伯毛伯者明本在尹氏當先誅渠渠帥後治其黨猶楚嬰齊○渠率所類反或作帥

二十有七年春公如齊公至自齊居于運○夏四月吴弑其君僚不書闔廬弑其君者爲季子諱明季子不忍父子兄弟自相殺讓國闔廬欲其享之故爲没其罪也不舉專諸弑者起闔廬當國賊者不得貶無所明又方見爲季子諱本不出賊以除闔廬罪雖可貶猶不舉月者非失衆見弑故不略之○爲季子于僞反下同見賢徧反○楚殺其大夫郤宛○郤宛去逆反下紆阮反○秋晉士鞅宋樂祁犂衛北宫喜曹人邾婁人滕人會于扈○犂力兮反又力私反○冬十月曹伯午卒○邾婁快來奔

邾婁快者何邾婁之大夫也邾婁無大夫此何以書以近書也説與鼻我同義○邾婁快本又作噲苦夬反○公如齊公至自

齊。居于運

二十有八年。春。王三月。葬曹悼公。月者爲下出也。○爲于僞反 ○公如晉。次于乾侯。乾侯晉地名月者閔公内爲强臣所逐外如晉不見荅次于乾侯不諱者夏危不暇殺恥後不月者錄始可知 ○夏。四月。丙戌。鄭伯甯卒。○伯甯乃定反下同左氏并下滕子名並作寧 ○六月。葬鄭定公。○秋。七月。癸巳。滕子甯卒。○冬。葬滕悼公

二十有九年。春。公至自乾侯。居于運。不致以晉者不見容于晉未至晉 ○齊侯使高張來唁公。言來者居運從國内辭書者如晉不見荅喜見唁也不月者例時也 ○公如晉。次于乾侯。○夏。四月。庚子。叔倪卒。○秋。七月。○冬。十月。運潰。邑不言潰。此其言潰何。據國曰潰邑曰叛 郛之也。郛郭 曷爲郛之。据成三年棘叛不言潰也 君存焉爾。昭公居之故從國言

潰明罪在公也不言國之言鄆之者公失國也不諱者責臣子當憂而納之殺恥不如救危也孔子曰不患寡而患不均不患貧而患不安其本乃由于圍成失大得小而不能節用

三十年春王正月公在乾侯月者閔公運潰無尺土之居遠在乾侯故以存君書明臣子當憂納之。夏六月庚辰晉侯去疾卒○去起呂反。秋八月。葬晉頃公○頃音傾。冬十有二月吳滅徐徐子章禹奔楚至此乃月者所見世始録夷狄滅小國也不從上州來巢見義者固有出奔可責○見賢徧反

三十有一年春王正月公在乾侯。季孫隱如會晉荀櫟于適歷時晉侯使荀櫟責季氏不納昭公爲此會也季氏負擔謝過欲納昭公昭公創惡季氏不敢入公出奔在外無君命所以書會而殊外言來者從王魯録諱亟取邑卒大夫者盈孫文○荀櫟本又作擽又作躒又作濼示滴濼也適丁歷反一音狄負擔章藍反本又作擔惡烏路反亟去冀反孫音遜。夏四月丁巳薛伯穀卒始卒便名日書葬者薛比滕最小迫後定寅皆當略。晉侯使荀櫟唁公于乾侯

秋葬薛獻公。冬黑弓以濫來奔。文何以無邾婁據讀言邾婁。○黑弓二傳作黑肱濫力甘反又力暫反通濫也通濫爲國故使無所繫曷爲通濫據庶其不通也賢者子孫宜有地也賢者孰謂謂叔術也叔術者邾婁顏公之弟也或曰羣公子何賢乎叔術據叔術不書讓國也其讓國奈何當邾婁顏之時顏公時也邾婁女有爲魯夫人者。則未知其爲武公與懿公與孝公幼不知孝公者邾婁外孫邪將妾子邪○武公與音餘下及注皆同顏淫九公子于宮中所與淫公子凡九人因以納賊。則未知其爲魯公子與邾婁公子與臧氏之母養公者也君幼則宜有養者大夫之妾士之妻禮也則未知臧氏之母者曷爲者也養公者必以其子入養不離人母子因以娛公也臧氏之母聞有賊以其子易公抱公

以逃以身死公則可以其子易公非事夫之義然而於王法當賞以活公爲重也賊至湊公寢而
弑之弑臧氏子也不知欲弑孝公者納簒邪將利其國也○湊七豆反臣有鮑廣父與梁
買子者聞有賊趨而至臧氏之母曰公不死也在
是吾以吾子易公矣於是負孝公之周訴天子天
子爲之誅顔而立叔術反孝公于魯顔夫人者嫗
盈女也國色也其言曰有能爲我殺殺顔者吾爲
其妻殺顔者鮑廣父梁買子也婦人以貞一爲行云爾非也○愬音素本亦作訴爲之于僞反下爲我爲之則爲並同嫗紆具反一
音紆羽反爲行下孟反下殺顔者之行同叔術爲之殺殺顔者而以爲妻利其
色也有子焉謂之盱夏父者其所爲有於顔者也爲顔
公夫人時所爲顔公生也○盱許于反又許孤反本或作盱一音夸夏父戶雅反盱父夏父邾顔公之二子盱幼而皆
愛之叔術嫗盈女皆愛盱食必坐二子於其側而食之有珍怪

之食（珍怪猶奇異也。○而食音嗣）盱必先取足焉。夏父曰：以來（猶曰以彼物來置我前）人未足（人，夏父自謂也）而盱有餘（言盱所得常多）叔術覺焉（覺，覺悟也。知小爭食，長必爭國。易曰：君子見幾而作，知幾其神乎。幾者動之微者，事之先見。○長，丁丈反。先見，見賢徧反，下欲見見王者同）曰：嘻！此誠爾國也夫！起而致國于夏父。夏父受而中分之。叔術曰：不可。三分之。叔術曰：不可。四分之。叔術曰：不可。五分之。然後受之（五分受其一。○曰嘻，許其反。也夫，音扶）公扈子者，邾婁之父兄也（當夫子作春秋時，於邾婁君爲父兄之行。公扈者，氏也。○之行，戶郎反）習乎邾婁之故（故，事也。道所以言也）其言曰：惡有言人之國賢若此者乎（惡有猶何有，寧有此之類也。言賢者寧有反妻嫂殺殺顏者之行乎。○惡有音烏，注同）誅顏之時，天子死，叔術起而致國于夏父（言叔術本欲讓，適有誅顏，天子在爾，故天子死則讓，無妻嫂感兒爭食之事）當此之時，邾婁人常被兵于周，曰：

何故死吾天子猶曰何故死畜吾天子違生時命而立夏父乎此天子死則讓之效也夫子本所以如上傳賢者惡少功大也猶律一人有數罪以重者論之春秋咸不言入是也案叔術妻嫂雖有過惡當絕身無死刑當畱以殺殺顏者為東宋繆公以反國與與夷除弒君之罪死乃反國不如生讓之大也馮殺與夷亦不輕于殺殺顏者比其罪不足而功有餘故得為賢傳復記公扈子言者欲明天子本以上傳通之故公扈子有是言○數所主反復扶又反

通濫則文何以無邾婁據國未有口繫于人

天下未有濫也欲見天下實未有濫國春秋新通之爾故口繫于邾婁

天下未有濫則其言以濫來奔何據上說天下實未有濫者言春秋新通之也春秋新通之君文成矣不言濫黑弓來奔而反與大夫竊邑來奔同文

叔術者賢大夫也絕之則為叔術不欲絕不絕則世大夫也此解不言濫黑弓意叔術者賢大夫也如不口繫邾婁文言濫黑弓來奔則為叔術賢心不欲自絕于國又觸天下實有濫無以起新通之文不可設也如口不絕邾婁文言濫黑弓來奔則嫌氏邑起本邾婁世大夫春秋口繫通之文亦不可施

大夫之義不得世故於是推而通之也推猶因也因就大夫竊邑奔文通之則大夫不世叔術賢心不欲自絕而明矣主書者在春秋前見王者起當追有功顯有德

與滅國繼絕世○十有二月辛亥朔日有食之是後昭公死外晉大夫專執楚犯中國圍蔡也

三十有二年春王正月公在乾侯○取闞闞者何邾婁之邑也曷爲不繫乎邾婁諱亟也與取濫爲亟○闞口暫反亟去冀反注同○夏吳伐越○秋七月○冬仲孫何忌會晉韓不信齊高張宋仲幾衛世叔申鄭國參曹人莒人邾婁人薛人杞人小邾婁人城成周書者起時善其脩廢職有尊尊之意也孔子曰謹權量審法度脩廢官四方之政行焉言成周者起正居當貝外之○量音亮○十有二月己未公薨于乾侯

春秋公羊卷第十　經傳肆阡捌伯玖拾柒字　注陸阡捌伯捌拾伍字　音義壹阡柒伯柒拾貳字

春秋公羊經傳解詁定公第十一。何以定公爲昭公子與左氏異

何休學

元年。春。王。定何以無正月據莊公雖不書即位猶書正月正月者。正即位也本有正月者正諸侯之即位定無正月者。即位後也雖書即位於六月實當如莊公有正月本無正月者昭公出奔國當絶定公不得繼體奉正故諱爲微辭使若即位在正月後故不書正月即位何以後據正月正即位昭公在外昭公喪在外得入不得入。未可知也。曷爲未可知據已稱元年在季氏也今季氏迎昭公喪而事之定公得即位不迎而事之則不得即位定哀多微辭微辭即下傳所言者是也定公有王無正月不務公室喪失國寶哀公有黃池之會獲麟故揔言多。喪自息浪反主人習其讀而問其傳讀謂經傳謂訓詁主人謂定公言主人者能爲主人皆當爲微辭非獨定公則未知己之有罪焉爾此假設而言之主人謂定哀也設使定哀習其經而讀之問其傳解詁則不知己之有罪於是此孔子畏時君上以諱尊隆恩下以辟害容身慎之至也。三月。晉

人執宋仲幾于京師。仲幾之罪何据言于京師成伯討辭知有罪。幾本或作機不蓑城也若今以草衣城是也禮諸侯爲天子治城各有分丈尺宋仲幾不治所主。不衰素戈反一或作蓑一或音初危反衣于既反爲天于僞反下善爲同其言于京師何据城言成周執不地伯討也大夫不得專執執無稱名氏見伯討例故地以京師明以天子事執之得伯討之義。見賢徧反伯討則其稱人何据城稱名氏諸侯伯執不稱人也復發此難者弟子未解嫌大夫稱人相執與諸侯同例。復發扶又反下皆同難乃旦反解音蟹貶故稱人爾不以非伯討故曷爲貶据晉侯伯執稱人以他罪舉不與大夫專執也。曷爲不與据伯討實與言于京師是也而文不與文不與者貶稱人是也文曷爲不與大夫之義。不得專執也大夫不得專相執辟諸侯也不言歸者諸侯當決於天子犯之惡甚故録所歸大夫當決王獄爾犯之罪從外小。惡不復別也無例不在常書又月者善爲天子執之。別彼列反

夏。六月。癸亥。公之喪至自乾侯至自乾侯者非公事齊不專中去之晉竟不見容死于乾侯。戊辰。公即位。癸亥。公之喪至自乾侯。則曷爲

以戊辰之日然後即位据癸亥得入已可知正棺於兩楹之間。然後即位正棺者象既小斂夷於堂昭公死於外不得以君臣禮治其喪故示盡始死之禮禮始死于北牖下浴於中霤飯含於牖下小斂於戶內夷於兩楹之間大斂於阼階殯於西階之上祖于庭葬於墓奪孝子之恩動以遠也禮天子五日小斂七日大斂諸侯三日小斂五日大斂卿大夫二日小斂三日大斂夷而經殯而成服故戊辰然後即位凡喪三日授子杖五日授大夫杖七日授士杖童子婦人不杖不能病故也。小斂力驗反下皆同北牖音容本又作牖霤力又反飯扶晚反含戶暗反阼才故反子沈子曰。定君乎國定昭公之喪禮於國然後即位。即位不日。此何以日据即位皆不日録乎內也內事詳録善得五日變禮或說危不得以踰年正月即位故日主書者重五始也○秋。七月。癸巳。葬我君昭公。○九月。大雩定公得立尤喜而不恤民之應。○立煬宮。煬宮者何据十二公無煬公。○煬餘亮反煬公之宮也春秋前煬公也立者何。立者不宜立也。立煬宮。非禮也不日嫌得禮故復聞立也不日者所見之世諱深使若比武宮惡愈故不日○冬。十月。霣霜殺菽。何以書。

記異也菽大豆時獨殺菽不殺他物故爲異○賈于敏反此災菽也曷爲以異書据無麥苗以災書異大乎災也異者所以爲人戒也重異不重災君子所以貴教化而賤刑罰也周十月夏八月微霜用事未可殺菽菽者少類爲稼強季氏象也是時定公喜於得位而不念父黜逐之恥反爲淫祀立煬宮故天示以當早誅季氏

二年春王正月○夏五月壬辰雉門及兩觀災其言雉門及兩觀災何据桓宮僖宮災不言及不但問及者方於下及聞其文問之故先俱張本於上○兩觀工喚反下及注皆同兩觀微也雉門兩觀皆天子之制門爲其主觀爲其飾故微也然則曷爲不言雉門災及兩觀据下新作雉門及兩觀先言作者主災者兩觀也時災從兩觀起主災者兩觀則曷爲後言之据欲使言兩觀災及雉門若言宋督弒其君與夷及其大夫孔父不以微及大也何以書不復言雉門及兩觀災何以書者上已問雉門及兩觀災故但言何以書○不復扶又反下同記災也此本子家駒諫昭公所當先去以自正者昭公不從其言卒爲季氏所逐定公繼其後宜去其所以失之者故災亦云爾立雉門兩觀不書者僭天子不可言雖在春秋中猶不書○先去起呂反下同

○秋。楚人伐吴。○冬。十月。新作雉門及兩觀。其言新作之何据俱一門兩觀如故常脩大也天災之當减損如諸侯制而復脩大僭天子之禮故言新作以見脩大也○見賢徧反脩舊不書。此何以書据西宮災復脩不書譏。何譏爾。不務乎公室也務勉也不務公室亦可施于久不脩亦可施于不務如公室之禮微辭也月者久也當即脩之如諸侯禮

三年春。王正月。公如晉。至河乃復月者内有彊臣之讎外不見荅於晉故危之○三月。辛卯。邾婁子穿卒。○夏。四月。○秋。葬邾婁莊公。○冬。仲孫何忌及邾婁子盟于枝後相犯時者諱公使大夫盟又未踰年君薄父子之恩故爲易辭使若義結善事○枝二傳作拔易以豉反

四年春。王二月。癸巳。陳侯吴卒。○三月。公會劉子。晉侯。宋公。蔡侯。衛侯。陳子。鄭伯。許男。曹伯。莒子。邾

婁子。頓子。胡子。滕子。薛伯。杞伯。小邾婁子。齊國夏。
于召陵。侵楚月而不舉重者楚以一裘之故拘蔡昭公數年然後歸之諸侯雜然侵之會同最盛故善録其行義兵也
拘不書者惡蔡侯吝一裘而見拘執故匹夫之執歸不書者從執例。○夏戶雅反邵陵上照反本或作召音同數年所主反下數年皆同雜七
合反又如字惡蔡烏路反年末同吝力刃反 ○夏。四月。庚辰。蔡公孫歸姓帥
師滅沈。以沈子嘉歸。殺之爲不會召陵故也不舉滅爲重書以歸殺之者責不死位也日
者定哀滅例日定公承黜君之後有彊臣之讎故有滅則危懼之爲定公戒也。○公孫歸姓二傳無歸字姓音生又音性爲不于僞反下爲季
爲下爲治爲蔡同 ○五月。公及諸侯盟于浩油再言公者昭公數如晉不見荅卒爲季氏
所逐定公初即位得與諸侯盟故喜録之後楚復圍蔡不救不日者善諸侯能翕然俱有疾楚之心會同最盛故褒與信辭。○浩油戶老反又
古老反下音由一音羊又反二傳作臯鼬數所主反楚復扶又反下而復復討同翕許及反 杞伯戊卒于會
不日與盟同日。○戊音茂又音恤二傳作戍 ○六月。葬陳惠公。○許遷于容城
○秋。七月。公至自會月者爲下劉卷卒月者重録恩。○卷音權 ○劉卷卒。劉

卷者何。天子之大夫也。外大夫不卒。此何以卒。我主之也。劉卷即上會劉子也主之者因上王魯文王之張義也卒者明主會者當有恩禮也言劉卷者主起以大夫卒之與於天子也不日者比尹氏以天子喪爲主重也此卷主會輕故不日。葬杞悼公。楚人圍蔡。囊瓦稱人者楚爲無道拘蔡昭公數年而復怒蔡歸有言伐之故貶明罪重於圍。晉士鞅。衛孔圄。帥師伐鮮虞。圄魚呂反左氏作圍虞本或作吳音虞。葬劉文公。外大夫不書葬。此何以書。録我主也。其實以主我恩録之故云爾舉采者禮諸侯入爲天子大夫更受采地於京師天子使大夫爲治其國有功而卒者當益封其子時劉卷以功益封故不以故國而以采地書葬起其事因恩以廣義也稱公者明本諸侯也。舉采七代反下采地同。冬十有一月。庚午。蔡侯以吳子及楚人戰于伯莒。楚師敗績。吳何以稱子。據滅徐稱國。伯莒左氏作伯舉。夷狄也。而憂中國。言子起憂中國言以明爲蔡故也與桓十四年同。其憂中國奈何。伍子胥父誅乎楚。挾弓而去楚。挾弓者懷格意也禮

天子雕弓諸侯彤弓大夫嬰弓士盧弓。挾弓音協又子協反雕下遼反彤大冬反嬰弓於耕反見司馬法盧力吳反以干闔
盧不待禮見曰干欲因闔廬以復讎。禮見賢遍反下不見同闔廬曰士之甚言其以賢士之甚
勇之甚將爲之興師而復讎于楚伍子胥復曰諸
侯不爲匹夫興師必須因事者其義可得因公託私而以匹夫興師討諸侯則不免於亂。將爲于僞反下
不爲也不爲匹爲是注爲子胥同且臣聞之事君猶事父也虧君之義
復父之讎臣不爲也於是止蔡昭公朝乎楚有美
裘焉囊瓦求之昭公不與爲是拘昭公於南郢數
年然後歸之於其歸焉用事乎河時北如晉請伐楚因祭河。囊瓦乃郎反郢
以井反又以政反曰天下諸侯苟有能伐楚者寡人請爲之
前列楚人聞之怒見侵後聞蔡有此言而怒爲是興師使囊瓦將
而伐蔡蔡請救于吳伍子胥復曰蔡非有罪也楚

人爲無道。君如有憂中國之心。則若時可矣猶曰若是時可興師矣激發初欲興師意○將子匠反激古狄反於是興師而救蔡不書與子胥俱者舉君爲重子胥不見於經得爲善者以吳義文得成之也雖不舉子胥爲非懷惡而討不義君子不得不與也曰。事君猶事父也。此其爲可以復讎奈何。曰。父不受誅不受誅罪不當誅也子復讎可也孝經曰資於事父以事君而敬同本取事父之敬以事君而父以無罪爲君所殺諸侯之君與王者異於義得去君臣已絕故可也孝經云資於事父以事母莊公不得報讎文姜者母所生雖輕於父重於君也易曰天地之大德曰生故得絕不得殺父受誅。子復讎。推刃之道也子復讎非當復討其子一往一來曰推刃○當丁浪反復讎不除害取讎身而已不得兼讎子復將恐害已而殺之時子胥因吳之衆墮平王之墓燒其宗廟而已昭王雖可得殺不除去○墮許規反去起呂反朋友相衛同門曰朋同志曰友相衛不使爲讎所勝時子胥因仕於吳爲大夫君臣言朋友者闔廬本以朋友之道爲子胥復讎孔子曰益者三友損者三友友直友諒友多聞益矣友便辟友善柔友便佞損矣○辟婢亦反辯佞如字本亦作便佞而不相迿迿出表辭猶先也不當先相擊刺所以伸孝子之恩○迿音峻又音巡又玄徧反先

也刺七亦反古之道也○楚囊瓦出奔鄭○庚辰吳入楚○
吳何以不稱子據狄人盟于邢有進行稱人○行下孟反反夷狄也其反夷狄奈何君舍于君室大夫舍于大夫室蓋妻楚王之母也舍其室因其婦人爲妻日者惡其無義
五年春王正月辛亥朔日有食之是後臣恣日甚曾失國寶宋大夫叛○
夏歸粟于蔡孰歸之諸侯歸之曷爲不言諸侯歸之據齊人來歸衛寶離至不可得而序故言我也時爲蔡新被強楚之兵故不言或者嫌兩歸之粟與戍陳同義○爲于僞反○於越入吳於越者何越者何國於越者未能以其名通也越者能以其名通也越人自名於越君子名之曰越治國有狀能與中國通者以中國之辭言之曰越治國無狀不能與中國通者以其俗辭言之因其俗可以見善惡故云爾赤狄以赤進者狄於北方總名赤者其別與越異也吳新憂中國士卒罷敝而入之疾罪重故謂之於越○見賢徧反卒子忽反

罷弊音皮弊亦作敝音同○六月丙申季孫隱如卒仲遂以貶起弒是不貶著其逐君者舉君出為重故從季辛起之猶衛孫甯喜○弒音試○秋七月壬子叔孫不敢卒○冬○晉士鞅帥師圍鮮虞

六年春王正月癸亥鄭游遬帥師滅許以許男斯歸○二月公侵鄭月者內有彊臣之讎不能討而外結怨故危之○公至自侵鄭○夏季孫斯仲孫何忌如晉○秋晉人執宋行人樂祁犂○冬城中城○季孫斯仲孫忌帥師圍運此仲孫何忌也曷為謂之仲孫忌譏二名二名非禮也為其難諱也一字為名令難言而易諱所以長臣子之敬不逼下也春秋定哀之間文致大平欲見王者治定無所復為譏唯有二名故譏之此春秋之制也○為其于偽反令力呈反易以豉反長丁丈反大音泰見賢徧反治直吏反復扶又反

七年春王正月○夏四月○秋齊侯鄭伯盟于鹹

○函咸音咸○齊人執衛行人北宮結以侵衛○齊侯衛侯盟于沙澤○大雩先是公侵鄭與城中城季孫斯仲孫忌如晉圍運費重不恤民之應○費重芳味反下同○齊國夏帥師伐我西鄙○九月大雩承前費重不恤民又重之以齊師伐我自救之役○重之直用反○冬十月

八年春王正月公侵齊公至自侵齊○二月公侵齊三月公至自侵齊出入月者内有彊臣之讎外犯彊齊再出尤危於侵鄭故知入亦當蒙上月○曹伯露卒○夏齊國夏帥師伐我西鄙○公會晉師于瓦公至自瓦此晉趙鞅之師也但言晉師者君不會大夫之辭也公會大夫不別得意雖得意不致此致者諱公爲大夫所會故使若得意者○別彼列反○秋七月戊辰陳侯柳卒○晉趙鞅帥師侵鄭遂侵衛○葬曹靖公○曹竫才井反本亦作靖○九月葬陳懷公○季孫斯仲孫何忌帥師侵衛○冬○

衛侯。鄭伯盟于曲濮。○濮音卜 ○從祀先公。從祀者何。順祀也。復文公之逆祀 文公逆祀。去者三人。諫不從而去之 定公順祀。叛者五人。諫不以禮而去曰叛去與叛皆不書者微也不書禘者後祫亦順非獨禘也言祀者無已長久之辭不言僖公者閔公亦得其順 ○盜竊寶玉大弓。盜者孰謂。微而竊大可怪故問之 謂陽虎也。陽虎者曷爲者也。季氏之宰也。季氏之陪臣爲政者 季氏之宰則微者也。惡乎得國寶而竊之。陽虎專季氏。季氏專魯國。陽虎拘季孫。季氏逐昭公之後取其寶玉藏於其家陽虎拘季孫奪其寶玉季孫取玉不書者舉逐君爲重。○惡乎音烏 孟氏與叔孫氏迭而食之。睋而鍥其板。以爪刻其鑽鍥板○迭大結反注同食之音嗣下注佚食同睋而五多反下同鍥本又作鑯七廉反又且審反以爪刻鑽鍥板也本或作鍥誤 曰。某月某日。將殺我于蒲圃。力能救我則於是。於是時。○圃本又作甫同布古反又音布 至乎日若時而出。臨南者。陽虎之出也。御之爲季孫御於其乘焉。季孫謂臨南曰。以季氏之世世有子言我季氏累世有女以爲臣。○其乘繩證反下皆同女音汝子可以不免我死乎以義責之臨南曰。有力不足。臣何敢不勉。陽越者。陽虎之從弟也。爲右爲季孫車右實衛之○從弟才用反下同諸陽之從者。車數十乘。至于孟衢孟氏衢四達可以橫去○數所主反臨南投策而墜之策馬捶也見二家迭食之欲將季孫由孟氏免之恐陽越不聽故詐投策欲使下車○而隊直類反捶章蕊反陽越下取策。臨南駷馬捶馬銜走○駷本又作撽字書無此字相承用之素動反而由乎孟氏。陽虎從而射之。矢著于莊門莊門孟氏所入門名言幾中季孫賴門閉故著門○射食亦反著直略反注同莊本或作嚴亦音莊幾音祈中丁仲反然而甲起於琴如甲公斂處父所帥也琴如地名二家知出期故於是時起兵弒不成。却。反舍于郊。皆說然息說解舍然猶如○弒不音試下同卻反去略反本又作却說然本又作稅始銳反又他會反注同說解舍也然猶如也或曰。弒千乘

之主將季氏邑至於千乘而不克舍此可乎嫌其近而無所依陽虎曰夫
孺子得國而已得免專國家而已如丈夫何如猶奈也丈夫大人稱也○稱尺證反睋
而曰彼哉彼哉望見公斂處父師而曰彼哉彼哉再言之者切遽意○遽其慮反趣駕使疾
駕○趣七欲反一音七住反既駕公斂處父帥師而至公斂處父孟氏叔孫氏將兵之
將慬然後得免自是走之晉寶者何璋判白判半也半
圭曰璋白藏天子青藏諸侯魯得郊天故錫以白不言璋言玉者起珪
璧琮璜璋五玉盡亡之也傳獨言璋者所以郊事天尤重詩云奉璋峨
峨髦士攸宜是也禮珪以朝璧以聘琮以發兵璜以發衆璋以徵召○
慬其靳反璋音章琮在宗反璜音黃峨五多反本又作娥髦音毛
弓繡質質拊也言大者力千斤○拊芳甫反又方于反龜青純純緣也謂緣甲頻也千歲之龜青髯明于
吉凶易曰定天下之吉凶成天下之亹亹者莫善乎蓍龜經不言龜
者以先知從寶省文謂之寶者世世保用之辭此皆魯始封之錫不言
取而言竊者正名也定公從季孫假馬孔子曰君之於臣有取無假而
君臣之義立主書者定公失政權移陪臣拘其尊卿喪其五玉無以合
信天子交質諸侯當絕之不書拘季孫者舉五玉爲重書大弓者使若
都以國寶書微辭也○青純之閏反注同純緣悅絹反下同頻而占反

亹亡匪反著音尸、喪息浪反

九年。春。王正月。○夏。四月。戊申。鄭伯蠆卒。○蠆勑邁反左氏作蠆。○得寶玉大弓。何以書。國寶也。喪之書。得之書微辭也使若都以重國寶貨故書不以罪定公者其寶貨失之當坐得之當除以竊寶貨不月知得例不當蒙上月。○喪息浪反○六月。葬鄭獻公。○秋。齊侯。衛侯。次于五氏欲伐晉也善晉能卻難早故書次而去。○卻難起略反下乃旦反卻亦作却○秦伯卒。○冬。葬秦哀公

十年。春。王三月。及齊平月者頰谷之會齊侯欲執定公故不易。○不易以豉反下同○夏。公會齊侯于頰谷。公至自頰谷上平爲頰谷之會不易故月致地者頰谷之會齊侯作侏儒之樂欲以執定公孔子曰匹夫而熒惑於諸侯者誅於是誅侏儒侏儒首足異處齊侯大懼曲節從教得意故致也。○頰谷古協反左氏作夾谷熒熒惑音螢一音于瓊反處昌慮反○晉趙鞅帥師圍衛。○齊人來歸運讙龜陰田。齊人爲來歸運讙龜陰田。

据齊嘗取魯邑孔子行乎季孫三月不違孔子仕魯政事行乎季孫三月之中不見違過是違之也不言政行乎定公者政在季氏之家齊人爲是來歸之齊侯自頰谷會歸謂晏子曰寡人獲過於魯侯如之何晏子曰君子謝過以質小人謝過以文齊嘗侵魯四邑請皆還之歸濟西田不言來比其言來者已絕魯不應復得故從外來常文與齊人來歸衛寶同夫子雖欲不受定公貪而受之比違之驗○爲于僞反復得扶又反年末及十一年同○叔孫州仇仲孫何忌帥師圍郈○郈音后○秋叔孫州仇仲孫何忌帥師圍費○宋樂世心出奔曹○宋公子池出奔陳○池左氏作地○冬齊侯衛侯鄭游遬會于鞌○于鞌左氏作安南○叔孫州仇如齊○宋公之弟辰暨宋仲佗石彄出奔陳復出宋者惡仲佗悉欲帥國人去故舉國言之公子池樂世心石彄從之皆是也辰言暨者明仲佗強與俱出也三大夫出不月者舉國危亦見矣○暨其器反佗大多反彄古侯反惡烏路反強其丈反見賢徧反

十有一年春宋公之弟辰及仲佗石彄公子池自

陳入于蕭以叛不復言宋仲佗者本舉國已明矣辰言及者後汲汲當坐重○復扶又反○夏四月○秋宋樂世心自曹入于蕭不言叛者從叛臣叛可知○冬及鄭平○叔還如鄭莅盟○還音旋

十有二年春薛伯定卒不日月者子無道當廢之而以為後未至三年失衆見弒危社稷宗廟禍端在定故略之○見殺音試○夏葬薛襄公○叔孫州仇帥師墮郈○墮許規反下同○衛公孟彄帥師伐曹○季孫斯仲孫何忌帥師墮費曷為帥師墮郈帥師墮費據城費孔子行乎季孫三月不違曰家不藏甲邑無百雉之城○於是帥師墮郈帥師墮費郈叔孫氏所食邑費季氏所食邑二大夫宰吏數叛患之以問孔子孔子曰陪臣執國命采長數叛者坐邑有城池之固家有甲兵之藏故也季氏說其言而墮之故君子時然後言人不厭其言書者善定公任大聖復古制弱臣勢也不書去甲者舉墮城為重○吏數所角反下同采長七代反下丁丈反說音悅厭於豔反去起呂反雉

者何。五板而堵 八尺曰板堵凡四十尺。堵丁古反 五堵而雉 二百尺 百雉而城 二萬尺凡周十一里三十三步二尺公侯之制也禮天子千雉盖受百雉之城十伯七十雉子男五十雉天子周城諸侯軒城軒城者缺南面以受過也 。秋大雩 不能事事信用孔子聖澤廢 。冬十月癸亥公會晉侯盟于黄。十有一月丙寅朔日有食之 是後薛弑其君比晉荀寅士吉射入于朝歌以叛。射食亦反又食夜反朝歌如字 。公至自黄。十有二月公圍成。公至自圍成 成仲孫氏邑圍成月又致者天子不親征下土諸侯不親征叛邑公親圍成不能服不能以一國爲家甚危若從他國來故危錄之

十有三年。春。齊侯衛侯次于垂瑕 。垂瑕如字又音加二傳作垂葭 。夏築蛇淵囿。大蒐于比蒲 。大廋所求反本又作蒐比音毗 。衛公孟彄帥師伐曹。秋晉趙鞅入于晉陽以叛。冬晉荀寅及士吉射入于朝歌以叛。晉趙鞅歸于晉。

此叛也。其言歸何（據叛與出入惡同）以地正國也（軍以井田立數故言以地）其以地正國奈何。晉趙鞅取晉陽之甲。以逐荀寅與士吉射。荀寅與士吉射者。曷爲者也。君側之惡人也。此逐君側之惡人。曷爲以叛言之。無君命也（無君命者操兵鄉國故初謂之叛後知其意欲逐君側之惡人故録其釋兵書歸赦之君子誅意不誅事晉陽之甲者趙簡子之邑以邑中甲逐之○操七曹反鄉許亮反）○薛弒其君比

十有四年。春。衛公叔戍來奔。○晉趙陽出奔宋。（晉趙陽左氏作衛趙陽）○三月。辛巳。楚公子結。陳公子佗人。帥師滅頓。以頓子牄歸（不別以歸何國者明楚陳以滅人爲重頓子以不死位爲重○公子佗人大河反二傳作公孫佗人牄七良反二傳作牂别彼列反）○夏。衛北宮結來奔。○五月。於越敗吳于醉李（月者爲下卒出○醉李本又作檇音同爲于僞反）○吳子光卒。○公會

齊侯衛侯于堅。堅如字本又作掔音牽左氏作牽公至自會。秋齊侯、宋公會于洮。洮他刀反○天王使石尚來歸脤。石尚者何。天子之士也。天子上士以名氏通。○脤市軫反脤者何。俎實也。實俎肉也腥曰脤。熟曰燔。禮諸侯朝天子助祭於宗廟然後受俎實時魯不助祭而歸之故書以譏之。○燔本亦作膰又作繙音煩○衛世子蒯聵出奔宋主書者子雖見逐無去父之義。○蒯聵苦怪反下五怪反○衛公孟彄出奔鄭。○宋公之弟辰自蕭來奔。○大蒐于比蒲。譏亟也。○亟去冀反○邾婁子來會公書者非邾婁子會人於都也如入人都當脩朝禮古者諸侯將朝天子必先會間隙之地考德行一刑法講禮義正文章習事天子之儀尊京師重法度恐過誤言公者不受于朝。○間隙音閑下去逆反○城莒父及霄去冬者是歲蓋孔子由大司寇攝相事政化大行粥羔豚者不飾男女異路道無拾遺齊懼北面事魯饋女樂以閒之定公聽季桓子受之三日不朝當坐淫故貶之歸女樂不書者本以淫受之故深諱其本又三日不朝孔子行魯人皆知孔子所以去附嫌近害雖可書猶不書或說無冬者坐受女樂令聖人去冬陰臣之象也。○父音甫去起呂

反相息亮反粥羔羊六反閒閭厠之閒近附近之近
十有五年。春。王正月。邾婁子來朝。○鼷鼠食郊牛。
牛死。改卜牛。曷爲不言其所食據食角。鼷音兮漫也漫者徧食其身
災不敬也不舉牛死爲重復舉食者內災甚矣錄內不言火是也。○漫亡半反猶徧也徧音遍復舉扶又反下同○二月辛
丑。楚子滅胡。以胡子豹歸。○夏五月。辛亥。郊。曷爲
以夏五月郊據魯郊正當卜春三正也又養牲不過三月三卜之運也運轉也已卜春三正
不吉復轉卜夏三月周五月得二吉故五月郊也易曰再三瀆瀆則不告不得其事雖吉猶不當爲也不舉卜者從可知○壬申。
公薨于高寢。○鄭軒達帥師伐宋。○軒達左氏作罕達○齊侯。
衛侯。次于籧篨。○籧篨其居反下直居反○邾婁子來奔喪。其
言來奔喪何據會葬以禮書歸含且賵不言來。○含户暗反賵芳鳳反奔喪非禮也
但解奔喪者明言來者常文不爲早晚施也禮天子崩諸侯奔喪會葬諸侯薨有服者奔喪無服者會葬邾婁與魯無服故以非禮書禮有不

弔者三兵死壓死溺死。爲于僞反厭死於甲反○秋七月壬申。姒氏卒。姒氏者何。哀公之母也。姒氏杞女，哀公者即定公之妾子何以不稱夫人。据母以子貴哀未君也。未踰年不稱公○八月庚辰朔日有食之。是後衛蒯聵犯父命，盜殺蔡侯申，齊陳乞弒其君舍○九月滕子來會葬。○丁巳葬我君定公。雨不克葬。戊午日下昃乃克葬。昃日西也，易曰日中則昃是也。下昃蓋晡時。○昃音側。晡布吳反○辛巳葬定姒。定姒何以書葬。据不稱小君，子般不書葬未踰年之君也。哀未踰年也，母以子貴，故以子正之有子則廟，廟則書葬。如未踰年君之禮稱謚者，方當踰年稱夫人。曾子問曰：並有喪則如之何，何先何後。孔子曰：葬先輕而後重，其奠也，其虞也，先重而後輕，禮也。○冬城漆。○漆音七

春秋公羊卷第十一

經傳貳阡肆伯伍拾玖字

注肆阡貳伯柒拾肆字

音義壹阡壹伯伍拾玖字

仁仲 比校訖

春秋公羊經傳解詁哀公第十二

何休學

元年。春。王正月。公即位。○楚子。陳侯。隨侯。許男圍蔡（隨微國稱侯者本爵俱侯土地見侵削故微爾許男者戌也前許男斯見滅以歸今戌復見者自復斯不死位自復無惡文者滅以歸可知○復見扶又反下賢偏反）○鼷鼠食郊牛（災不敬故）改卜牛。○夏。四月。辛巳。郊。○秋。齊侯。衛侯。伐晉。○冬。仲孫何忌帥師伐邾婁（邾婁子新來奔喪伐之不諱者期外恩殺惡輕明當與根牟有差○殺所戒反）

二年。春。王二月。季孫斯。叔孫州仇。仲孫何忌帥師伐邾婁。取漷東田。及沂西田（漷沂皆水名邾婁子來奔喪取其地不諱者義與上同○漷火虢反徐音郭沂魚依反）癸巳。叔孫州仇。仲孫何忌。及邾婁子盟于句繹（所以再出大夫名氏者季孫斯不與盟○句繹古侯反下音亦與音預）○夏。四月。丙子。

衛侯元卒。○滕子來朝。○晉趙鞅帥師納衛世子
蒯聵于戚。戚者何。衛之邑也。曷爲不言入于衛（据弗克納未入國文言納于邾婁納者入辭故傳言曷爲不言入于衛）
父有子。子不得有父也（明父得有子而發之子不得有父之所有故奪其國文正其義也不貶蒯聵者下曼姑圍戚無惡文嫌曼姑可爲輒誅其父故明不得也不去國見挈者不言入于衛不可醇無國文輒出奔不書者不責拒父也主書者與頓子同○爲于僞反夫起呂反見挈賢徧反下去結反）○秋。
八月。甲戌。晉趙鞅帥師及鄭軒達帥師。戰于栗。鄭
師敗績。（○栗一本作秩二傳作鐵）○冬。十月。葬衛靈公。○十有一
月。蔡遷于州來（畏楚也州來吳所滅）蔡殺其大夫公子駟（稱國以殺者君殺大夫之辭稱公子者惡失親也○惡烏路反）
三年。春。齊國夏衛石曼姑帥師圍戚。齊國夏曷爲
與衛石曼姑帥師圍戚（据晉趙鞅以地正國加叛文今此無加文故問之）伯討也。

方伯所當討故使國夏首兵此其爲伯討奈何。曼姑受命乎靈公而立輒靈公者蒯聵之父以曼姑之義。爲固可以距之也曼姑無惡文者起曼姑得拒之曼姑臣也拒之者上爲靈公命下爲輒故義不可以子誅父故但得拒之而已傳所以曼姑解伯討者推曼姑得拒之則國夏得討之明矣不言圍衛者順上文辟圍輒。上爲于僞反下爲輒爲衛不爲同輒者曷爲者也蒯聵之子也。然則曷爲不立蒯聵而立輒据春秋有父死子繼蒯聵爲無道行不中善道。中丁仲反靈公逐蒯聵而立輒。然則輒之義可以立乎輒之義不可以拒父故但問可立與不曰可。其可奈何。不以父命辭王父命不以蒯聵命辭靈公命以王父命辭父命辭猶不從是父之行乎子也是靈公命行乎蒯聵重本尊統之義不以家事辭王事以父見廢故辭讓不立是家私事以王事辭家事聽靈公命立者是王事公法也是上之行乎下也是王法行於諸侯雖得正非義之高者也故冉有曰夫子爲衛君乎子貢曰諾吾將問之入曰伯夷叔齊何人也曰古之賢人也曰怨乎求仁而得仁又何怨出曰夫子不爲也主書者善伯討 ○夏四月甲午地震 此象季氏專政蒯聵犯父命是後蔡大夫專相放盜殺蔡侯申辟伯晉而京師楚黃池之會吳大爲主 ○五月辛卯桓宮僖宮災此皆毀廟也其言災何 據禮親過高祖則毀其廟 復立也曷爲不言其復立 據立武宮言立 ○復扶又反下及注同 春秋見者不復見也 謂內所改作也哀自立之善惡獨在哀故得省文○見者賢徧反下同 何以不言及 據雉門及兩觀○觀工喚反 敵也 親過高祖親疏適等 何以書 上已問此皆毀廟其言災何故不復連桓宮僖宮 記災也 災不宜立 ○季孫斯叔孫州仇帥師城開陽 ○開陽左氏作啓陽開者爲漢景帝諱也 ○宋樂髡帥師伐曹 ○髡苦昆反 ○秋七月丙子季孫斯卒○蔡人放其大夫公孫獵于吳 稱人者惡大夫驕蹇作威相放當誅故貶○惡烏路反 ○冬十月癸卯秦伯卒 哀公著治大平之終小國卒葬極於哀公者皆卒日葬月○治直吏反大音泰 ○叔孫州仇仲孫

何忌。帥師圍邾婁

四年。春。王三月。庚戌。盜弑蔡侯申。弑君。賤者窮諸人。此其稱盜以弑何（据宋人弑其君處臼稱人。盜殺音弑下同）賤乎賤者也（賤於稱人者）賤乎賤者孰謂（据無主名）謂罪人也（罪人者未加刑也蔡侯近罪人卒逢其禍故以爲人君深戒不言其君者方當刑放之與刑人義同。近附近之近）。蔡公孫辰出奔吳。葬秦惠公。宋人執小邾婁子。夏。蔡殺其大夫公孫歸姓。公孫霍。晉人執戎曼子赤歸于楚。赤者何（欲以爲戎曼子名則晉人執曹伯言畀宋人不言名歸欲言微者則不當書故以不知問也。曼音蠻畀宋必利反下同）戎曼子之名也。其言歸于楚何（据執曹伯畀宋人不言歸于宋）子北宮子曰。辟伯晉而京師楚也（此解名而言歸意也前此楚比滅頓胡諸侯由是畏其威從而圍蔡蔡遷于州來遂張中國京師自置晉人執戎曼子不歸天子而歸于楚而不名而言歸于楚則與伯執歸京師同文故辟其文而名之使若晉非伯執而赤微者自歸于楚言歸于楚者起伯晉京師楚主書者惡晉背叛當誅之。城西郛。郛芳夫反。六月辛丑蒲社災。蒲社者何。据蔵用牲于社不言蒲。蒲社左氏作亳社亡國之社也。蒲社者先世之亡國在魯竟社者封也。封土爲社其言災何。据封土非火所能燒亡國之社蓋揜之。揜其上而柴其下。故火得燒之揜柴之者絕不得使通天地四方以爲有國者戒。揜意冉反蒲社災何以書。記災也。戒社者先王所以威示教戒諸侯使事上也災者衆諸侯背天子是後宋事彊吳齊晉前驅滕薛俠轂魯衛驂乘故天去戒社若曰王教滅絕云爾。背音佩俠轂古洽反下古木反十三年同驂乘繩證反十三年同去起呂反。秋八月。甲寅。滕子結卒。冬。十有二月。葬蔡昭公。賊已討故書葬也不書討賊者明諸侯得專討士以下也。葬滕頃公。頃音傾

五年。春。城比。比本又作芘亦作庇同音毗左氏作毗。夏。齊侯伐宋。晉趙鞅帥師伐衛。秋。九月。癸酉。齊侯處臼卒。冬。叔

還如齊。閏月。葬齊景公。閏不書。此何以書 據楚子昭卒不書閏 喪以閏數也 謂喪服大功以下諸喪當以閏月爲數。閏數所主反下及注月數閏數同 喪曷爲以閏數 據卒不書閏 喪數略也 略猶殺也以月數恩殺故并閏數

六年。春。城邾婁葭 城者取之也不言取者諱取邾婁邑邾婁未曾加非於魯而侮奪之不知足有夷狄之行故諱之明惡甚。邾婁葭音加又音遐左氏作邾瑕數所角反曾才能反行下孟反 。晉趙鞅帥師伐鮮虞。吳伐陳。夏。齊國夏及高張來奔。叔還會吳于柤 柤莊加反 。秋。七月。庚寅。楚子軫卒。齊陽生入于齊。齊陳乞弒其君舍。弒而立者。不以當國之辭言之。此其以當國之辭言之何 據齊公子商人弒其君舍而立氏公子。君舍二傳作荼音舒 爲諼也。此其爲諼奈何 問其義。諼況元反 景公謂陳乞曰。吾欲立舍何如。陳乞曰。所樂乎爲君者。

欲立之則立之。不欲立則不立（貴自專也）君如欲立之。則臣請立之（陳乞欲拒言不可恐景公殺陽生）陽生謂陳乞曰。吾聞子蓋將不欲立我也。陳乞曰。夫千乘之主。將廢正而立不正。必殺正者。（晉世子申生是也。○乘繩證反）吾不立子者。所以生子者也。走矣（教陽生走）與之玉節而走之（節信也析玉與陽生留其半為後當迎之合以為信防稱矯也奔不書者未命為嗣。○析思歷反為後于偽反下乞為同矯居兆反）景公死。而舍立陳乞。使人迎陽生于諸其家（于諸置也齊人語也）除景公之喪（期而小祥服期者除。○期而音基下同）諸大夫皆在朝。陳乞曰。常之母（常陳乞子重難言其妻故云爾○難乃旦反）有魚菽之祭（齊俗婦人首祭事言魚豆者示薄陋無所有）願諸大夫之化我也（言欲以薄陋餘福共宴飲）諸大夫皆曰。諾。於是皆之陳乞之家坐。陳乞曰。吾有所為甲（甲鎧。○鎧苦代反）請以示焉。諸大夫皆曰諾。於是使力士舉巨囊而至于中霤。巨囊大囊中央曰中霤○囊乃郎反又音託霤力又反諸大夫見之皆色然而駭。色然驚駭貌○色然如字本又作垝居委反驚駭貌本或作危開之則闖然闖出頭貌○闖丑鴆反又丑甚反一音丑今反見貌字林云馬出門貌丑袵反公子陽生也。陳乞曰此君也已。諸大夫不得已。皆逡巡北面再拜稽首而君之爾。時舍未能得衆而陽生本正當立諸大夫又見力士知陳乞有備故不得已遂君之○逡七旬反自是往弒舍。陽生先詐致諸大夫立於陳乞家然後往弒舍故先書當國起其事也乞爲陽生弒舍不舉陽生弒者謀成于乞也不日者與卓子同○冬。仲孫何忌帥師伐邾婁。○宋向巢帥師伐曹

七年。春。宋皇瑗帥師侵鄭。瑗于眷反○晉魏曼多帥師侵衛。○夏。公會吳于鄫。○鄫似陵反○秋。公伐邾婁。八月。己酉。入邾婁。以邾婁子益來。入不言伐。此其言伐

何据當舉入爲重內辭也若使他人然諱獲諸侯故不舉重而兩書使若魯公伐而去他人入之
以來者醇順他人來文邾婁子益何以名据以𩲡子歸不名。𩲡五罪反絶。曷爲絶
之据俱以歸獲也。曷爲不言其獲据獲晉侯言獲內大惡諱也故名
以起之也日者惡魯侮奪邾婁無已復入獲之入不致者得意可知例。惡烏路反復扶又反。宋人圍曹。
冬。鄭駟弘帥師救曹
八年。春。王正月。宋公入曹。以曹伯陽歸。曹伯陽何
以名据以𩲡子歸不名絶。曷爲絶之据俱以歸滅也。曷爲不言其滅据衛侯燬滅邢不諱
据滅𩲡也諱同姓之滅也故名以起之何諱乎同姓之滅
。燬况委反力能救之而不救也以屬上力能獲邾婁而不救曹故責之不日者深諱之定哀滅例日
此不日者諱使若不滅故不日。吳伐我不言鄙者起圍魯也不言圍者諱使若伐而去。夏。齊人取
讙及僤。外取邑不書。此何以書。所以賂齊也。曷爲

賂齊（据上無戰伐之文。僤昌善反一音昌然反字林作僤左氏作闡）爲以邾婁子益來也（邾婁齊與國畏爲齊所怒而賂之恥甚故諱使若齊自取。爲以于僞反）。歸邾婁子益于邾婁（獲歸不書此書者善魯能悔過歸之嫌解邾婁子益無罪書故復名之。復扶又反）。秋七月。冬十有二月。癸亥。杞伯過卒（。過古禾反）。齊人歸讙及僤（書者善魯能悔過歸邾婁子益所喪之邑不求自得故不言來使若不從齊來與歸我濟西田同文。喪息浪反）

九年。春。王二月。葬杞僖公。宋皇瑗帥師取鄭師于雍丘。其言取之何（据詐戰言敗也。雍於用反）易也。其易奈何詐之也（詐謂陷阱奇伏之類兵者爲征不義不爲苟勝而已十三年詐反不月知此不蒙上月疾略之爾。易也以豉反下同阱才性反。爲征于僞反）。夏。楚人伐陳。秋。宋公伐鄭。冬十月

十年。春。王二月。邾婁子益來奔（月者魯前獲而歸之今來奔明當尤加禮厚遇之）。公會吳伐齊。三月。戊戌。齊侯陽生卒。夏。宋

人伐鄭○晉趙鞅帥師侵齊○五月公至自伐齊○葬齊悼公○衛公孟彄自齊歸于衛○薛伯寅卒卒葬略者與杞伯益姑同○伯寅二傳作伯夷同音以尼反○秋葬薛惠公○冬楚公子結帥師伐陳吳救陳救中國不進者陳吳與國救陳欲以備中國故不進十有一年春齊國書帥師伐我○夏陳袁頗出奔鄭○頗破多反○五月公會吳伐齊甲戌齊國書帥師及吳戰于艾陵○艾五蓋反齊師敗績獲齊國書戰不言伐舉伐者魯與伐而不與戰不從內與伐使吳為主者吳主會故不與夷狄主中國也言獲者能結日偏戰少進也○與伐音預下不與伐同○秋七月辛酉滕子虞母卒○冬十有一月葬滕隱公○衛世叔齊出奔宋

十有二年春用田賦何以書據當賦稅為何書○為何于為反下為同宗同譏

何譏爾譏始用田賦也田謂一井之田賦者斂取其財物也言用田賦者若今漢家斂民錢以田爲率矣不言井者城郭里巷亦有井嫌悉賦之禮稅民公田不過什一軍賦十井不過一乘哀公外慕彊吳空盡國儲故復用田賦過什一○爲率音律又音類乘繩證反復扶又反○夏五月甲辰孟子卒孟子者何据魯大夫無孟子昭公之夫人也其稱孟子何据不稱夫人某氏諱娶同姓蓋吳女也禮不娶同姓買妾不知其姓則卜之爲同宗共祖亂人倫與禽獸無別昭公旣娶諱而謂之吳孟子春秋不繫吳者禮婦人繫姓不繫國雖不諱猶不繫國也不稱夫人不言薨不書葬者深諱之○公會吳于槖皐○槖章夜反一音託○秋公會衛侯宋皇瑗于運○運左氏作鄖○宋向巢帥師伐鄭○冬十有二月螽何以書記異也何異爾不時也螽者與陰殺俱藏周十二月夏之十月不當見故爲異比年再螽者天不能殺地不能埋自是之後天下大亂莫能相禁宋國以亡齊并於陳氏晉分爲六卿○螽音終本亦作冬蟲注同見賢徧反

十有三年春鄭軒達帥師取宋師于嵒其言取之

何易也其易奈何詐反也前宋行詐取鄭師今鄭復行詐取之苟相報償不以君子正道故傳言詐反反猶報也○嵒五咸反一音魚及反易以豉反下同鄭復扶又反秋以下注同償時亮反○夏許男戌卒比陳蔡不當復卒故卒葬略○男戌本亦作成○公會晉侯及吳子于黃池吳何以稱子據救陳稱國吳主會也以言及也時吳彊而無道敗齊臨菑乘勝大會中國齊晉前驅魯衛驂乘滕薛俠轂而趨以諸夏之衆冠帶之國反背天子而事夷狄恥甚不可忍言故深爲諱辭使若吳大以禮義會天下諸侯以尊事天子故進稱子○背音佩吳主會則曷爲先言晉侯據申之會楚子主會序上不與夷狄之主中國也明其實自以夷狄之彊會諸侯爾不行禮義故序晉於上其言及吳子何據鍾離之會殊會吳不言及僖五年公及齊侯齊侯主會益明矣會兩伯之辭也晉序上者主會文也吳言及者亦人往爲主之文也方不與夷狄主中國而又事實當見不可醇奪故張兩伯辭先晉言及吳子使若晉主會爲伯吳亦主會爲伯半抑半起以奪見其事也語在下○當見賢徧反年內皆同不與夷狄之主中國則曷爲以會兩伯之辭言之據伯主人重吳也其實重在吳故

言及吳舉晉者諱而不盈曷爲重吳據常殊吳吳在是則天下諸侯莫敢不至也以晉大國尚猶汲汲於吳則知諸侯莫敢不至也不言諸侯者爲微辭使若天下盡會之而魯侯蒙俗會之者惡愈亦有殖兼舉遠明近此但舉大者非尊天子故不得襃也主書者惡諸侯君事夷狄○惡諸烏路反楚公子申帥師伐陳○於越入吳○秋公至自會有恥致者順諱文也○晉魏多帥師侵衛此晉魏曼多也曷爲謂之晉魏多據上七年言曼多魏多左氏作魏曼多○譏二名二名非禮也復就晉見者明先自正而後正人正人當先正大以帥小○葬許元公○九月螺先是用田賦又有會吳之費○之費芳味反下同○冬十有一月有星孛于東方孛者何彗星也其言于東方何據北斗言星名○孛音佩彗星囚歲反又息遂反見于旦也旦者日方出時宿不復見故言東方知爲旦何以書記異也周十一月夏九月日在房心房心天子明堂布政之庭於此旦見與日爭明者諸侯[illegible]代主治典法滅絕之象是後周室遂微[illegible]相兼爲[illegible]書頃絕[illegible]治直吏反燔扶元反○盜殺

陳夏彄夫○陳夏戶雅反一本作廉彄夫苦侯反又古侯反一本作嫗音同二傳作夏區夫○十有二月螽黃池之會費重煩之所致

十有四年春西狩獲麟何以書記異也何異爾非中國之獸也然則孰狩之稱西言狩尊卑未分据無主名○狩手又反麟力人反薪采者也西者据狩言方地類賤人象也金主芟艾而王以春盡木火當燃之際舉此爲文知庶人采樵薪者○薪音新芟所銜反艾魚廢反樵在焦反薪采者則微者也曷爲以狩言之据天子諸侯乃言狩天王狩于河陽公狩于郎是也河陽冬言狩獲麟春言狩者蓋据魯變周之春以爲冬去周之正而行夏之時○去周起呂反行夏戶雅反下子夏同大之也使若天子諸侯曷爲大之据略微爲獲麟大之也曷爲爲獲麟大之据鸜鵒俱非中國之禽無加文○爲獲于僞反下爲獲孰爲注爲誰知爲皆同鸜音權鵒音欲麟者仁獸也狀如麕一角而戴肉設武備而不爲害所以爲仁也詩云麟之角振振公族是也○振之人反有王者則至上有聖帝明王天下大平然後乃至尚書曰簫韶九成鳳皇來儀擊石拊石百獸率舞援神契曰德至鳥獸則

鳳皇翔麒麟臻。○大平音泰下大平皆同拊芳甫反援音表麒音其無王者則不至辟害遠也當春秋時天下
散亂不當至而至故爲異有以告者曰。有麕而角者。孔子曰。孰爲
來哉。孰爲來哉見時無聖帝明王怪爲誰來○有麏本又作麇亦作麕皆九倫反麞也反袂
拭面。涕沾袍袍衣前襟也夫子素案圖録知庶聖劉季當代周見薪采者獲麟知爲其出何者麟者木精薪采者
庶人燃火之意此赤帝將代周居其位故麟爲薪采者所執西狩獲之者從東方王於西也東卯西金象也言獲者兵戈文也言漢姓卯金刀
以兵得天下不地者天下異也又先是螺蟲冬踊彗金精埽旧置新之象夫子知其將有六國爭彊從横相滅之敗秦項驅除積骨流血之虐
然後劉氏乃帝深閔民之離害甚久故豫泣也○袂彌世反衣袖也涕他禮反袍步刀反又步報反衣前襟也襟音金王於于況反下火王而
王之王同從横子容反驅除並如字又上丘具反下直據反顏淵死。子曰。噫。噫咄嗟貌○噫於其反咄丁忽
反天喪予予我○喪息浪反予羊汝反我也子路死。子曰。噫。天祝予祝斷
也天生顏淵子路爲夫子輔佐皆死者天將亡夫子之證○斷丁管反西狩獲麟。孔子曰。吾道
窮矣加姓者重終也麟者大平之符聖人之類時得麟而死此亦天告夫子將沒之徵故云爾春秋何以始

乎隱據得麟乃作祖之所逮聞也託記高祖以來事可及問聞知者猶曰我但記先人所聞辟制作之害所見異辭所聞異辭所傳聞異辭所以復發傳者益師以臣見恩此以君見恩嫌義異於所見之世臣子恩其君父尤厚故多微辭也所聞之世恩王父少殺故立煬宮不日武宮日是也所傳聞之世恩高祖曾祖又殺故子赤卒不日子般卒日是也○傳直專反注傳聞同復扶又反臣見賢徧反下欲見同少殺所戒反下同般音班何以終乎哀十四年據哀公未終也曰備矣人道浹王道備必止於麟者欲見撥亂功成於麟猶堯舜之隆鳳皇來儀故麟於周為異春秋記以為瑞明大平以瑞應為效也絕筆於春不書下三時者起木絕火王制作道備當授漢也又春者歲之始能常法其始則無不終竟○道浹子協反一本作帀撥卜末反理也應應對之應君子曷為為春秋據以定作五經撥亂世撥猶治也反諸正莫近諸春秋得麟之後天下血書魯端門曰趨作法孔聖沒周姬亡彗東出秦政起胡破術書記散孔不絕子夏明日往視之血書飛為赤鳥化為白書署曰演孔圖中有作圖制法之狀孔子仰推天命俯察時變卻觀未來豫解無窮知漢當繼大亂之後故作撥亂之法以授之○近附近之近又如字演以善反則未知其為是與其諸君子樂道堯舜之道與作傳

者謙不敢斥夫子所爲作意也堯舜當古歷象日月星辰百獸率舞鳳皇來儀春秋亦以王次春上法天文四時具然後爲年以敬授民時崇德致麟乃得稱大平道同者相稱德合者相友故曰樂道堯舜之道○爲于僞反注所爲同與音餘下及注同末不亦樂乎堯舜之知君子也末不亦樂後有聖漢受命而王德如堯舜之知孔子爲制作制春秋之義以俟後聖待聖漢之王以爲法以君子之爲亦有樂乎此也樂其貫於百王而不滅名與日月並行而不息

春秋公羊卷第十二　此在第八行

經傳貳阡貳拾陸字

注叁阡叁伯捌拾壹字

音義捌伯捌拾肆字

此三行各下一行

仁仲比校訖　宋原刊無此五字

此葉所據決非出自余氏原本又不若与六補葉之舊四依瞿氏校勘記為改定之茲取瞿校与此本細參而瞿本頗多增改且尾有重校訖一行是必為重修本此則初印本也故此尾葉之异同則兩存之丙辰四月十五日寒雲又記於瓶盦

余仁仲刊于家塾

癸丑仲秋重校訖

余仁仲所刻經傳於世者曰周禮盧雅雨陳仲魚皆有之曰禮記曾見於天祿目曰公羊惟此及錢琴銅劍廔所藏曰穀梁瞿氏有殘本完者在日本阿波侯家此公羊即汪刻祖本阮元所見缺兩葉者篡忝厖爲予購致爰據瞿氏校勘記校定此本補葉之脫誤十月二十四日文記

今世所存宋槧諸經板本依岳氏沿革所舉惟有蜀大字本撫州本建余氏本但蜀本不列刊校人名無可徵驗撫州公庫禮記今在海源閣扃秘不可得見余仁仲本周官亦祇殘帙惟公穀二傳烜赫人間自蕘圃閬源遞相傳寶卒歸虞山瞿氏百年轉徙未出吳中同時汪孟慈太守別得公羊一本付之景刊據瞿氏藏書志所校知繙本頗有刊改未為盡善而汪藏原書兵燹以後沈晦已數十年一旦忽見於京師為寒雲購得開卷展讀楮墨精妙神采煥然與黃唐本禮記注疏刊板先後僅一年因為三琴趣齋經籍升冕以

虛中印證之瞿氏穀梁（據瞿志亦有此印）實與此本同為一家藏
弆第穀梁已有黎刻完帙而聞禮堂橅刻草草殊覺
未饜人心若以此本重付景印庶尊齋不得專美於前
郎公有靈不禁馨香祝之 乙卯長至前一日盛鐸識

中華古籍保護計劃

ZHONG HUA GU JI BAO HU JI HUA CHENG GUO

·成 果·

(漢)何休 撰 (唐)陸德明 音義

宋本春秋公羊經傳解詁

第一册

國家圖書館出版社

圖書在版編目(CIP)數據

宋本春秋公羊經傳解詁:全二册 / (漢)何休撰;(唐)陸德明音義.—北京:國家圖書館出版社,2020.1

(國學基本典籍叢刊)

ISBN 978-7-5013-6486-2

Ⅰ.①宋… Ⅱ.①何… ②陸… Ⅲ.①中國歷史—春秋時代—編年體 ②《公羊傳》—研究 Ⅳ.①K225.04

中國版本圖書館 CIP 數據核字(2018)第 160675 號

書　　名　宋本春秋公羊經傳解詁(全二册)
著　　者　(漢)何休　撰　(唐)陸德明　音義
責任編輯　徐晨光　潘雲俠
封面設計　徐新狀

出版發行　國家圖書館出版社(北京市西城區文津街7號　100034)
(原書目文獻出版社　北京圖書館出版社)
010-66114536　63802249　nlcpress@nlc.cn(郵購)
網　　址　http://www.nlcpress.com
印　　裝　北京市通州興龍印刷廠
版次印次　2020年1月第1版　2020年1月第1次印刷

開　　本　880×1230(毫米)　1/32
印　　張　13
書　　號　ISBN 978-7-5013-6486-2
定　　價　40.00圓

《國學基本典籍叢刊》編委會

#《國學基本典籍叢刊》前言

國家圖書館出版社（原書目文獻出版社 北京圖書館出版社）成立三十多年來，出版了大量的中國傳統文化典籍。由於這些典籍的出版往往採用叢書的方式或綫裝形式，供公共圖書館和大學圖書館典藏使用，普通讀者因價格較高、部頭較大，不易購買使用。爲弘揚優秀傳統文化，滿足廣大普通讀者的需求，現將經、史、子、集各部的常用典籍，選擇善本，分輯陸續出版單行本。每書之前均加簡要説明，必要者加編目録和索引，總名《國學基本典籍叢刊》。歡迎讀者提出寶貴意見和建議，以使這項工作逐步完善。

編委會

二〇一六年四月

出版説明

『春秋』一名，既是春秋時期各國史書之通稱，又專指魯國史書。《春秋》是中國現存最早的一部編年體史書。由於《春秋》記言紀事頗爲簡賅意晦，自戰國時期起便出現對《春秋》進行講解傳授之書，稱爲『傳』。據《漢書·藝文志》的記載，《春秋》曾有五家經解傳承。其中《鄒氏傳》《夾氏傳》早已失傳，班固亦未曾見過，惟有《左傳》《公羊傳》《穀梁傳》流傳至今，史稱『《春秋》三傳』。班固在《漢書·藝文志》中認爲《公羊傳》作者是『公羊子，齊人』，顔師古注曰『名高』。徐彦《春秋公羊傳疏》引戴宏序曰《公羊傳》是『子夏傳與公羊高，高傳與其子平，平傳與其子地，地傳與其子敢，敢傳與其子壽。至漢景帝時壽乃與齊人胡毋子都著於竹帛』，故《四庫全書總目》題作公羊壽撰。然而，戴宏所記述《公羊傳》的師承關係或許有脱略，因爲自子夏至漢景帝僅僅五六代似乎不通。在西漢的典籍中，未見《公羊傳》之稱謂。《春秋繁露》中稱引《公羊傳》處但稱『傳曰』，《史記》中稱引《公羊傳》的觀點或原文，徑稱《春秋》。在東漢時期，三傳并稱《春秋傳》，如班固整理編撰的《白虎通義》和鄭玄爲毛詩、三禮作注所引《春秋》三傳，一律稱爲《春秋傳》。甚至到了宋代，在朱熹《詩集傳》中仍稱《公羊傳》爲《春秋傳》。據近代經學家崔適研究，《公羊傳》之名是今文經學與古文經學早期門争的産物，《公羊傳》之名與公羊氏之籍都出自劉歆的《七略》，其後班固《漢書·藝文志》以《七略》爲藍本編修，《公羊傳》之名遂定矣。

《史記·孔子世家》曰：『（孔子）爲春秋，筆則筆，削則削，子夏之徒不能贊一辭。弟子受《春秋》，孔子曰：「後世知丘者以《春秋》，而罪丘者亦以《春秋》。」』又《十二諸侯年表第二》：『孔子明王道，干七十餘君，莫能用，故西觀周室，論史記舊聞，興於魯而次《春秋》，……七十子之徒口授其傳指，爲有所刺譏褒諱挹損之文辭不可以書見也。』司馬遷明確指出，孔子藉《春秋》褒貶是非以定制立法，然其刺譏褒諱挹損之文辭不可直書於册，隱而難明，衹好將不得明言者，通過『口授』傳其旨意於『七十子之徒』。顯然，《春秋》經之外還有孔子口授之言。公羊家認爲孔子口授的内容則是由子夏以後代代口耳相傳，及傳至漢景帝時『著於竹帛』的《春秋傳》，即後來稱作《公羊傳》者。

今從形式上看，《公羊傳》以設問作答、層層推進的方式闡發《春秋》微言大義，先一步步地講解經文是如何『設褒貶』『制意法』『别嫌疑』『明是非』的，又一層層解剖《春秋》是如何在『褒貶』『善善惡惡，賢賢賤不肖』中將《春秋》治世理想揭示出來的。皮錫瑞《經學通論》説：『《春秋》爲後世立法，唯《公羊》能發明斯義。』依公羊學家的觀點，《公羊傳》爲孔子親傳。從内容上看，《公羊傳》没有爲《春秋》充實更多的史實，對個别歷史事件經過的補充都與『説法』有關，是以史實解説孔子對該事件的態度，從而立治世之法。

《公羊傳》及由此而衍生的公羊學是政治哲學，重在實踐。後代的公羊學家大多遵循并延伸董仲舒《春秋繁露》、何休《解詁》的路徑研治《公羊傳》，深入開掘《春秋經》《公羊傳》中藴涵的隱微内容及深奥意旨，不斷發明和推進《春秋經》的微言大義。公羊學家善於抓住《春秋經》《公羊傳》政治歷史哲學的核心問題，精心取證、歸納。在闡釋經義中，針對自己面臨的社會現實加以大膽發揮，不僅具有富含變革意義的史學理論，而且有豐富的例證。公羊學的重要學説有『大一統』説、『三世』説、『通三統』説、以《春秋》當新王説、《春秋》改制説、寓褒貶説、素王説等等，漢儒將其概括爲『三科九旨』。何休作《春秋文謚例》，云『三科九旨者，新周故宋，以《春秋》當新王』，此一科三旨也；『所見异辭，所聞异辭，所傳聞异辭』，二科六旨也；『内其國而外諸夏，内諸夏而外夷狄』，是三科九旨也。何氏以爲三科九旨正是一物，『若總言之，謂之三科。科者，段也；若析而言之，謂之九旨，旨者，意也。言三個科段之内，有此九種之意』。

何休（一二九—一八二），字邵公，任城樊（今山東兖州西南）人。董仲舒四傳弟子，漢代通儒，號爲學海。何休與漢代名儒陳蕃爲友，《後漢書·儒林列傳》載『太傅陳蕃辟之，與參政事。蕃敗，休坐廢錮，乃作《春秋公羊解詁》，覃思不窺門，十有七年』。《春秋公羊經傳解詁》是今文經學的代表作。何休的研究除了必要的文字訓詁、章句、史實説明，重點在於對經義的解釋，系統闡發《春秋》微言大義。何休不僅使《公羊傳》的社會哲理、孔子治國安邦的政治主張明朗化，而且融入了戰國秦漢時期的儒家思想，在闡發《公羊傳》歷史變易、進化的學説中有不少發明。在東漢晚期古文經學派漸盛的情況下，他勇於堅持自己的學術見解，對公羊學做出了卓越貢獻。另外，在《公羊傳》基礎上何休又總結歸納了一些《春秋》書例，而且依據書例發明了許多《公羊傳》未揭示的微言。比如魯成公十年四月，數卜郊不從，成公怨懟，没有依例免牲。五月成公出會諸侯伐鄭，《春秋》不書至，《公羊》未發傳解釋。何休揭示了孔子筆削的微言：『凡致者，臣子喜其君父脱危而至。今不書至，似若不得脱危然，成誅文。』定公十四年『天王使石尚來歸脤』。脤爲祭祀社稷所用的生肉。祭畢，將脤餽贈兄弟之國，以示親善。天王此舉似合於禮。然而，何休《解詁》曰：『禮，諸侯朝天子，助祭於宗廟，然後受俎實。時魯不助祭而歸之，故書而譏之。』此又是《春秋》隱微之言甚爲深奥之證，没有何休《解詁》，難以發掘出來。

《春秋公羊經傳解詁》十二卷，漢何休撰，唐陸德明音義，宋紹熙二年（一一九一）余仁仲萬卷堂刻本。每半葉十一行，行十八至十九字，小字雙行行二十七字，細黑口，左右雙邊。經傳有句讀，桓、慎等字缺筆避諱。卷首有何休序，序末有余仁仲刊書識語，云：『《公羊》《穀梁》二書，書肆苦無善本，謹以家藏監本及江浙諸處官本參校，頗加釐正。惟是陸氏釋音字，或與正文字不同。

如此序「醸嘲」，陸氏「醸」作「讓」。隱元年「嫡子」作「適」，「歸含」作「晗」，「召公」作「邵」。桓四年「曰蒐」作「廋」。若此者衆，皆不敢以臆見更定，姑兩存之，以俟知者。紹熙辛亥孟冬朔日建安余仁仲敬書。』各卷末鎸經傳、注、音義的字數及『余氏刊於萬卷堂』『余仁仲刊於家塾』『仁仲比校訖』等刊記。此本今存世兩部，一藏國家圖書館，一藏臺北故宫博物院。國圖藏本卷六末葉、卷十二末葉爲抄配，有黄彭年、袁克文、李盛鐸跋。書中鈐印有『虚中印』『季振宜印』『季振宜讀書』『滄葦』『乾學』『徐健庵』『汪喜孫孟慈氏』『伯雄秘籍』『寒雲鑒賞之珍』『寒雲小印』等。入清後《春秋公羊經傳解詁》先後爲季振宜、徐乾學、汪喜孫所藏，道光四年（一八二四）汪氏問禮堂曾將此本翻刻行世，影響頗廣。民國間，此本爲袁克文所得，旋歸潘宗周寶禮堂，見録於《寶禮堂宋本書録》。二〇〇三年，該書又被收入《中華再造善本》。此次將原書彩色掃描，灰度平裝影印，以饗廣大讀者。

國家圖書館出版社

二〇一九年十一月

總目録

第一册

卷三

第二册

卷八

卷十一

卷十二

第一册目録

卷三

據國家圖書館藏宋紹熙二年（一一九一）余仁仲萬卷堂刻本影印原書板框高十八厘米寬十二點五厘米

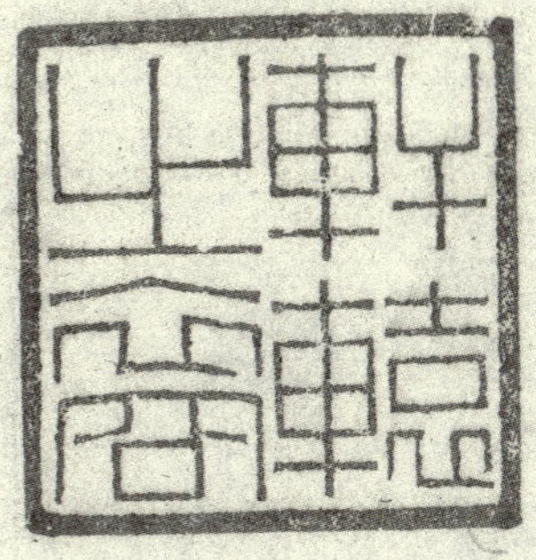

宋紹熙余仁仲萬卷堂刊本春秋公羊經傳解
詁十二卷
寒雲

丁巳元日
吳下王大炘製

此宋余氏萬卷堂校梨，以半年得[illegible][illegible]劉氏重
梨本，已為寶貴之見，原刻經徐季滄汪三
家審定，歸於新吾，完好如故，古香襲人，
真希世之珍矣。聚蒐為呈早得自本節
余本穀梁刻入古逸叢書，亦每半板十一
行，二十七八字，經傳夏則二十七字，章附音義，
卷末記經傳音義字數，以示所藏。元廷

寒雲秘笈

三

尺度之長七寸八分強，廣五寸五分，比校差合於王、余氏兩書，復題於此。惜不能取兩本歸之一龕耳。穀梁書尾有劉子庚、陳戣、張甫同校，陳庭行參校銜名，足見當日校勘之精，并記於此。黃彭年為新吾題

漢司空掾任城樊何休序 ○陸氏音義曰掾弋絹反

昔者孔子有云吾志在春秋行在孝經此二學者聖人之極致治世之要務也 ○治直吏反 傳春秋者非一本據亂而作其中多非常異義可怪之論 ○論盧困反下持論同 說者疑惑至有倍經任意反傳違戾者其勢雖問不得不廣是以講誦師言至於百萬猶有不解時加釀嘲辭 ○釀讓嘲陟交反 援引他經失其句讀以無為有甚可閔笑者不可勝記也是以治古學貴文章者謂之俗儒至使賈逵緣隙奮筆以為公羊可奪左氏可興恨先師觀聽不決多隨二創此上之餘事斯豈非守文持論敗

績失據之過哉。余竊悲之久矣。往者嘗依胡母
生條例。毋音無多得其正。故遂隱括。使就繩墨焉
。隱括古奪反結也

公羊穀梁二書書肆苦無善本謹以家藏
監本及江浙諸處官本參校頗加釐正惟是陸氏
釋音字或與正文字不同如此序釀嘲陸氏釀作
讓隱元年嫡子作適歸含作唅召公作邵桓四年
曰蒐作廋若此者衆皆不敢以臆見更定姑兩存
之以俟知者紹熙辛亥孟冬朔日建安余仁仲敬書

春秋公羊經傳解詁隱公第一。陸曰解詁佳買反下音古訓也

何休學。學者言爲此經之學即注述之意

元年。春。王正月。正月音征又音政後放此 元年者何 諸據疑問所不知故曰者何

君之始年也 以常錄即位知君之始年君魯侯隱公也年者十二月之揔號春秋書十二月稱年是也變一爲元元者氣也無形以起有形以分造起天地天地之始也故上無所繫而使春繫之也不言公言君之始年者王者諸侯皆稱君所以通其義於王者惟王者然後改元立號春秋託新王受命於魯故因以錄即位明王者當繼天奉元養成萬物 春者何 獨在王上故執不知問 歲之始也 以上繫元年在王正月之上知歲之始也春者天地開辟之端養生之首法象所出四時本名也昬斗指東方曰春指南方曰夏指西方曰秋指北方曰冬歲者揔號其成功之稱尚書以閏月定四時成歲是也。辟婢亦反本亦作闢稱尺證反下之稱畢稱同 王者孰謂 孰誰也欲言時王則無事欲言先王又無謚故問誰謂 謂文王也 以上繫王於春知謂文王也文王周始受命之王天之所命故上繫天端方陳受命制正月故假以爲王法不言謚者法其生不法其死與後王共之人道之始也 曷爲先言王而後言正月 据下秋七月天王先言月而後言王 王

正月也以上繫於王知王者受命布政施教所制月也王者受命必徙居處改正朔易服色殊徽號變犧牲異器械明受之於天不受之於人夏以斗建寅之月為正平旦為朔法物見色尚黑殷以斗建丑之月為正雞鳴為朔法物牙色尚白周以斗建子之月為正夜半為朔法物萌色尚赤。徽許韋反械戶戒反夏以戶雅反後放此以意求之見賢徧反下並見同

何言乎王正月据定公有王無正月

大一統也統者始也摠繫之辭夫王者始受命改制布政施教於天下自公侯至於庶人自山川至於草木昆蟲莫不一一繫於正月故云政教之始

公何以不言即位据文公言即位也即位者一國之始政莫大於正始故春秋以元之氣正天之端以天之端正王之政以王之政正諸侯之即位以諸侯之即位正竟內之治諸侯不上奉王之政則不得即位故先言正月而後言即位政不由王出則不得為政故先言王而後言正月也王者不承天以制號令則無法故先言春而後言王天不深正其元則不能成其化故先言元而後言春五者同日並見相須成體乃天人之大本萬物之所繫不可不察也。治直吏反夫音扶

成公意也以不有正月而去即位知其成公意。而去起呂反下去同

何成乎公之意据剌欲救紀而後不能。剌欲七賜反後皆同更不音

公將平國而反之桓平治也時廢桓立隱不平故曰平反還之

曷為反之桓据已立也

桓幼而貴隱長

而卑長者已冠也禮年二十見正而冠士冠禮曰嫡子冠於阼以著代也醮於客位加有成也三加彌尊諭其志也冠而字之敬其名也公侯之有冠禮夏之末造也天子之元子猶士也天下無生而貴者。隱長丁丈反注及下皆同已冠工亂反下同適子丁歷反下同醮子笑反其爲尊卑也微母俟媵也。媵以證反又繩證反國人莫知國人謂國中凡人莫知者言惠公不早分別也男子年六十閉房無世子則命貴公子將薨亦如之隱長又賢此以上皆道立隱所緣。以上時掌反他皆放此諸大夫扳隱而立之扳引也諸大夫立隱不起者在春秋前明王者受命不追治前事孔子曰不教而殺謂之虐不戒視成謂之暴。扳普顏反又必顏反引也舊敷間反隱於是焉而辭立辭讓也言隱欲讓則未知桓之將必得立也是時公子非一且如桓立且如假設之辭則恐諸大夫之不能相幼君也隱見諸大夫背正而立己不正恐其不能相之。相息亮反背正步內反下同故凡隱之立爲桓立也凡者凡上所慮二事皆不可故於是已立欲須桓長大而歸之故曰爲桓立明其本無受國之心故不書即位所以起其讓也。爲于僞反注同隱長又賢何以不宜立據賢繆公與大夫玃且長以得立。繆音穆玃且俱縛反下子餘反立適以長不以賢。立子以貴不以長適謂適夫人之子尊無與敵故以齒子謂左右媵及姪娣之子位有貴賤又防其同時而生故以貴也禮適夫人無子立右媵右媵無子立左媵左媵無子立嫡姪娣嫡姪娣無子立右媵姪娣右媵姪娣無子立左媵姪娣質家親親先立娣文家尊尊先立姪嫡子有孫而死質家親親先立弟文家尊尊先立孫其雙生也質家據見立先生文家據本意立後生皆所以防愛爭。○姪娣大結反下大計反爭爭鬭之爭下同桓何以貴據俱公子也母貴也據桓母右媵母貴則子何以貴據俱言公子子以母貴以母秩次立也母以子貴禮妾子立則母得爲夫人夫人成風是也○三月。公及邾婁儀父盟于眜。及者何。與也若曰公與邾婁盟也。○邾音誅婁力俱反邾人語聲後曰婁故曰邾婁禮記同左氏穀梁無婁字儀父音甫本亦作甫人名字放此眜亡結反穀梁同左氏作蔑會及暨皆與也都解經上會及暨也暨其器反下皆同曷爲或言會或言及。或言暨。會猶最也最聚也直自若平時聚會無他深淺意也最之爲言聚若今聚民爲投最。○曷爲如字或于僞反後皆同此及猶汲汲也。暨猶暨暨也。及。我欲之。暨。不得已也我者謂魯也內魯故言我卑及暨者明當隨意善惡而原之欲之者善重惡深不得已者善輕惡淺所以原心定罪儀父者何。邾婁之君也以言公及不諱知爲君也何以名据齊侯以祿父爲名字也以當襃知爲字曷爲稱字据諸侯當稱爵襃之也以宿與微者盟書卒知與公盟當襃之有土嘉之曰襃無土建國曰封稱字所以爲襃之者儀父本在春秋前失爵在名例爾。襃之保刀反曷爲襃之据功不見。不見賢徧反下皆同爲其與公盟也爲其始與公盟盟者殺生歃血詛命相誓以盟約束也傳不足言託始者儀父比宿滕薛最在前嫌獨爲儀父發始下三國意不見故顧之。爲其于僞反注爲其獨爲皆同歃所洽反又所甲反詛莊慮反約束並如字一音上於妙反下音戍與公盟者衆矣曷爲獨襃乎此据戎齊侯莒人皆與公盟傳不足託始故復据衆也。復扶又反下復爲同因其可襃而襃之春秋王魯託隱公以爲始受命王因儀父先與隱公盟可假以見襃賞之法故云爾。王魯于況反下而王同一音如字後王魯皆放此此其爲可襃奈何。漸進也漸者物事之端先見之辭去惡就善曰進譬若隱公受命而王諸侯有倡始先歸之者當進而封之以率其後不言先者亦爲所襃者法明當積漸深知聖德灼然之後乃往不可造次陷於不義。倡尺亮反造七報反眜者何地期也會盟戰皆錄地其所期處重期也凡書盟者惡之也爲其約誓大甚朋黨深背之生患禍重胥命於蒲善近正是也君大夫盟例日惡不信也此月者隱推讓以立邾婁慕義而來相親信故爲小信辭也大信者時柯之盟是也魯稱公者臣子心所欲尊號其君父公者五等之爵最尊王者探臣子心欲尊其君父使得稱公故春秋以臣子書葬者皆稱公于者於也凡以事定地者加于例以地定事者不加于例○處昌慮反惡烏路反下惡不惡其皆同大甚音泰或勑賀反近正附近之近柯音歌

○夏五月鄭伯克段于鄢克之者何加之者問訓詁并問施于之爲○段徒亂反鄢音偃殺之也殺之則曷爲謂之克大鄭伯之惡也以弗克納大郤缺之善知加克大鄭伯之惡也○郤缺去逆反下起悅反曷爲大鄭伯之惡据晉侯殺其世子申生不加克以大之母欲立之己殺之如勿與而已矣如即不如齊人語也加克者有嫌也段無弟文稱君甚之不明又段當國嫌鄭伯殺之無惡故變殺言克明鄭伯爲人君當如傳辭不當自已行誅殺使執政大夫當誅之克者詁爲殺亦爲能惡其能忍戾母而親殺之禮公族有罪有司讞于公公曰宥之及三宥不對走出公又使人赦之以不及反命公素服不舉而爲之變如其倫之喪無服親哭之○戾力計反讞魚列反宥之音又赦也段者何鄭伯之弟也殺母弟故直稱君何以不稱弟据天

王殺其弟年夫稱弟當國也欲當國爲之君故如其意使如國君氏上鄭所以見段之逆其地何據齊
人殺無知不地當國也齊人殺無知何以不地據俱欲當國也在內
也在內雖當國不地也其不當國而見殺者當以殺大夫書無取於地也其當國者殺於國
內禍已絕故亦不地不當國雖在外亦不地也明當國者在外乃地爾爲其將交連鄰國
復爲內難故錄其地明當急誅之不當國雖在外禍輕故不地也月者責臣子不以時討與殺州吁同例不從討賊辭者主惡以失親親故書
之○難乃旦反下此難同吁況于反○秋七月天王使宰咺來歸惠公仲
子之賵宰者何官也以周公加宰知爲官也○咺況阮反一音況元反賵芳仲反咺者
何名也別何之者以有宰周公本嫌宰爲官曷爲以官氏據石尚宰士也天子
上士以名氏通中士以官錄下士略稱人惠公者何隱之考也生稱父死稱考入廟稱禰○禰乃禮
反仲子者何桓之母也以無謚也仲字子姓婦人以姓配字不忘本也因示不適同姓生稱母死
稱妣○妣必履反何以不稱夫人此難生時之稱也據秦人來歸僖公成風之襚成風稱謚今仲子無謚知

生時不稱夫人桓未君也。賵者何。喪事有賵。賵者蓋以馬。以乘馬。束帛。此道周制也以馬者謂士不備四也禮既夕曰公賵玄纁束帛兩馬是也乘馬者謂大夫以上備四也禮大夫以上至天子皆乘四馬所以通四方也天子馬曰龍高七尺以上諸侯曰馬高六尺以上卿大夫士曰駒高五尺以上束帛謂玄三纁二玄三法天纁二法地因取足以共事。乘馬繩證反注乘馬同纁許云反共音恭車馬曰賵。貨財曰賻。衣被曰襚此者春秋制也賵猶覆也賻猶助也皆助生送死之禮襚猶遺也遺是助死之禮知生者賵賻知死者贈襚。賻音附襚音遂猶遺唯季反桓未君則諸侯曷爲來賵之據非禮隱爲桓立。故以桓母之喪告于諸侯經言王者賵赴告王者可知故傳但言諸侯。隱爲于僞反下注爲幷年末注同告古毒反一音古報反然則何言爾。成公意也尊貴桓母以赴告天子諸侯彰桓當立得事之宜故善而書仲子所以起其意成其賢其言來何據歸含且賵不言來。歸唅本又作含戶暗反下同不及事也比於去來爲不及事時以葬事畢無所復施故云爾去來所以爲及事者若已在於內者其言惠公仲子何據歸含且賵不言主名兼之。兼之。非禮也

禮不賵妾旣善而賵之當各使一使所以異尊卑也言之賵者起兩賵也○一使所吏反何以不言及仲子

據及者別公夫人尊卑文也仲子卽卑稱也○別彼列反仲子微也比夫人微故不得並及公也月者爲內恩錄之也諸侯不月比於王者輕會葬皆同例言天王者時吳楚上僭稱王王者不能正而上自繫於天也春秋不正者因以廣是非稱使者王尊敬諸侯之意也王者據土與諸侯分職俱南面而治有不純臣之義故異姓謂之伯舅叔舅同姓謂之伯父叔父言歸者與使有之辭也天地所生非一家之有有無當相通所傳聞之世外小惡不書書者來接內也春秋王魯以魯爲天下化首明親來被王化漸漬禮義者在可備責之域故從內小惡舉也主書者從不及事也○僭子念反而治直吏反下皆同所傳直專反下文所傳并注同被皮寄反○九月及宋人盟于宿。孰及之。內之微者也。內者謂魯也微者謂士也不名者略微也大者正小者治近者說遠者來是以春秋上刺王公下譏卿大夫而逮士庶人宋稱人者亦微者也魯不稱人者自內之辭也宿不出主名者主國主名與可知故省文明宿當自首其榮辱也微者盟例時不能專正故責略之此月者隱公賢君雖使微者有可采取故錄也○于宿音夙國名說音悅逮音代又大計反故省所景反後省文皆同○冬十有二月。祭伯來。祭伯者何。天子之大夫也。以無所繫言來也○祭伯側界反五年注放此何以不稱使據凡伯稱使奔也奔者走也以不稱使而無事知其奔奔則曷爲不言奔據齊慶封來言奔王者無外。言奔。則有外之辭也言奔則與外大夫來奔同文故去奔明王者以天下爲家無絕義主書者以罪舉內外皆書者重乖離之禍也當春秋時廢選舉之務置不肖於位輒退絕之以生過失至於君臣忿爭出奔國家之所以昏亂社稷之所以危亡故皆錄之錄所奔者爲受義者明當受賢者不當受惡人也祭者采邑也伯者字也天子上大夫字尊尊之義也月者爲下卒也當案下例當蒙上月日不也奔例時一月二事月當在上十言有二者起十復有二非十中之二。選息變反肖音笑采七代反○公子益師卒。何以不日據臧孫辰書日。不日人實反此傳皆以日月爲例後放此遠也孔子所不見所見異辭。所聞異辭。所傳聞異辭所見者謂昭定哀已與父時事也所聞者謂文宣成襄王父時事也所傳聞者謂隱桓莊閔僖高祖曾祖時事也異辭者見恩有厚薄義有深淺時恩衰義缺將以理人倫序人類因制治亂之法故於所見之世恩已與父之臣尤深大夫卒有罪無罪皆日錄之丙申季孫隱如卒是也於所聞之世王父之臣恩少殺大夫卒無罪者日錄有罪者不日略之叔孫得臣卒是也於所傳聞之世高祖曾祖之臣恩淺大夫卒有罪無罪皆不日略之也公子益師無駭卒是也於所傳聞之世見治起於衰亂之中用心尚麤觕故內其國而外諸夏先詳內而後治外錄大略小內小

惡書外小惡不書大國有大夫小國略稱人內離會書外離會不書是
也於所聞之世見治升平內諸夏而外夷狄書外離會小國有大夫宣
十一年秋晉侯會狄於欑函襄二十三年邾婁鼻我來奔是也至所見
之世著治大平夷狄進至於爵天下遠近小大若一用心尤深而詳故
崇仁義譏二名晉魏曼多仲孫何忌是也所以三世者禮爲父母三年
爲祖父母期爲曾祖父母齊衰三月立愛自親始故春秋據哀錄隱上
治祖禰所以二百四十二年者取法十二公天數備足著治法式又因
周道始壞絕於惠隱之際主所以卒大夫者明君當隱痛之也君敬臣
則臣自重君愛臣則臣自盡公子者氏也益師者名也諸侯之子稱公
子公子之子稱公孫○見恩賢遍反下見治皆同殺所介反麤觕才古
反又七奴反說文式也諸夏戶雅反凡諸夏皆放此欑函才官反下
音咸大平音泰期音基齊衰音咨本亦作齋下七雷反盡津忍反

二年，春，公會戎于潛。凡書會者惡其虛內務恃外好也古者
諸侯非朝時不得踰竟所傳聞之世外
離會不書書內離會者春秋王魯明當先自詳正躬自厚而薄責於人
故略外也王者不治夷狄錄戎者來者勿拒去者勿追東方曰夷南方
曰蠻西方曰戎北方曰狄朝聘會盟例皆時○惡烏路反好呼報反非
朝直遙反凡此字不音者皆同踰竟音境今本多即作境字更不音所
傳直專反年
末相傳同

○夏，五月，莒人入向。入者何？得而不居也。
入者以兵入也已得其國而不居故云爾凡書兵者正不得也外內深
淺皆舉之者因重兵害衆兵動則怨結禍構更相報償伏尸流血無已

時諸侯擅興兵不爲大惡者保伍連帥本有用兵征伐之道曾入杞不諱是也入例時傷害多則月。莒音舉向舒亮反國名更音庚償時亮反擅市戰反

○無駭帥師入極。無駭者何。展無駭也。何以不氏 据公子遂帥師入杞氏公子也。駭戶楷反 貶。貶猶損也。貶彼檢反損也 曷爲貶 据公子遂俱用兵入杞不貶也 疾始滅也 以下終其身不氏知貶疾始滅非但起入爲滅 始滅昉於此乎 昉適也齊人語据傳言撥亂世。昉甫往反適也 前此矣 前此者在春秋前謂宋滅郜是也。郜古報反 前此則曷爲始乎此。託始焉爾 焉爾猶於是也 曷爲託始焉爾 据戰伐不言託始 春秋之始也 春秋託王者始起所當誅也言疾始滅者諸滅復見不復貶皆從此取法所以省文也。復見扶又反下不復同見音賢徧反 此滅也。其言入何 据齊師滅譚不言入 內大惡諱也 明魯臣子當爲君父諱滅例月不復出月者與上同月常案下例當蒙上月日不。當爲于僞反下爲後背隱同

○秋。八月。庚辰。公及戎盟于唐 後不相犯日者爲後背隱而善相能自復爲唐之盟。背音佩

○九月。紀履緰來逆女。紀履緰者何。紀大夫也 以逆女不

稱使知爲大夫。屨復綸音須左氏爲裂繻何以不稱使据宋公使公孫壽來納幣稱使婚禮不稱
主人爲養廉遠恥也然則曷稱。稱諸父兄師友。宋公使公孫
壽來納幣。則其稱主人何。辭窮也。辭窮者何。無母
也禮有母母當命諸父兄師友稱諸父兄師友以行宋公無母莫使命之辭窮故自命之自命之則不得不稱使然則紀
有母乎。曰有。以不稱使知有母有則何以不稱母据非主人何不稱母通使文
母不通也禮婦人無外事但得命諸父兄師友稱諸父兄師友以行耳母命不得達故不得稱母通使文所以遠別也。
別彼列反外逆女不書。此何以書据伯姬歸于宋不書逆人譏譏猶譴也。譴遣戰反
何譏爾。譏始不親迎也禮所以必親迎者所以示男先女也於廟者告本也夏后氏逆於庭殷人
逆於堂周人逆於戶。親迎魚敬反注及下同先悉薦反始不親迎昉於此乎。前此矣
以惠公妃匹不正不嫌無前也。妃音配又芳非反前此則曷爲始乎此。託始焉爾
焉爾猶於是也曷爲託始焉爾据納幣不託始春秋之始也春秋正夫婦之始也

夫婦正則父子親父子親則君臣和君臣和則天下治故夫婦者人道之始王教之端内逆女常書外逆女但疾始不常書者明當先自正躬自厚而薄責於人故略外也○治直吏反女曷爲或稱女或稱婦或稱夫人○女在其國稱女未離父母之辭紀履緰來逆女是也○未離力智反下同在塗稱婦在塗見夫服從之辭公子結媵陳人之婦是也入國稱夫人入國則尊尊有臣子之辭夫人姜氏入是也紀無大夫書紀履緰者重婚禮也月者不親迎例月重録之親迎例時○冬十月伯姬歸于紀伯姬者何○内女也以無所繫也不稱公子者婦人外成不得獨繫父母其言歸何据去父母國也婦人謂嫁曰歸婦人生以父母爲家嫁以夫爲家故謂嫁曰歸明有二歸之道書者父母恩録之也禮男之將取三日不舉樂思嗣親也女之將嫁三夜不息燭思相離也内女歸例月恩録之○取七住反○紀子伯莒子盟于密○紀子伯者何○無聞焉爾言無聞者春秋有改周受命之制孔子畏時遠害又知秦將燔詩書其説口授相傳至漢公羊氏及弟子胡毋生等乃始記於竹帛故有所失也○紀子伯左氏作子帛遠于萬反燔扶元反毋音無○

十有二月○乙卯○夫人子氏薨○夫人子氏者何○隱公

之母也以不書葬何以不書葬據姒氏書葬○姒音似成公意也。何
成乎公之意據已去即位○去起呂反子將不終爲君。故母亦不
終爲夫人也時隱公屈卑其母不以夫人禮葬之以妾禮葬之以卑下桓母無終爲君之心得事之宜故善而不書葬
所以起其意而成其賢子者姓也夫人以姓配號義與仲子同書薨○者爲隱公恩錄痛之也日者恩錄之公夫人皆同例也○下遐嫁反
鄭人伐衛書者與入向同侵伐圍入例皆時
三年。春。王二月二月三月皆有王者二月殷之正月也三月夏之正月也王者存二王之後使統其正朔服其
服色行其禮樂所以尊先聖通三統師法之義恭讓之禮於是可得而觀之己巳。日有食之。何以
書諸言何以書者問主書記異也異者非常可怪先事而至者是後衛州吁弒其君完諸侯初僭魯隱係獲公子
翬進諂謀○弒其申志反下弒其君同翬許韋反諂勑檢反日食則曷爲或日。或不日。
或言朔。或不言朔。曰某月某日朔。日有食之者。食
正朔也桓三年秋七月壬辰朔日有食之是也此象君行外彊內虛是故日月之行無遲疾食不失正朔也其或日。

或不日。或失之前。或失之後。失之前者。朔在前也謂二日食已巳日有食之是也此象君行暴急外見畏故日行疾月行遲過朔乃食失正朔於前也失之後者。朔在後也謂晦日食莊公十八年三月日有食之是也此象君行懦弱見陵故日行遲月行疾未至朔而食失正朔於後也不言月食之者其形不可得而覩也故疑言日有食之孔子曰多聞闕疑愼言其餘則寡尤不傳天下異者從王內録可知也○懦乃亂反又乃卧反

○三月。庚戌。天王崩平王也何以不書葬据書葬桓王天子記崩不記葬。必其時也至尊無所屈也諸侯記卒記葬。有天子存存在不得必其時也設有王后崩當越紼而奔喪不得必其時故恩録之○紼音弗曷爲或言崩。或言薨。天子曰崩大毀壞之辭諸侯曰薨小毀壞之辭大夫曰卒卒猶終也士曰不禄不禄無禄也皆所以別尊卑也葬不別者從恩殺略也書崩者爲天下恩痛王者也記諸侯卒葬者王者亦當加之以恩禮故爲恩録○以別彼列反下同恩殺所界反爲天于僞反下故爲王爲傳所爲同

○夏。四月。辛卯。尹氏卒。尹氏者何。天子之大夫也

以尹氏立王子朝也。尹氏左氏作君氏朝如字其稱尹氏何据宰渠氏官劉卷卒名。卷音權貶。曷爲貶据俱卒也譏世卿世卿者父死子繼也貶去名言氏者起其世也若曰世世尹氏也。去起呂反世卿。非禮也禮公卿大夫士皆選賢而用之卿大夫任重職大不當世爲其秉政久恩德廣大小人居之必奪君之威權故尹氏世立王子朝齊崔氏世弑其君光君子疾其末則正其本見譏於卒者亦不可造次無故驅逐必因其過卒絕之明君案見勞授賞則衆譽不能進無功案見惡行誅則衆讒不能退無罪。見譏賢徧反下同造七報反外大夫不卒。此何以卒据原仲不卒天王崩諸侯之主也時天王崩魯隱往奔喪尹氏主儐贊諸侯與隱交接而卒恩隆於王者則加禮錄之故爲隱恩錄痛之日者恩錄之明當有恩禮。秋武氏子來求賻。武氏子者何。天子之大夫也。其稱武氏子何据宰渠氏官仍叔不稱氏尹氏不稱子譏。何譏爾。父卒子未命也時雖世大夫緣孝子之心不忍使當父位故順古先試一年乃命於宗廟武氏子父新死未命而使爲大夫薄父子之恩故稱氏言子見未命以譏之何以不稱使据南季稱使當喪未君也當喪謂天子也未君者未三年也未可居君位稱使也故絕正其義與毛

伯同
武氏子來求賻何以書不但言何以書者嫌以主覆問上所以說二事不問求賻○覆芳服
反譏何譏爾喪事無求求賻非禮也主爲求賻書也禮本爲有
財者制有則送之無則致哀而已不當求求則皇皇傷孝子之心蓋通于下去爾者嫌天子財多不當求下財少可求
故明皆不當求之○八月庚辰宋公和卒不言薨者春秋王魯死當有王文聖人之爲文辭孫順不
可言崩故貶外言卒所以褒內也宋稱公者殷後也王者封二王後地方百里爵稱公客待之而不臣也詩云有客宿宿有客信信是也○孫
音遜○冬十有二月齊侯鄭伯盟于石門○癸未葬
宋繆公葬者曷爲或日或不日不及時而日渴葬
也不及時不及五月也禮天子七月而葬同軌畢至諸侯五月而葬同盟至大夫三月而葬同位至士踰月外姻至孔子曰葬於北方
北首三代之達禮也之幽之故也渴喻急也乙未葬齊孝公是也○宋繆公音穆左氏作穆凡此後放此首手又反不及時
而不日慢葬也慢葬不能以禮葬也八月葬蔡宣公是也過時而日隱之也
隱痛也痛賢君不得以時葬丁亥葬齊桓公是也過時而不日謂之不能葬也解緩

不能以時葬夏四月葬衛桓公是也。○解古邂反又古賣反當時而不日正也六月葬陳惠公是也。○當
時丁浪反又如字下同當時而日危不得葬也此當時何危爾
宣公謂繆公曰以吾愛與夷則不若愛女以爲社
稷宗廟主則與夷不若女盍終爲君矣與夷者宣公之子繆公者
宣公之弟。○與夷如字又音餘凡人名字及地名之類皆放此音借假字則時復重出愛女音汝下及注同盍户臘反四年傳同宣
公死繆公立繆公逐其二子莊公馮與左師勃左師
官勃名也。○馮皮冰反曰爾爲吾子生毋相見死毋相哭所以遠絶之。○生毋
音無下同與夷復曰復報先君之所爲不與臣國而納國乎
君者以君可以爲社稷宗廟主也今君逐君之二
子而將致國乎與夷此非先君之意也且使子而
可逐則先君其逐臣矣繆公曰先君之不爾逐可

知矣爾女也可知者欲使我反國吾立乎此攝也暫攝行君事不得傳與子也謙辭○傳與直專
反下音與終致國乎與夷莊公馮弒與夷馮與督共弒殤公在桓二年危之於
此者死乃反國非至賢之君不能不爭也○馮弒音試注同爭爭鬬之爭故君子大居正明脩法守正最計之
要者宋之禍宣公為之也言死而讓開爭原也繆公亦死而讓得為功者反正也外小惡不書錄渴
隱者明諸侯卒王者當加恩意憂勞其國所以哀死閔患也
四年春王二月莒人伐杞取牟婁牟婁者何杞之
邑也以上有伐杞○牟武侯反外取邑不書此何以書據楚子伐宋取彭城不書疾
始取邑也外小惡不書以外見疾始著取邑以自廣大比於貪利差為重故先治之也內取邑常書外但疾始不常書者
義與上滅同不傳託始者前此有滅不嫌無取邑當託始明○故省文也取邑例時○見疾賢徧反年末見衆同差初賣反戊
申衛州吁弒其君完曷為以國氏據齊公子商人弒其君舍氏公子○弒其
申志反弒字從式殺字從殳不同也君父言弒積漸之名也臣子云殺卑賤之意也字多亂故時復音之可知則不重出也完音丸當

國也與段同義曰者從外赴辭以賊聞例○夏公及宋公遇于清遇者何不期也一君出一君要之也古者有遇禮為朝天子若朝罷朝卒相遇于塗近者為主遠者為賓稱先君以相接所以崇禮讓絕慢易也當春秋時出入無度禍亂姦宄多在不虞無故卒然相要小人將以生心故重而書之所以防禍原也言及者起公要之明非常遇也地者重錄之遇例時○要之一遙反注同易以豉反○宋公陳侯蔡人衛人伐鄭○秋翬帥師會宋公陳侯蔡人衛人伐鄭翬者何公子翬也以入桓稱公子何以不稱公子貶曷為貶據叔老會鄭伯伐許不貶與弒公也弒者殺也臣弒君之辭以終隱之篇貶知與弒公也○與弒音預下及注同其與弒公奈何公子翬諂乎隱公諂猶佞也謂隱公曰百姓安子諸侯說子盍終為君矣隱曰吾否否不也○說音悅吾使脩塗裘吾將死焉塗裘者邑名也將死焉者將辟桓居之以自終也故南面之君勢不可復為臣故去爾不以成公意者隱本為桓守國國邑皆桓之有不當取以自為也○將辟音避今本多即作辟字後不更音

復扶又反本爲于僞反下自爲傳吾爲皆同 公子翬恐若其言聞乎桓。於是謂桓曰。吾爲子口隱矣 口猶口語相發動也 隱曰。吾不反也。桓曰。然則奈何。曰。請作難 難，兵難也○難乃旦反注同 弒隱公 謚者傳家所加 於鍾巫之祭焉。弒隱公也 鍾者地名也巫者事鬼神禱解以治病請福者也男曰覡女曰巫傳道此者以起淫祀之無福○禱丁老反或丁報反下古賣反又古買反覡户狄反 ○九月。衛人殺州吁于濮。其稱人何 據晉殺大夫里克俱弒君賊不稱人○濮音卜一音剝 討賊之辭也 討者除也明國中人人得討之所以廣忠孝之路書者善之也討賊例時此月者久之也 ○冬。十有二月。衛人立晉。晉者何。公子晉也 以下有衛侯晉故下又言立 立者何。立者不宜立也 諸侯立不言立此獨言立明不宜立之辭 其稱人何 據尹氏立王子朝也 衆立之之辭也 人人欲立之 晉得衆國中 然則孰立之。石碏立之。石碏立之則其稱人何 據尹氏立王子朝不稱人 ○碏七各反一音七洛反 衆之所欲立也。衆雖欲立之其立之非也凡立君爲衆衆皆欲立之嫌得立無惡故使稱人見衆言立也明下無廢上之義聽衆立之爲立篡也不剌嗣子失位者時未當喪典主得權重也月者大國篡例月小國時立納入皆爲篡卒日葬月達於春秋爲大國例主書從受位也○篡初患反

五年春公觀魚于棠何以書譏何譏爾遠也公曷爲遠而觀魚據浚洙也○觀魚左氏作矢魚浚思俊反洙常朱反登來之也登讀言得來得來之者齊人語也齊人名求得爲得來作登來者其言大而急由口授也○登來依注登音得百金之魚公張之解言登來之意也百金猶百萬也古者以金重一斤若今萬錢矣張謂張罔罟障谷之屬也○罟音古鄣之尚反又音章登來之者何弟子未解其言大小緩急故復問之○解戶買反或佳買反故復扶又反下不得復同美大之之辭也其言大而急者美大多得利之辭也實譏張魚而言觀譏遠者恥公去南面之位下與百姓爭利匹夫無異故諱使若以遠觀爲譏也諸諱主書者從實也觀例時從行賤略之棠者何濟上之邑也濟者四瀆之別名江河淮濟爲四瀆○濟上子禮反注同濟水之上○夏四月葬衛桓公○秋衛師入盛○

曷爲或言率師或不言率師將尊師衆稱某率師將尊者謂大夫也師衆者滿二千五百人以上也二千五百人稱師無駭率師入極是也禮天子六師方伯二師諸侯一師○入盛音成左氏作郕將尊子匠反注及下皆同將尊師少稱將師少者不滿二千五百人也衛孫良夫伐廧咎如是也○咎音羔將卑師衆稱師將卑者謂士也衛師入盛是也將卑師少稱人鄭人伐衛是也君將不言率師書其重者也分別之者責元帥因錄功惡有小大揔徐從王伐鄭是也○分別彼列反元率所類反本又作帥○九月考仲子之宮考宮者何考猶入室也始祭仲子也考成也成仲子之宮廟而祭之所以居其鬼神猶生人入宮室必有飲食之事不就惠公廟者妾母卑故雖爲夫人猶特廟而祭之禮妾廟子死則廢矣不言立者得變禮也加之者宮廟尊卑共名非配號稱之辭故加之以絶也桓未君則曷爲祭仲子據無子不廟也隱爲桓立故爲桓祭其母也然則何言爾成公意也尊桓之母爲立廟所以彰桓當立得事之宜故善而書之所以起其意成其賢也○隱爲于僞反下注同初獻六羽初者何

始也。六羽者何。舞也。[持羽而舞] 初獻六羽何以書。譏。何譏爾。譏始僭諸公也。[僭齊也。下傚上之辭。○傚戶教反] 六羽之爲僭奈何。天子八佾。[佾者列也。八人爲列。八八六十四人。法八風。○佾音逸。列也] 諸公六。[六人爲列。六六三十六人。法六律] 諸侯四。[四人爲列。四四十六人。法四時] 諸公者何。諸侯者何。天子三公稱公。王者之後稱公。其餘大國稱侯。[大國謂百里也] 小國稱伯子男。[小國謂伯七十里。子男五十里] 天子三公者何。天子之相也。[相助也。○之相息亮反。注及下同] 天子之相則何以三。[据經但有祭公周公] 自陝而東者周公主之。自陝而西者召公主之。一相處乎內。[陝者蓋今弘農陝縣是也。禮司馬主兵。司徒主教。司空主土。春秋撥亂世。以絀陟爲本。故舉絀陟以所主者言之。○陝失冉反。何云弘農陝縣也。一云當作郟。古洽反。王城郟鄏。邵公上照反。又作召。音同。絀勑律反] 始僭諸公昉於此乎。前此矣。前此則曷爲始乎此。僭諸公猶可言也僭天子不可言也傳云爾者解不託始也前僭八佾於惠公廟大惡不可言也還從僭六羽譏本所當託者非但六也故不得復傳上也加初者以爲常也獻者下奉上之辭不言六佾者言佾則干舞在其中明婦人無武事獨奏文樂羽者鴻羽也所以象文德之風化疾也夫樂本起於和順和順積於中然後榮華發於外是以八音者德之華也歌者德之言也舞者德之容也故聽其音可以知其德察其詩可以達其意論其數可以正其容薦之宗廟足以享鬼神用之朝廷足以序羣臣立之學官足以協萬民凡人之從上教也皆始於音音正則行正故聞宮聲則使人溫雅而廣大聞商聲則使人方正而好義聞角聲則使人惻隱而好仁聞徵聲則使人整齊而好禮聞羽聲則使人樂養而好施所以感蕩血脉通流精神存寧正性故樂從中出禮從外作也禮樂接於身望其容而民不敢慢觀其色而民不敢爭故禮樂者君子之深教也不可須臾離也君子須臾離禮則暴慢襲之須臾離樂則姦邪入之是以古者天子諸侯雅樂鍾磬未曾離於庭卿大夫御琴瑟未曾離於前所以養仁義而除淫辟也曾詩傳曰天子食日舉樂諸侯不釋縣大夫士日琴瑟王者治定制禮功成作樂未制作之時取先王之禮樂宜於今者用之堯曰大章舜曰簫韶夏曰大夏殷曰大護周曰大武各取其時民所樂者名之堯時民樂其道章明也舜時民樂其脩紹堯道也夏時民樂大其三聖相承也殷時民樂大其護已也周時民樂其伐討也蓋異號而同意異歌而同歸失禮鬼神例日此不日者嫌獨考宮以非禮書故從末言初可知○夫樂音扶發句之端放此朝廷徒佞反好義呼報反下同徵張里反

施式豉反爭爭鬭之爭離也力智反下同邪似嗟反未曾在能反下同
淫辟匹亦反縣音玄治定直吏反詔常昭反夏日户雅反下同護户故
反紂直久反○邾婁人鄭人伐宋邾婁小國序上者主會也○螟何以書記
災也災者有害於人物隨事而至者先是隱公張百金之魚設苛令急法以禁民之所致○螟亡丁反蟲食苗心苛音河○冬
十有二月辛巳公子彄卒日者隱公賢君宜有恩禮於大夫益師始見法無駭有罪据俠
又未命也故獨得於此日○彄若侯反見賢徧反○宋人伐鄭圍長葛邑不言圍
此其言圍何据伐於餘丘不言圍彊也至邑雖圍當言伐惡其彊而無義也必欲爲得邑故如其意言
圍也所以不知鄭彊者公以楚師伐宋圍緡不言彊也○彊渠羌反下同惡烏路反
六年春鄭人來輸平輸平者何輸平猶墮成也何
言乎墮成据翬會諸侯伐鄭後未道平也何道墮成○輸平式朱反墮也左氏作渝平墮許規反敗其
成也翬伐鄭後已相與平但外平不書故云爾曰吾成敗矣吾魯也吾與鄭人
末有成也末無也此傳發者解鄭稱人爲共國辭吾與鄭人則曷爲末有

成据無戰伐之文狐壤之戰。隱公獲焉時與鄭人戰於狐壤爲鄭所獲。○壤，如丈反

然則何以不言戰戰者內敗文也。据鞌戰君獲言師敗績諱獲也君獲不言師敗績，故以輸平諱也。與鞌戰辟內敗文。異戰例時，偏戰日，詐戰月。不日者，鄭詐之。不月者，正月也。見隱終無奉正月之意。不地者，深諱也。使若實輸平，故不地也。稱人共國辭者，嫌來輸平獨惡鄭。明鄭擅獲諸侯，魯不能死難，皆當絶之。○見，賢徧反。惡，烏路反。難，乃旦反。

○夏。五月辛酉，公會齊侯盟于艾。秋七月。此無事，何以書。春秋雖無事，首時過則書。首，始也。時，四時也。過，歷也。春以正月爲始，夏以四月爲始，秋以七月爲始，冬以十月爲始。歷一時無事，則書其始月也。○艾，五蓋反。

首時過則何以書据無事也春秋編年，四時具然後爲年明王者當奉順四時之正也。尚書曰欽若昊天，歷象日月星辰，敬授民時，是也。有事不月者，人道正，則天道定矣。○編，必連反。字林、聲類皆布千反。一音甫連反。昊，户老反。

○冬，宋人取長葛。外取邑不書，此何以書。久也。古者師出不踰時。今宋更年取邑，久暴師苦衆，居外，故書以疾之。不繫鄭，舉伐，若明因上伐圍取也。○更，音庚。暴，步卜反。

七年。春。王三月。叔姬歸于紀。叔姬者伯姬之媵也至是乃歸者待年父母國也婦人八歲備數十五從嫡二十承事君子媵賤書者後爲嫡終有賢行紀侯爲齊所滅紀季以酅入于齊叔姬歸之能處隱約全竟婦道故重録之○從適丁歷反本亦作嫡下同賢行下孟反下畢行同酅户圭反○滕侯卒。何以不名。据蔡侯考父卒名微國也。小國故略不名微國則其稱侯何。据大國稱侯小國稱伯子男不嫌也。滕侯卒不名下常稱子不嫌稱侯爲大國春秋貴賤不嫌同號。貴賤不嫌者通同號稱也若齊亦稱侯滕亦稱侯微者亦稱人貶亦稱人皆有起文貴賤不嫌同號是也○號稱尺證反美惡不嫌同辭。若繼體君亦稱即位繼弒君亦稱即位皆有起文美惡不嫌同辭是也滕微國所傳聞之世未可卒所以稱侯而卒者春秋王魯託隱公以爲始受命王滕子先朝隱公春秋襃之以禮嗣子得以其祿祭故稱侯見其義○惡烏路反又如字注同傳直專反見賢遍反○夏。城中丘。中丘者何。内之邑也。城中丘何以書。上問中丘者何指問邑也故因言何以書嫌但問書中丘故復言城中丘何以書也○復扶又反以重書也。以功重故書也當稍稍補完之至令大崩弛壞敗然後發衆城之猥苦百姓空虛國家故言城明其功重與始作城無異城邑例時○令力呈反弛户爾反又式氏反○齊侯使其弟年來聘○其稱弟何據諸侯之子稱公子母弟稱弟○母兄稱兄母弟同母弟母兄同母兄不言同母言母弟者若謂不如爲如矣齊人語也分别同母者春秋變周之文從殷之質質家親親明當親厚異於羣公子也聘者問也來聘書者皆喜內見聘事也古者諸侯朝罷朝聘爲慕賢考禮一法度尊天子不言聘公者禮聘受之於大廟孝子謙不敢以已當之歸美於先君且重賓也○别彼列反大廟音泰下同○秋○公伐邾婁○冬○天王使凡伯來聘書者喜之也古者諸侯有較德殊風異行天子聘問之當北面稱臣受之於大廟所以尊王命歸美於先君不敢以已當之戎伐凡伯于楚丘以歸○凡伯者何上言聘此言伐嫌其異故執不知問天子之大夫也○此聘也其言伐之何据出聘與郊柳異不得言伐也問伐加之者辟問輕重兩舉之執之也○執之則其言伐之何据執季孫隱如不言伐大之也尊大王命責當死位故使與國同曷爲大之据王子突繫諸人不與夷狄之執中國也因地不接京師故以中國正之中國者禮義之國也執者治文也君子不使無禮義制治有禮義故絶不言執正之言伐也執天子大夫而以中國正之者執中國尚不可況

執天子之大夫乎所以降夷狄尊天子爲順辭其地何据執季孫隱如不地大之也順上伐文使若楚丘爲國者猶慶父伐於餘丘也不地以衛者天子大夫銜王命至尊顧在所諸侯有出入所在赴其難當與國君等也録以歸者惡凡伯不死位以辱王命也○難乃旦反惡烏路反

八年。春。宋公。衛侯。遇于垂宋公序上者時衛侯要宋公使不虞者爲主明當戒慎之無主者遇在其間置上則嫌爲事出置下則嫌無天法可以制月文不可施也○要一遥反爲事于僞反下欲爲曾爲小國爲桓并年末注皆同

○三月。鄭伯使宛來歸邴。宛者何。鄭之微者也。邴者何。鄭湯沐之邑也。天子有事于泰山。諸侯皆從泰山之下。諸侯皆有湯沐之邑焉有事者巡守祭天告至之禮也當沐浴絜齊以致其敬故謂之湯沐邑也所以尊待諸侯而共其費也禮四井爲邑邑方二里東方二州四百二十國凡爲邑廣四十里袤四十二里取足舍止共槀穀而已歸邴書者甚惡鄭伯無尊事天子之心專以湯沐邑歸魯背叛當誅也録使者重尊湯沐邑也王者所以必巡守者天下雖平自不親見猶恐遠方獨有不得其所故三年一使三公絀陟五年親自巡守巡猶循也守猶守也循行守視之辭亦不可國至人見爲煩

擾故至四嶽足以知四方之政而已尚書曰歲二月東巡守至于岱宗柴望秩于山川遂覲東后協時月正日同律度量衡脩五禮五玉三帛二生一死贄如五器卒乃復五月南巡守至于南嶽如岱禮八月西巡狩至于西嶽如初十有一月朔巡守至于北嶽如西禮還至嵩如初禮歸格于禰祖用特是也○宛於阮反人名也一音烏卵反又烏勉反邴彼命反又音丙鄭邑左氏作祊從才用反巡守手又反本又作狩下除猶守守視以外同絜齊側皆反本多即作齊字後放此更不音而共音恭下同費芳味反廣古曠反袤音茂槀古老反甚惡烏路反下同背步內反使所吏反行下孟反量音亮贄音至嵩息忠反格本又作假同古百反禰乃禮反本又作藝

庚寅我入邴。其言入何据上書歸取邑已明無事復書入也○復書扶又反下故復同難也入者非已至之文難辭也此魯受邴與鄭同罪當誅故書入欲爲魯見重難辭○難也乃旦反一音如字注及下同見重賢徧反下同其日何据取邑不日難也以歸後乃日也言時重難不可即入至此日乃入其言我何据吳伐我以吳伐故言我言我者非獨我也自入邑不得言我有他人在其中乃得言我故能起其非獨我齊亦欲之時齊與鄭魯比聘會者亦欲得之故以非獨我起齊惡齊惡起則魯蒙欲邑見於惡愈矣○夏六月己亥。蔡侯考父卒。辛亥。宿男卒宿卒小國不當卒所以卒而日之者春秋王魯以隱公爲始受命王宿伯男先與隱公交接故卒襃之也不名不書葬者與微者盟功薄當襃之爲小國故從小國例○秋七月庚午宋公齊侯衛侯盟于瓦屋○八月葬蔡宣公卒何以名而葬不名卒從正卒當赴告天子君前臣名故從君臣之正義言也而葬從主人至葬者有常月可知不赴告天子故自從蔡臣子辭稱公卒何以日而葬不日卒赴赴天子也緣天子閔傷欲其知之又臣子疾痛不能不具以告而葬不告不告天子也發傳於葬者從正也○九月辛卯公及莒人盟于包來公曷爲與微者盟据與齊高傒盟諱之○包來左氏作浮來傒音兮稱人則從不疑也從者隨從也實莒子也言莒子則嫌公行微不肖諸侯不肯隨從公盟而公反隨從之故使稱人則隨從公不疑矣隱爲桓立狐壤之戰不能死難又受湯沐邑卒無廉恥令翬有緣諂爲桓所疑故著其不肖僅能使微者隨從之耳蓋痛録隱所以失之又見獲受邑皆諱不明因與上相起也○行户孟反難乃旦反令力呈反僅其靳反○螟先是有狐壤之戰中丘之役又受邴田煩擾之應○應應對之應○冬十有二月無駭卒此展無駭也何以不氏据公子彄卒氏公子

疾始滅也。故終其身不氏嫌上貶主起入爲滅不爲疾始故復爲疾始滅終身貶之足見上貶爲疾始滅

九年。春。天王使南季來聘。三月。癸酉。大雨震電。何以書。記異也。何異爾。不時也震雷電者陽氣也有聲名曰雷無聲名曰電周之三月夏之正月雨當水雪雜下雷當聞於地中其雉雊電未可見而大雨震電此陽氣大失其節猶隱公久居位不反於桓失其宜也日者一日之中也凡災異一日者日歷日者月歷月者時歷時者加自文爲異發於九年者陽數可以極而不還國於桓之所致○震電徒練反雊古巨反見賢徧反○庚辰。大雨雪。何以書。記異也。何異爾。俶甚也俶始怒也始怒甚猶大甚也蓋師說以爲平地七尺雪者盛陰之氣也八日之間先示隱公以不宜久居位而繼以盛陰之氣大怒此桓將怒而弑隱公之象○雨于付反俶甚尺叔反始也大甚音泰○俠卒。俠者何。吾大夫之未命者也以無氏而卒之也未命所以卒之者賞疑從重無氏者少略也○俠卒音協穀梁云所俠少詩照反○夏城郎。秋。七月。冬。公會齊侯于邴○于邴左氏作防

十年。春。王二月。公會齊侯。鄭伯于中丘（月者隱前爲鄭所獲今始與相見故危録内明君子當犯而不校也）○夏。翬帥師會齊人。鄭人。伐宋。此公子翬也何以不稱公子（據楚公子嬰齊貶後復稱公子。○復扶又反又音服）貶曷爲貶隱之罪人也故終隱之篇貶也（嫌上一貶可移於他事者故終隱之篇貶之明爲隱貶所以起隱之罪人也○明爲于僞反下先爲同）○六月。壬戌。公敗宋師于菅（○公敗必邁反凡臨佗曰敗皆同此音菅古顏反）辛未。取郜（○郜古報反）辛巳。取防。取邑不日。此何以日（據取闞不日也○闞苦暫反）一月而再取也（欲起一月而再取故日）何言乎一月而再取（據取漷東田及沂西田亦一月再取兩邑不日。○漷火虢反又音郭沂魚依反）甚之也（甚魯因戰見利生事利心數動。○數所角反）内大惡諱。此其言甚之何。春秋録内而略外。於外大惡書。小惡不書。於内大惡諱。小惡書（明取邑爲小惡一月再取小惡中甚者耳故書也於内大惡諱於外大惡書者明王者起當先自正）

内無大惡然後乃可治諸夏大惡因見臣子之義當先為君父諱大惡也内小惡書外小惡不書者内有小惡適可治諸夏大惡未可治諸夏小惡明當先自正然後正人小惡不諱者罪薄恥輕敗宋師日者見結日偏戰也不言戰者託王於魯故不以敵辭言之所以彊王義也○見賢徧反下同○秋宋人衛人入鄭○宋人蔡人衛人伐載鄭伯伐取之其言伐取之何据國言滅邑言取又徐人取舒不言伐易也○其易奈何因其力也因誰之力因宋人蔡人衛人之力也載屬為上三國所伐鄭伯無仁心因其困而滅之易若取邑故言取欲起其易因上伐力故同其文言伐就上載言取之也不月者移惡上三國○易以豉反下及注同屬音燭適也○冬十月壬午齊人鄭人入盛日者盛與魯同姓於隱篇再見入者明當憂録之○入盛左氏作郕後皆放此

十有一年春滕侯薛侯來朝其言朝何据内言如諸侯來曰朝大夫來曰聘傳言來者解内外也春秋王魯王者無朝諸侯之義故内適外言如外適内言朝聘所以別外尊内也不言朝公者禮朝受之於大廟與聘同義○別彼列反其兼言之何据鄧穀來朝不兼言

朝微國也略小國也稱侯者春秋託隱公以爲始受命王滕薛先朝隱公故褒之巳於儀父見法復出滕薛者儀父盟功淺滕薛朝功大宿與微者盟功尤小起行之當各有差也滕序上者春秋變周之文從殷之質質家親親先封同姓○見法賢徧反年末注同復出扶又反下文不復注故復同○夏五月公會鄭伯于祁黎○祁黎祁音巨之反又上之反黎音力兮反又力私反左氏作時來○秋七月壬午公及齊侯鄭伯入許日者危錄隱公也爲弟守國不尚推讓數行不義皇天降災諂臣進謀終不覺悟又復搆怨入許危亡之釁外內並生故危錄之○爲弟于僞反年末注同數所角反釁許靳反○冬十有一月壬辰公薨何以不書葬據莊公書葬隱之也何隱爾弒也爲桓公所弒○弒申志反注及下並同弒則何以不書葬据桓公書葬春秋君弒賊不討不書葬以爲無臣子也道春秋通例與文武異子沈子曰君弒臣不討賊非臣也子不復讎非子也葬生者之事也春秋君弒賊不討不書葬以爲不繫乎臣子也子沈子後師明說此意者明臣子不討賊當絕君喪

無所繫也沈子稱子冠氏上者著其爲師也不但言子曰者辟孔子也其不冠子者他師也。冠氏古亂反下同公薨何以不地据莊公薨于路寢不忍言也不忍言其僵尸之處。僵居良反處昌慮反隱何以無正月据六年輸平不月隱將讓乎桓故不有其正月也嫌上諸成公意適可見始讓不能見終故復爲終篇去正月明隱終無有國之心但桓疑而弑之公薨主書者爲臣子恩痛之他國自從王者恩例録也。去起呂反

春秋公羊卷第一

經傳叁仟壹伯陸拾肆字

注壹萬貳拾肆字

音義貳仟壹伯貳拾字

余氏刋于萬卷堂

春秋公羊經傳解詁桓公第二

何休學

元年。春王正月。公即位。繼弒君不言即位。此其言即位何据莊公不言即位。○繼弒申志反注皆同二年放此如其意也弒君欲即位故如其意以著其惡直而不顯諱而不盈桓本貴當立所以爲篡者隱權立桓比面君事隱也即者就也先謂宗廟明繼祖也還之朝正君臣之位也事畢而反凶服焉。○三月。公會鄭伯于垂桓公會皆月者危之也桓弒賢君篡慈兄專易朝宿之邑無王而行無仁義之心與人交接則有危也故爲臣子憂之不致之者爲下去王適足以起無王未足以見無王罪之深淺故復奪臣子辭成誅文也○爲下于僞反下爲告同去起呂反見賢徧反故復扶又反下同○鄭伯以璧假許田。其言以璧假之何据實假不當持璧也易之也。易之則其言假之何。爲恭也爲恭孫之辭使若暫假借之辭○孫音遜曷爲爲恭据取邑不爲恭敬辭有天子存則諸侯不得專地也。許田者何地皆不得專而此獨爲恭辭疑非凡

三十五。邑故吏問之魯朝宿之邑也諸侯時朝乎天子天子之郊

諸侯皆有朝宿之邑焉時朝者順四時而朝也緣臣子之心莫不欲朝朝莫夕王者與諸侯別治勢不得自專朝故即位比年使大夫小聘三年使上卿大聘四年又使大夫小聘五年一朝王者亦貴得天下之歡心以事其先王因助祭以述其職故分四方諸侯爲五部部有四輩輩主一時孝經曰四海之內各以其職來助祭尚書曰羣后四朝敷奏以言明試以功車服以庸是也宿者先誠之辭古者天子邦畿千里遠郊五百里諸侯至遠郊不敢便入必先告至由如他國至竟而假塗也皆所以防未然謹事上之敬也王者以諸侯遠來朝亦加殷勤之禮以接之爲告至之須當有所住止故賜邑於遠郊其實天子地諸侯不得專也桓公無尊事天子之心專以朝宿之邑與鄭背叛當誅故深諱使若暫假借之者不舉假爲重復舉上會者方諱言許田不舉會無以起從魯假之也○朝朝上如字下直遙反莫音暮治直吏反背叛音佩凡背叛之類皆放此

此魯朝宿之邑也則曷爲謂之許田諱取周田也諱取周田則曷爲謂之許田繫之許也曷爲繫之許近許也此邑也其稱田何田多邑少稱田邑多田少稱邑分別之者古有分土無分民明當察民多

少課功德○近附近之近別彼列反○夏四月丁未公及鄭伯盟于越○越本亦作粵音同○秋大水何以書記災也災傷二穀以上書災也經曰秋大水無麥苗傳曰待無麥然後書無苗是也先是桓篡隱百姓痛傷悲哀之心既蓄積而復專易朝宿之邑陰逆而與怨氣并之所致○以上時掌反凡言以上皆放此蓄勑六反○冬十月

二年春王正月戊申宋督弒其君與夷及其大夫孔父賢者不名故孔父稱字督未命之大夫故國氏之及者何以公夫人言及仲子微不得及君上下大夫言及知君尊亦不得及臣故問之累也累累從君而死齊人語也弒君多矣舍此無累者乎曰有仇牧荀息皆累也舍仇牧荀息無累者乎曰有叔仲惠伯是也○舍此音捨下同有則此何以書賢也何賢乎孔父據叔仲惠伯不賢孔父可謂義形於色矣以稱字見先君死○見先賢遍反下形見目見斥見見恩並同下悉薦反其義形於色奈何督將弒殤公孔父生

而存。則殤公不可得而弒也。故於是先攻孔父之家大夫稱家父者字也禮臣死君字之以君得字之知先攻孔父之家○殤式羊反殤公知孔父死。已必死。趨而救之。皆死焉趨走也傳道此者明殤公知孔父賢而不能用故致此禍設使殤公不知孔父賢焉知孔父死已必死設使魯莊公不知季子賢焉知以病召之皆患安存之時則輕廢之急然後思之故常用不免○死焉於虔反注同孔父正色而立於朝。則人莫敢過而致難於其君者。孔父可謂義形於色矣內有其義而外形見於顏色孔子曰君子正其衣冠尊其瞻視儼然人望而畏之是也重道義形於色者君子樂道人之善言及者使上及其君若附大國以名通明當封爲附庸不絕其祀所以重社稷之臣也督不氏者起馮當國不舉馮弒爲重者繆公廢子而反國得正故爲之諱也不得爲讓者死乃反之非所以全其讓意也○難乃旦反儼魚檢反本又作儼重直用反故爲于僞反傳爲隱諱下注不爲諱爲後同○滕子來朝。三月。公會齊侯陳侯鄭伯于稷。以成宋亂。內大惡諱。此其目言之何目見也斥見其惡言成宋亂遠也。所見異辭。所聞異

辭所傳聞異辭所以復發傳者益師以臣見恩此以君見恩嫌義異也所見之世臣子恩其君父尤厚故多微
辭是也所聞之世恩王父少殺故立煬宮不日武宮日是也所傳聞之世恩高祖曾祖又少殺故子赤卒不日子般卒日是也○傳聞直專反
注傳聞及下注傳之皆同以復扶又反下反復同少殺所介反下同煬餘亮反舊始鄭反般音班隱亦遠矣曷
爲爲隱諱據觀魚諱隱賢而桓賤也宋公馮與督共弑君而立諸侯會於稷欲共誅之受
賂便還遂令宋亂遂成桓公本亦弑隱而立君子疾同類相養小人同惡相長故賤不爲諱也古者諸侯五國爲屬屬有長二屬爲連連有帥
三連爲卒卒有正七卒爲州州有伯也州中有爲無道者則長帥卒正伯當征之不征則與同惡當春秋時天下散亂保伍壞敗雖不誅不爲
成亂今責其成亂者疾其受賂也加以者辟直成亂也○令力呈反相長丁丈反下同帥所類反下同爲卒子忽反下皆同夏四
月取郜大鼎于宋此取之宋其謂之郜鼎何據莒人伐
杞取牟婁後莒牟夷以牟婁來奔不繫杞也器從名從本主名名之地從主人從後所屬主人器
何以從名地何以從主人據錯器之與人非有即爾
即就也若曰取彼器與此人異國物凡人取異國物非就有取之者皆持以歸爲有爲後不可分明故正其本名宋始以

不義取之。故謂之郜鼎 宋始以不義取之謂之郜鼎如以義應得當言取宋大鼎郜本所以有大鼎者周家以世孝天瑞之鼎以助享祭諸侯有世孝者天子亦作鼎以賜之禮祭天子九鼎諸侯七卿大夫五元士三也 至乎地之與人則不然 凡取地皆就有之與器異也 俄而可以爲其有矣 俄者謂須臾之間制得之頃也諸侯土地各有封疆里數今日取之然後王者起與滅國繼絕世反取邑不嫌不明故卒可使以爲其有不復追録繫本主○疆居良反 然則爲取可以爲其有乎 爲取恣意辭也弟子未解故云爾○解音蟹 曰否。何者 何者將設事類之辭 若楚王之妻媦。無時焉可也 媦妹也引此爲喻者明其終不可名有也經不正者從可知省文也○媦音胃妹也 戊申。納于大廟。何以書。譏。何譏爾。遂亂受賂。納于大廟。非禮也 納者入辭也周公稱大廟所以必有廟者緣生時有宮室也孝子三年喪畢思念其親故爲之立宗廟以鬼享之廟之爲言貌也思想儀貌而事之故曰齊之日思其居處思其笑語思其志意思其所樂思其所嗜祭之日入室僾然必有見乎其位周旋出入肅然必有聞乎其容聲出戶而聽愾然必有聞乎其嘆息之聲孝子之至也質家右宗廟上親親文家右社稷尚尊尊○大廟音泰下及注同嗜市志反僾音愛又烏改反愾苦愛反 秋

七月。紀侯來朝
稱侯者天子將娶於紀與之奉宗廟傳之無窮重莫大焉故封之百里月者明當尊而不臣所以廣孝敬蓋以爲天子得娶庶人女以其得專封也

○蔡侯。鄭伯。會于鄧。離不言會。此其言會何
据齊侯鄭伯如紀二國會曰離二人議各是其所是非其所非所道不同不能決事定是非立善惡不足采取故謂之離會

蓋鄧與會爾
時因鄧都得與鄧會自三國以上言會者重其少從多也能決事定是非立善惡尚書曰三人議則從二人之言蓋取諸此○與會音預

○九月。入杞。○公及戎盟于唐
不日者戎狄隱不反國善相能自復會翕然相親信

○冬。公至自唐
致者君子疾賢者失其所不肖者反以相親絜故與隱相違也明前隱與戎盟雖不信猶可安也今桓與戎盟雖信猶可危也所以深抑小人也凡致者臣子喜其君父脫危而至

三年。春。正月。公會齊侯于嬴
無王者以見桓公無王而行也二年有王者見始也十年有王者數之終也十八年有王者桓公之終也明終始有王桓公無之爾不就元年見始者未無王也二月非周之正月所以復去之者明春秋之道亦通於三王非主假周以爲漢制而已○嬴音盈以見賢徧反下并年末以見同復扶又反下同去起呂反

○夏。齊侯。衛侯。胥命于蒲。胥命者何。相命也
胥相也時盟不歃血但以命相誓○歃本

又作歃所洽反又所甲反何言乎相命據盟亦相命不道也近正也以不言盟也○近近正附近之近
下及注同此其爲近正奈何古者不盟結言而退善其近正似於
古而不相背故書以撥亂也○背音佩○六月公會紀侯于盛○盛音成○秋七
月壬辰朔日有食之既既者何盡也光明滅盡也是後楚滅鄧穀上僭稱
王故尤甚也楚滅鄧穀不書者後治夷狄○公子翬如齊逆女○九月齊侯送
姜氏于讙何以書譏何譏爾諸侯越竟送女非禮
也以言姜氏也禮送女父母不下堂姑姊妹不出門○讙呼官反此入國矣何以不稱夫人
據讙魯地自我言齊恕己以及人也父母之於子雖爲鄰國夫人
猶曰吾姜氏所以崇父子之親從父母辭不言孟姜言姜氏者從魯辭起魯地○公會齊侯
于讙夫人姜氏至自齊翬何以不致據遂以夫人婦姜至自齊致得
見乎公矣本所以致夫人者公不親迎有危也翬當并致者翬親迎重在翬也上會讙時夫人以得見公得禮失禮在公

不復在羣故不復致不就讙上致者婦人危重故据都城乃致也月者爲夫人至例危重之○親迎魚敬反下同爲夫于僞反下同○冬

齊侯使其弟年來聘○有年。有年何以書方分別閒大有年故不但言何以書○別彼列反

以喜書也。大有年何以書。亦以喜書也。

此其曰有年何。僅有年也僅猶劣也謂五穀多少皆有不能大成熟○僅其靳反劣也

彼其曰大有年何閒宣十六年也大豐年也謂五穀皆大熟成僅有

年。亦足以當喜乎。恃有年也恃賴也若桓公之行諸侯所當誅百姓所當叛而又元年

大水二年耗減民人將去國喪無月賴得五穀皆有使百姓安土樂業故喜而書之所以見不肖之君爲國尤危又明爲國家者不可不有年

○行下孟反耗減呼報反下住靳反喪息浪反

四年春正月。公狩于郎。狩者何。田狩也田者蒐狩之揔名也古者肉食

衣皮服捕禽獸故謂之田取獸于田故曰狩易曰結繩罔以田魚○狩手又反冬獵也春曰苗苗毛也明當苗見物取未懷任者

秋曰蒐蒐簡擇也簡擇幼稚取其大者○曰廋本又作搜亦作蒐所求反簡擇也冬曰狩狩猶獸也冬時禽獸

長大遭獸可取不以夏田者春秋制也以爲飛鳥未去於巢走獸未離於穴恐傷害於幼稚故於苑囿中取之○長大丁丈反年末同離力智

反囿音又**常事不書。此何以書。譏。何譏爾。遠也**以其地遠禮諸侯田

狩不過郊**諸侯曷爲必田狩**据有囿也**一曰乾豆**一者第一之殺也自左膘射之達於

右髃中心死疾鮮絜故乾而豆之中薦於宗廟豆祭器名狀如鐙天子二十有六諸公十有六諸侯十有二卿上大夫八下大夫六士二○左

膘眦小反又扶了反三蒼云小腹兩邊肉說文云脅後髀前肉射之食亦反下同右髃本又作腢魚俱反又五苟反說文云肩前也字林云肩

前兩乳骨也五口反中心丁仲反下同鐙都鄧反又音登**二曰賓客**二者第二之殺也自左膘射之達於右髀遠心死難

故以爲賓客○遠于萬反**三曰充君之庖**充備也庖廚也三者第三之殺也自左膘射之達于右髃中腸胃汚

泡死遲故以充君之庖廚已有三牲必田狩者孝子之意以爲已之所養不如天地自然之牲逸豫肥美禽獸多則傷五穀因習兵事又不空

設故因以捕禽獸所以共承宗廟示不忘武備又因以爲田除害狩例時出月者譏不時也周之正月夏之十一月陽氣始施鳥獸懷任草木

萌牙非所以養微○庖步苞反左髀方爾反又步啓反股外也本又作膘右髃羊紹反字林子小反一本作胘音賢泡普交反又百交反捕音

步本又作搏音博又音付共音恭爲田于僞反下皆同**夏。天王使宰渠伯糾來聘。宰**

渠伯糾者何天子之大夫也其稱宰渠伯糾何据劉卷卒氏采不名且字○糾居黝反氏采七代反後放此下大夫也天子下大夫繫官氏名且字繫官者卑不得專官事也稱伯者上敬老也上敬老則民益孝上尊齒則民益弟是以王者以父事三老兄事五更食之於辟雝天子親袒而割牲執醬而饋執爵而酳冕而揔干率民之至也先王之所以治天下者有五貴有德爲其近於道也貴臣爲其近於君也貴老爲其近於父也敬長爲其近於兄也慈幼爲其近於子弟也禮君於臣而不名者有五諸父兄不名經曰王札子是也詩曰王謂叔父是也上大夫不名祭伯是也盛德之士不名叔肹是也老臣不名宰渠伯糾是也下去二時者桓公無王而行天子不能誅反下聘之故爲貶見其罪明不宜○弟大計反更音庚食音嗣辟必亦反袒音但饋其愧反酳以刃反又士刃反其近附近之近下同札側八反肹許乙反去起呂反見賢偏反

五年春正月甲戌己丑陳侯鮑卒曷爲以二日卒之怴也怴者狂也齊人語○怴呼述反狂也齊人語甲戌之日亡己丑之日死而得君子疑焉故以二日卒之也君子謂孔子也以二日卒之者闕疑

○夏齊侯鄭伯如紀外相如不書此何以書据蔡侯東

國卒于楚不言如也離不言會也時紀不與會故略言如也春秋始錄內小惡書內離會略外小惡不書外離會

至所聞之世著治升平內諸夏而詳錄之乃書外離會嫌外離會常書故變文見意以別嫌明疑○與音預治直吏反見意賢徧反下文注並

同別彼列反○天王使仍叔之子來聘。仍叔之子者何。天

子之大夫也。其稱仍叔之子何據宰渠氏官武氏子不稱字又不加之尹氏不

稱子譏。何譏爾。譏父老子代從政也禮七十縣車致仕不言氏者起父在也加

之者起子辟一人○縣音玄○葬陳桓公不月者責臣子也知君父有疾當營衛不謹而失之也傳曰葬生者之事

○城祝丘。○秋蔡人、衛人、陳人從王伐鄭。其言從王伐

鄭何據河陽舉王狩別出朝文丈不連王王師不道所加○從王如字又才用反下及注同從王正也美其得正

義也故以從王征伐錄之蓋起時天子微弱諸侯背叛莫肯從王者征伐以善三國之君獨能尊天子死節稱人者刺王者也天下之君海內

之主當秉綱撮要而親自用兵故見其微弱僅能從微者不能從諸侯猶莒稱人則從不疑也不使王者首兵者本不為王舉也知實諸侯者

以美得正○撮七活反不為于偽反下所為與為六年同○大雩。大雩者何。旱祭也雩旱請雨

祭名不解大者祭言大雩大旱可知也君親之南郊以六事謝過自責曰政不一與民失職與宮室榮與婦謁盛與苞苴行與讒夫倡與使童男女各八人舞而呼雩故謂之雩不地者常地也○一與音餘下同苴子餘反然則何以不言旱据日食鼓用牲于社言雩則旱見言旱則雩不見從可知故省文也日食獨不省文者與大水同禮若但言鼓用牲則不知其所爲必見雩者善其能戒懼天災應變求雨憂民之急也○應應對之應下同何以書記災也旱者政教不施之應先是桓公無王行比爲天子所聘得志益驕去國遠狩大城祝丘故致此旱○螟何以書記災也螟者煩擾之所生與上旱同說○螟音終本亦作螽說文螽或作蚛字○冬州公如曹外相如不書此何以書過我也爲六年化我張本也傳不言化我者張本非再化也稱公者申其尊起其慢責無禮○過古禾反又古卧反

六年春正月寔來寔來者何猶曰是人來也猶曰是人來不録何等人之辭○寔市力反孰謂謂州公也以上如曹書曷爲謂之寔來慢之也曷爲慢之据葵丘之盟曰化我也行過無禮謂之化齊人語也諸侯相過至竟必

假塗入都必朝所以崇禮讓絶慢易戒不虞也今州公過魯都不朝魯是慢之爲惡故書寔來見其義也月者危録之無禮之人不可備責之○易以豉反見其賢徧反下見無正同○夏四月公會紀侯于成○秋八月壬午大閲大閲者何簡車徒也大簡閲兵車使可任用而習之○閲音悅任音壬何以書蓋以罕書也罕希也孔子曰以不教民戰是謂棄之故比年簡徒謂之蒐三年簡車謂之大閲五年大簡車徒謂之大蒐存不忘亡安不忘危不地者常地也蒐例時此日者桓既無文德又忽忘武備故尤危録○蔡人殺陳佗陳佗者何陳君也以躍卒不書葬也○佗大阿反陳君則曷爲謂之陳佗据殺蔡侯般不言蔡般○侯般音班絶也絶者國當絶曷爲絶之据戕鄫子不絶○戕在良反鄫才陵反賤也其賤奈何外淫也惡乎淫惡乎猶於何也○惡音烏烏乎猶於何也注同淫于蔡蔡人殺之蔡稱人者與使得討之故從討賊辭也賤而去其爵者起其見卑賤猶律文立子姦母見乃得殺之也不日不書葬者從賊文○去起呂反○九月丁卯子同生子同生者孰謂謂莊公也○以夫人言同非吾子嚴公音莊本亦作

莊案後漢諱莊改爲嚴何言乎子同生据君存稱世子子般不言生喜有正也喜國
有正嗣未有言喜有正者此其言喜有正何久無正
也子公羊子曰其諸以病桓與其諸辭也本所以書莊公生者感隱桓之禍生於無
正故喜有正而不以世子正稱書者明欲以正見無正疾惡桓公日者喜錄之禮生與來日死與往日各取其所見日也禮世子生三日卜士
負之寢門外以桑弧蓬矢射天地四方明當有天地四方之事三月君名之大夫負朝于廟以名徧告之○桓與音餘稱尺證反惡烏路反射
食亦反徧音遍○冬紀侯來朝朝聘例時
七年春二月己亥焚咸丘焚之者何樵之也樵薪也以
樵燒之故因謂之樵之樵之齊人語○樵似遙反薪也樵之者何以火攻也何言乎
以火攻据戰伐不道所用兵○攻音貢又如字下同疾始以火攻也征伐之道不過用兵服則可以
退不服則可以進火之盛炎水之盛衝雖欲服罪不可復禁故疾其暴而不仁也傳不託始者前此未有無所託也○復扶又反咸
丘者何邾婁之邑也曷爲不繫乎邾婁据邾鄑郚繫紀○邾步丁

反郜子斯反一音晉郜音吾國之也欲使如國故無所繫加之者辟寔國也曷爲國之据邾郜郜不國
君存焉爾所以起邾婁君在咸丘邑明臣子當赴其難與在國等也日者重録以火攻也○難乃旦反○夏
穀伯綏來朝。鄧侯吾離來朝。皆何以名据滕薛不名也失地
之君也。其稱侯朝何据以賤也貴者無後。待之以初也
穀鄧本與魯同貴爲諸侯今失爵亡土來朝託寄也義不可卑故明當待之如初所謂故舊不遺則民不偷無後者施於所奔國也獨妻得配
夫託衣食於公家子孫當受田而耕故去爾下去二時者桓公以火攻人君故貶明大惡不月者失地君朝惡人輕也名者見不世也○不偷
他侯反本又作偷去起呂反見賢徧反
八年。春。正月。己卯。烝。烝者何。冬祭也。春曰祠薦尚韭卵祠猶
食也猶繼嗣也春物始生孝子思親繼嗣而食之故曰祠因以別死生○烝之承反冬祭也祠嗣絲反卵力管反猶食音飼下同別彼列反
夏曰礿薦尚麥苗麥始熟可礿故曰礿○礿弋若反本又作禴同秋曰嘗薦尚黍肫嘗者先辭也秋穀成者非
一黍先熟可得薦故曰嘗冬曰烝薦尚稻鴈烝衆也氣盛貌冬萬物畢成所薦衆多芬芳備具故曰烝無牲而祭謂之薦天

子四祭四薦諸侯三祭三薦大夫士再祭再薦祭在室求之於幽祭於
堂求之於明祭於祊求之於遠皆孝子博求之意也大夫求諸明士求
諸幽尊卑之差也郊人先求諸明周人先求諸幽質文之義也禮天子
諸侯卿大夫牛羊豕凡三牲曰大牢天子元士諸侯之卿大夫羊豕凡
二牲曰少牢諸侯之士特豕天子之牲角握諸侯角
尺卿大夫索牛○祊必庚反少詩照反索所百反
常事不書。此
何以書。譏。何譏爾。譏亟也
亟數也屬十二月已烝今復烝
也不異烝祭名而言烝者取冬
祭所薦衆多可以包四時之物○亟去冀反數也注
及下同數所角反屬十音燭下同今復扶又反下同
亟則黷。黷則
不敬
黷渫黷也○黷徒
木反渫息列反
君子之祭也。敬而不黷
君子生則
敬養死則
敬享故將祭宮室既脩牆屋既繕百物既備序其禮樂具其百官散齊
七日致齊三日夫婦齊戒沐浴盛服君牽牲夫人奠酒君親獻尸夫人
薦豆卿大夫相君命婦相夫人洞洞乎屬屬乎如弗勝如將失之濟
濟乎致其敬也愉愉乎盡其忠也勿勿乎其欲饗之也文王之祭事死
如事生孝子之至也○養餘亮反散素旦反下側皆反相息亮反
下同洞洞大董反勝音升濟濟子禮反又似兮反愉愉羊朱反勿勿如
字
疏則怠。怠則忘
怠解○疏音踈下
注同解古賣反
士不及兹四者。則
冬不裘。夏不葛
禮本下爲士制兹此也四者四時祭也疏數之
節靡所折中是故君子合諸天道感四時物而

思親也祭必於夏之孟月者取其見新物之月也裘葛者御寒暑之美服士有公事不得及此四時祭者則不敢美其衣服盡思念親之至也故孔子曰吾不與祭如不祭○折中之設反下丁仲反御寒魚呂反又如字不與音預○天王使家父來聘家采地父字也天子中大夫氏采故稱字不稱伯仲也○夏五月丁丑烝何以書譏亟也與上祀同爲亟也○秋伐邾婁○冬十月雨雪何以書記異也何異爾不時也周之十月夏之八月未當雨雪此陰氣大盛兵象也是後有郎師龍門之戰流血尤深○雨雪于付反沵古流字○祭公來遂逆王后于紀祭公者何天子之三公也天子置三公九卿二十七大夫八十一元士凡百二十官下應十二子祭者采也天子三公氏采稱爵○祭公側介反後祭仲祭叔放此應應對之應何以不稱使据宰周公稱使婚禮不稱主人時王者有母也遂者何生事也生猶造也專事之辭大夫無遂事此其言遂何据待君命然後卒大夫也成使乎我也以上來無事知遂成使于我○成使所吏反注及下成使同其成使乎我奈何使我爲媒可則因用是往逆矣

（婚禮成於五先納采問名納吉納徵請期然後親迎時王者遣祭公來使魯爲媒可則因用魯往迎之不復成禮疾王者不重妃匹逆天下之母若逆婢妾將謂海內何哉故譏之不言如紀者辟有外文○媒亡盃反請期音情又七井反迎魚敬反妃匹音配絕句）女在其國稱女。此其稱王后何。王者無外。其辭成矣。

九年。春。紀季姜歸于京師。其辭成矣。則其稱紀季姜何。自我言紀。父母之於子。雖爲天王后。猶曰吾季姜（明子尊不加於父母）京師者何。天子之居也（以季姜言歸）京者何。大也。師者何。衆也。天子之居。必以衆大之辭言之（地方千里周城千雉宮室官府制度廣大四方各以其職來貢莫不備具所以必自有地者治自近始故據土與諸侯分職而聽其政焉即春秋所謂內治其國也書季姜歸者明魯爲媒當有送迎之禮○治自直吏反）○夏四月。○秋七月。○冬。

曹伯使其世子射姑來朝。諸侯來曰朝。此世子也。其言朝何（据呂子一例當言聘○射音亦）春秋有譏父老子代從政者。則未知其在齊與曹與。在齊者世子光也時曹伯年老有疾使世子行聘禮恐卑故使自代朝雖非禮有尊厚魯之心傳見下卒葬詳錄故序經意依違之也小國無大夫所以書者重惡世子之不孝甚○齊與音餘絕句下同惡或烏路反

十年。春。王正月。庚申。曹伯終生卒。○夏。五月。葬曹桓公。小國始卒當卒月葬時而卒日葬月者曹伯年老使世子來朝春秋敬老重恩故為魯恩錄之尤深○秋。公會衛侯于桃丘。弗遇。會者何。期辭也。其言弗遇何。公不見要也。時實桓公欲要見衛侯衛侯不肯見公以非禮動見拒有恥故諱使若會而不相遇言弗遇者起公要之也弗者不之深也起公見拒深傳言公不要見者順經諱文○見要一遙反注同○冬。十有二月。丙午。齊侯。衛侯。鄭伯。來戰于郎。郎者何。吾近邑也。以言來也吾近邑則其言來戰于郎何。據齊師宋師次于郎不言來公敗宋師不言戰龍門之戰不舉地也近也。惡乎近。近乎圍也。地而言來者明近都城幾與圍無異不解戰者從下說可知○惡音

烏明近附近之近幾音祈此偏戰也。何以不言師敗績據十三年師敗績偏一面也結日定地各居一面鳴鼓而戰不相詐內不言戰。言戰乃敗矣春秋託王於魯戰者敵文也王者兵不與諸侯敵戰乃其已敗之文故不復言師敗績與曾不復出主名者兵近都城明舉國無大小當戮力拒之○不復扶又反下同戮音六又力彫反字亦作勠

十有一年。春。正月。齊人。衛人。鄭人。盟于惡曹月者桓公行惡諸侯所當誅屬上三國來戰于郎今復使微者盟故爲魯懼危録之○行下孟反屬音燭今復扶又反下故復同爲于僞反

夏。五月。癸未。鄭伯寤生卒○寤五故反○秋。七月。葬鄭莊公莊公殺段所以書葬者段當國本當從討賊辭不得與殺大夫同例九月。宋人執鄭祭仲。祭仲者何。鄭相也不言大夫者欲見持國重○相息亮反見賢徧反下同何以不名。賢也。何賢乎祭仲据身執君出不能防難○防難乃旦反下同以爲知權也權者稱也所以別輕重喻祭仲知國重君輕君子以存國除逐君之罪雖不能防其難罪不足而功有餘故得爲賢也不引度量者取其平實以無私○

擯尺證反別彼列反其為知權奈何。古者鄭國處于留。先鄭伯有善于鄶公者。通乎夫人。以取其國而遷鄭焉遷鄭都於鄶也。鄶古外反而野留野鄙也傳本上事者解宋所以得執祭仲因以為戒莊公死。已葬。祭仲將往省于留。塗出于宋。宋人執之宋人宋莊公也謂之曰。為我出忽而立突突宋外甥。為于偽反下注為突非能為突為賂為突歸為承同祭仲不從其言。則君必死。國必亡祭仲死而忽雖為突所驅逐而出奔經不書忽奔見微弱甚是時宋強而鄭弱祭仲探宋莊公本弒君而立非能為突將以為賂動守死不聽令自入見國無拒難者必乘便將滅鄭故深慮其大者也。令自力呈反下同便婢面反從其言。則君可以生易死。國可以存易亡。少遼緩之宋當從突求賂鄭守正不與則突外乖於宋內不行於臣下遼假緩之則突可故出。而忽可故反。是不可得則病使突有賢才是計不可得行則已病逐君之罪然後有鄭國已雖病逐君之罪討出突然後能保有鄭國猶愈於國之亡古人之有權者。

祭仲之權是也古人謂伊尹也湯孫大甲驕蹇亂德諸侯有叛志伊尹放之桐宮令自思過三年而復成湯之道前雖有逐君之負後有安天下之功猶祭仲逐君存鄭之權是也○大音泰權者何。權者反於經。然後有善者也。權之所設。舍死亡無所設設施也舍置也如置死亡之事不得施行權有道。自貶損以行權身蒙逐君之惡以存鄭是也不害人以行權已納突不害忽是也殺人以自生。亡人以自存。君子不爲也祭仲死則忽死忽死則鄭亡生者乃所以生忽存鄭非苟殺忽以自生亡鄭以自存反覆道此者皆所以解上死亡不施於己宋不稱公者脅鄭立篡惡當誅非伯執也祭仲不稱行人者時不銜君命出使但往省留耳執例時此月者爲突歸鄭奪正鄭伯出奔○覆芳服反使所吏反○突歸于鄭。突何以名据忽復歸于鄭俱祭仲所納繫國稱世子不但名也挈乎祭仲也挈猶提挈也突當國本當言鄭突欲明祭仲從宋人命提挈而納之故上繫於祭仲不繫國者使與外納同也時祭仲勢可殺突以除忽害而立之者忽內未能懷保其民外未能結助諸侯如殺之則宋軍強乘其弱滅鄭不可救故少遼緩之○挈苦結反提挈也其言歸何据小白言入順祭仲也順其計策與使行權故使無惡○

鄭忽出奔衛。忽何以名。據朱子既葬稱子春秋伯子男一也。辭無所貶春秋改周之文從殷之質合伯子男爲一一辭無所貶皆從子夷狄進爵稱子是也忽稱子則與諸侯改伯從子辭同於成君無所貶損故名也名者緣君薨有降既葬名義也此非罪貶也君子不奪人之親故使不離子行也王者起所以必改質文者爲承衰亂救人之失也天道本下親親而質省地道敬上尊尊而文煩故王者始起先本天道以治天下質而親親及其衰敝其失也親親而不尊故後王起法地道以治天下文而尊尊及其衰敝其失也尊尊而不親故復反之於質也質家爵三等者法天之有三光也文家爵五等者法地之有五行也合三從子者制由中也○省所景反○柔會宋公陳侯蔡叔盟于折。柔者何。吾大夫之未命者也。以俠卒也輒發傳者無氏嫌貶也所以不卒柔者深薄桓公不與有恩禮於大夫也盟不日者未命大夫盟會用兵上不及大夫下重於士罰疑從輕故責之略蔡侯稱叔者不能防正其姑姊妹使淫於陳佗故貶在字例○折之設反又時設反一本作析思歷反○公會宋公于夫童。○夫童音扶下音鍾又如字左氏作夫鍾○冬十有二月。公會宋公于闞。○闞口暫反

十有二年。春。正月。○夏。六月。壬寅。公會紀侯莒子。

盟于歐蛇○歐蛇丘于反又音曲侯反蛇音移又音池左氏作曲池○秋七月丁亥公會

宋公燕人盟于穀丘○燕音烟○八月壬辰陳侯躍卒不書葬者佗子也佗不稱侯者嫌貶在名例不當絶故復去躍葬弁也○躍弋若反佗子大何反故復扶又反下同去起呂反○公會

宋公于郯○郯音談二傳作虛○冬十有一月公會宋公于龜○

丙戌公會鄭伯盟于武父○父音甫○丙戌衛侯晉卒不蒙上日者春秋獨晉書立記卒耳當蒙上日與不嫌異於篡例故復出日明同○十有二月及鄭師

伐宋丁未戰于宋戰不言伐此其言伐何辟嫌也

惡乎嫌嫌與鄭人戰也時宋主名不出不言伐則嫌內微者與鄭人戰於宋地故舉伐以明之宋不出主名者兵攻都城與郎同義○惡乎音烏十三年傳同此偏戰也何以不言師敗

績內不言戰言戰乃敗矣

十有三年春二月公會紀侯鄭伯己巳及齊侯宋

公衛侯燕人戰齊師宋師衛師燕師敗績曷爲後日（据鞌之戰先書日○鞌音安）恃外也其恃外奈何得紀侯鄭伯然後能爲日也（得紀侯鄭伯之助然後乃能結戰日以勝君子不掩人之功不蔽人之善故後日以明之○勝詩證反蔽必婢反）内不言戰此其言戰何（据公敗宋師于菅○菅古顏反）從外也（從外諸侯相與戰例）曷爲從外（据戰于宋不從外言敗績）恃外故從外也（明當歸功於紀鄭故從紀鄭言戰）何以不地（据在下句）近也惡乎近近乎圍郎亦近矣郎何以地郎猶可以地也（郎雖近猶尚可言其處今親戰龍門兵攻城池尤危故恥之續功也非義不戰故以功言之不言功者取其積聚師衆有尊卑上下次第行伍必出萬死而不奔北故以自敗爲文明當坐也燕戰稱人敗績稱師者重敗也戰少而敗多言及者明見我者爲主故得汲汲敗勝之文○處昌慮反行户郎反）○三月○葬衛宣公（背殯用兵而月不危之者衛弱於齊宋不從亦有危故量力不責也○背殯音佩後背殯皆放此）○夏○大水（爲龍門之戰死傷者衆民悲哀之所致○爲于僞反）○秋七月○冬十月

十有四年。春。正月。公會鄭伯于曹。無冰。何以書。記異也周之正月夏之十一月法當堅冰無冰者溫也比夫人淫泆陰而陽行之所致。泆音逸行下孟反○夏五。鄭伯使其弟語來盟。夏五者何。無聞焉爾來盟者聘而盟也不言聘者舉重也內不出主名者主國也涖盟可知涖盟來盟例皆時時者從內為王義明王者當以至信先天下○涖盟音利又音類不同○秋。八月。壬申。御廩災。御廩者何。粢盛委之所藏也黍稷曰粢在器曰盛委積也御者謂御用于宗廟廩者釋治穀名禮天子親耕東田千畝諸侯百畝后夫人親西郊采桑以共粢盛祭服躬行孝道以先天下○廩力甚反粢盛音咨下音成委于鬼反注同積子賜反共音恭御廩災何以書。記災也火自出燒之曰災先是龍門之戰死傷者眾桓無惻痛於民之心不重宗廟之尊逆天危先祖鬼神不饗故天應以災御廩○應應對之應○乙亥。嘗。常事不書。此何以書。譏。何譏爾。譏嘗也譏新有御廩災而嘗之曰。猶嘗乎難曰四時之祭不可廢發則無猶嘗乎○難乃旦反御廩災。不如勿嘗而已矣當廢一時祭自責以奉天災也知不以不時者書本

宍十。

不當嘗也。冬，十有二月，丁巳，齊侯祿父卒。○宋人以齊人、衛人、蔡人、陳人伐鄭。以者何？行其意也。以己從人曰行言四國行宋意也宋前納突求賂突背恩伐宋故宋結四國伐之四國本不起兵當分別之故加以也宋恃四國乃伐鄭四國當與宋同罪非為四國見輕重。○背音佩別彼列反見賢徧反

十有五年，春，二月，天王使家父來求車。何以書？譏。何譏爾？王者無求，求車非禮也。王者千里畿內租稅足以共費四方各以其職來貢足以尊榮當以至廉無為率先天下不當求求則諸侯貪大夫鄙士庶盜竊求例時此月者桓行惡不能誅反從求之故獨月。○共費音恭下芳味反行下孟反下行惡同

○三月，乙未，天王崩。桓王也○夏，四月，己巳，葬齊僖公。當時而日者背殯伐鄭危之○五月，鄭伯突出奔蔡。突何以名？据衛侯出奔楚不名不連爵聞之者并聞上巳名今復名故使文相顧。○復扶又反下注故復及傳文復入并注下不復皆同奪正也。明祭仲得出之故復於此名者其奪正不以失衆録也月者大國奔例月重乖離之禍小國例時○鄭世

子忽復歸于鄭。其稱世子何據上出奔不稱世子復正也欲言鄭忽則嫌其出奔還入與當國同文反更成上鄭忽爲當國故使稱世子明復正以效祭仲之權亦所以解上非當國也曷爲或言歸。或言復歸。復歸者。出惡歸無惡復入者。出無惡入有惡。入者。出入惡。歸者。出入無惡皆於還入乃別之者入國犯命禍重也忽未成君出奔不應絕出惡者不如死之榮也入無惡者出不應絕則還入不應盜國。別彼列反。許叔入于許稱叔者春秋前失爵在字例也入者出入惡明當誅也不書出時者略小國。公會齊侯于鄗。鄗户老反又火各反左傳作艾穀梁作蒿。邾婁人。牟人。葛人來朝。皆何以稱人據言朝也夷狄之也桓公行惡而三人俱朝事之三人爲衆衆足責故夷狄之。秋九月。鄭伯突入于櫟。櫟者何。鄭之邑。曷爲不言入于鄭據齊陽生立陳乞家言入于齊。櫟力狄反一音匹沃反末言爾末者淺也解不言入國意曷爲末言爾據俱篡也祭仲亡矣亡死亡也祭仲亡則鄭國易得故明入邑則忽危矣不須乃入國也所以效君必死國必亡矣○易以豉反然則曷爲不言忽之出奔据上言出奔也言忽爲君之微也祭仲存則存矣祭仲亡則亡矣言忽微弱甚於鴻毛僅若匹夫之出耳故不復録皆所以終祭仲之言解不虛設危險之嫌○冬十有一月公會齊侯宋公衛侯陳侯于侈伐鄭月者善諸侯征突善録義兵也不舉伐爲重者用兵重於會嫌月爲桓伐有危舉不爲義兵録故復録會○侈昌氏反二傳作袲爲桓于僞反下同

十有六年春正月公會宋公蔡侯衛侯于曹○夏四月公會宋公衛侯陳侯蔡侯伐鄭○秋七月公至自伐鄭致者善桓公能疾惡同類比與諸侯行義兵伐鄭致例時此月者善其比與善行義故以致復加月也○復扶又反○冬城向○向式亮反○十有一月衛侯朔出奔齊衛侯朔何以名据衛侯出奔楚不名絕曷爲絕之据俱奔也得罪于天子也其得罪于天子奈何見使守衛朔朔十二月朔政事也月所以朝廟告

朔是也而不能使衛小衆時天子使發小衆不能使行越在岱陰齊越猶走也岱岱宗泰山也山北曰陰先言岱陰後言齊者明名山大澤不以封諸侯以爲天地自然之利非人力所能加故當與百姓共之傳著朔在岱陰者明天子當及是時未能交連五國之兵早誅之屬負茲舍不即罪爾屬託也天子有疾稱不豫諸侯稱負茲大夫稱犬馬士稱負薪舍止也託疾止不就罪○屬負茲音燭注同屬託也諸侯有疾稱負茲言朔託有疾

十有七年春正月丙辰公會齊侯紀侯盟于黄○二月丙午公及邾婁儀父盟于趡本失爵在名例中朝桓公稱人今此不名者蓋以爲儀父最先與隱公盟明元功之臣有誅而無絶○趡翠癸反○五月丙午及齊師戰于奚去夏者陽也月者陰也去夏者明夫人不繫於公也此戰蓋由桓公曰同非吾子云爾○去起呂反下同○六月丁丑蔡侯封人卒○秋八月蔡季自陳歸于蔡稱字者蔡侯封人無子季次當立封人欲立獻舞而疾害季季辟之陳封人死歸反奔喪思慕三年卒無怨心故賢而字之出奔不書者方以起季奔喪歸故使若非出奔歸不稱弟者見季不受父兄之尊起宜爲天子大夫天子大夫不得與諸侯親通故魯季子紀季皆去其氏唯卒以恩録親季友

叔肸卒是也。癸巳，葬蔡桓侯。稱侯者亦奪臣子辭也有賢弟而不能任用反疾害之而立獻舞國幾幷於蠻荊故賢季抑桓稱侯所以起其事。幾音祈幷必政反又如字。及宋人、衛人伐邾婁。冬，十月，朔，日有食之。是後夫人譖公爲齊侯所誘殺去日者著桓行惡故深爲內懼其將見殺無日。行下孟反爲于僞反

十有八年，春，王正月，公會齊侯于濼。濼郎沃反又音洛說文云匹沃反公夫人姜氏遂如齊。公何以不言及夫人？據公及夫人會齊侯于陽穀夫人外也。若言夫人已爲公所絕外也夫人外者何？內辭也。內爲公諱辭。爲于僞反其實夫人外公也。時夫人淫於齊侯而譖公故云爾言遂者起夫人本與公出會齊侯于濼故得幷言遂如齊不書夫人會書夫人遂者明遂在夫人齊侯誘公使遂如齊以夫人譖公故。譖公側鴆反下同。夏，四月，丙子，公薨于齊。不書齊誘殺公者深諱恥也地者在外爲大國所殺於國尤危國重故不服隱也丁酉，公之喪至自齊。凡公薨外致日者危痛之外多窮厄伐喪內多乘便而起不可不戒愼加之者喪者

死之通辭也本以別生死不以明貴賤非配公之稱故加之以絕○便婢面反別彼列反稱尺證反○秋七月○冬○

十有二月己丑葬我君桓公賊未討何以書葬據隱公也讎在外也讎在外則何以書葬據俱讎也君子辭也時齊強魯弱不可立得報故君子量力且假使書葬於可復讎而不復乃責之諱與齊狩是也桓者謚禮生有爵死有謚所以勸善懲惡也禮諸侯薨天子謚之卿大夫受謚於君唯天子稱天以誄之蓋以為祖祭乃謚丁酉公之喪至自齊丁巳葬我君定公雨不克葬戊午日下昃乃克葬是也以公配謚者終有臣子之辭上葬日者起生者之事也且明王者當遣使者與諸侯共會之加我君者錄內也猶君薨地也○懲直升反使所吏反

春秋公羊卷第二

經傳叁阡叁拾壹字
注柒阡玖伯叁拾壹字
音義壹阡陸伯貳拾柒字
余仁仲 刋于家塾

春秋公羊經傳解詁莊公第三

何休學

元年春王正月。公何以不言即位。春秋君弒子不言即位。君弒則子何以不言即位（据繼君不絶也○君殺申志反下皆同）。隱之也。孰隱。隱子也（隱痛是子之禍不忍言即位）。○三月夫人孫于齊。孫者何。孫猶孫也（孫猶遁也○孫音遜下及注皆同孫猶遁也遁徒困反）。内諱奔謂之孫（言于齊者盈諱文）。夫人固在齊矣。其言孫于齊何（据公夫人遂如齊未有來文）。念母也（固在齊而書孫者所以起念母也）。正月以存君。念母以首事（禮練祭取法存君夫人當首祭事時莊公練祭念母而迎之當書迎反書孫者明不宜也）。夫人何以不稱姜氏（据夫人姜氏孫于邾婁）。貶。曷爲貶（据俱以孫爲文）。與弒公也。其與弒公奈何。夫人譖公於齊侯（如其事曰訴加誣曰譖○與殺音預下同譖側鴆反）

加誣白譖公曰同非吾子。齊侯之子也以淫於齊侯所生齊侯怒。
與之飲酒欲醉而殺之禮飲酒不過三爵於其出焉。使公子彭生送
之。於其乘焉於其將上車時。○將上時掌反下同搚幹而殺之搚折聲也扶上車以
手搚折其幹。○搚幹路合反本又作搚亦作拉皆同折聲也幹音古旦反脇也念母者所善也則曷
爲於其念母焉貶据貶必於其重不與念母也念母則忘父背本之道也故絶
文姜不爲不孝距蒯聵不爲不順脅靈社不爲不敬蓋重本尊統使尊行於卑上行於下貶者見王法所當誅至此乃貶者并不與念母也
又欲以孫爲内見義明但當推逐去之亦不可加誅誅不加上之義非實孫月者起練祭左右。○背音佩蒯聵苦怪反下五怪反見王賢徧反
下同爲内于僞反下爲卑爲營同去起呂反○夏單伯逆王姬。單伯者何。吾大
夫之命乎天子者也以稱字也禮諸侯三年一貢士於天子天子命與諸侯輔助爲政所以通賢共
治示不獨專重民之至大國舉三人次國舉二人小國舉一人○單伯音善後放此逆王姬左氏作送王姬治直吏反何以不
稱使据公子遂如京師言如者内稱使之文天子召而使之也。逆之者何。

使我主之也 逆者魯自往之文方使魯爲父母主嫁之故與魯使自逆之不言于京師者使魯主之故使若自魯女無使受之 曷爲使我主之 據諸侯非一 天子嫁女乎諸侯必使諸侯同姓者主之 諸侯與天子同姓者 諸侯嫁女于大夫必使大夫同姓者主之 大夫與諸侯同姓者不自爲主者尊卑不敵其行婚姻之禮則傷君臣之義行君臣之禮則廢婚姻之好故必使同姓有血脉之屬宜爲父道與所適敵體者主之禮尊者嫁女于卑者必待風旨爲卑者不敢先求亦不可斥與之者申陽倡陰和之道天子嫁女於諸侯備姪娣如諸侯之禮義不可以天子之尊絕人繼嗣之路主書者惡天子也禮齊衰不接弁冕仇讎不交婚姻○好呼報反風如字又方鳳反倡昌亮反和戶卧反惡烏路反齊衰音咨下七雷反○

秋築王姬之館于外何以書譏何譏爾築之禮也于外非禮也 以言外知有築內之道也于外非禮也禮同姓本有主嫁女之道必闕地于夫人之下羣公子之上也時魯以將嫁女于讎國故築于外 外何以非禮 據非內也 築于外非禮也 于遠辟也爲營衛不固不以將嫁于讎國除譏者魯本自得以讎爲解無爲受命而外之故曰非禮○解古賣反 其築之何以禮 據禮當豫設 主

王姬者必爲之改築主王姬者則曷爲必爲之改築據諸侯宮非一。○必爲于僞反下必爲爲襄公并注同於路寢則不可小寢則嫌皆所以遠别也○别彼列反羣公子之舍謂女公子也則以卑矣以爲大卑○大音泰一音他賀反其道必爲之改築者也以上傳言爾知當築夫人之下羣公子之上築例時○

冬十月乙亥陳侯林卒○王使榮叔來錫桓公命錫者何賜也上與下之辭○錫星歷反命者何加我服也增加其衣服令有異於諸侯禮有九錫一曰車馬二曰衣服三曰樂則四曰朱户五曰納陛六曰虎賁七曰弓矢八曰鈇鉞九曰秬鬯皆所以勸善扶不能言命不言服者重命不重其財物禮百里不過九命七十里不過七命五十里不過五命○令力呈反賁音奔鈇鉞音甫又方于反下音越秬音巨黑黍也鬯勑亮反香酒其言桓公何據錫文公命不言謚追命也舉謚明知追命死者禮生有善行死當加善謚不當復加錫不言天王者桓行實惡而乃追錫之尤悖天道故云爾○善行下孟反下同復扶又反悖補内反○王姬歸于齊何以書我主之也魯主女爲父母道故恩録而書之内女歸例月外女不月者聖

人探人情以制恩實不如魯女○齊師遷紀郱鄑郚。遷之者何。取之也。以稱師知取之○郱步丁反鄑子斯反又音晉郚音吾取之則曷爲不言取之也。據莒人伐杞取牟婁爲襄公諱也。襄公將復讎於紀故先孤弱取其邑本不爲利舉故爲諱不舉伐順諱文也外取邑不書。此何以書。大之也。何大爾。自是始滅也。將大滅紀從此始故重而書之

二年春王二月葬陳莊公。○夏公子慶父帥師伐餘丘。於餘丘者何。邾婁之邑也。曷爲不繫乎邾婁。國之也。曷爲國之。君存焉爾。慶父幼少將兵不譏者從不言弟意亦起之○少詩照反

○秋七月齊王姬卒。外夫人不卒。此何以卒。錄焉爾。曷爲錄焉爾。據王后崩猶不錄我主之也。魯主女爲父母道故卒錄之明當有恩禮內女卒例日外女卒不日者實不如魯女也

○冬十有二月夫人姜氏會齊侯于

郜書者婦人無外事外則近淫不致者本無出道有出道乃致奔喪致是也○郜古報反二傳作禚四年亦爾近附近之近亦如字○乙酉宋公馮卒

三年春王正月溺會齊師伐衛溺者何吾大夫之未命者也所伐大夫不卒者莊公薄於臣子之恩故不卒大夫與桓同義月者衛朔背叛出奔天子新立衛公子留齊魯無憚天子之心而伐之故明惡重於伐故月也○溺乃歷反○夏四月葬宋莊公莊公馮篡不見書葬者篡以計除非以起他事不見也○不見賢徧反下皆同○五月葬桓王此未有言崩者何以書葬蓋改葬也改更也改葬服輕不當月月者時無非常之變榮奢改葬爾故惡録之書者諸侯當有恩禮○秋紀季以酅入于齊紀季者何紀侯之弟也何以不名賢也何賢乎紀季据叛也○酅户圭反服罪也其服罪奈何魯子曰請後五廟以存姑姊妹紀與齊爲讎不直齊大紀小季知必亡故以酅首服先祖有罪於齊請爲五廟後以酅共祭祀存姑姊妹稱字賢之者以存先祖之功則除出奔之罪明其知權言

入者難辭賢季有難去兄入齊之心故見之男謂女先生爲姊後生爲妹父之姊妹爲姑○共音恭難辭乃旦反下皆同○冬公次于郎次者兵舍止之名其言次于郎何國內兵不當書公斂處父帥師而至雖有事而猶不書是也刺欲救紀而後不能也惡公既救人辟難道還故書其止次以起之諸侯本有相救之道所以抑強消亂也次例時○惡烏路反

四年春王二月夫人姜氏饗齊侯于祝丘書者與會郜同義牛酒曰犒加飯羹曰饗月者再出重也三出不月者省文從可知例○犒苦報反勞也○三月紀伯姬卒禮天子諸侯絕期大夫絕緦天子唯女之適二王後者諸侯唯女之爲諸侯夫人者恩得申故卒之○期音基緦音絲○夏齊侯陳侯鄭伯遇于垂○紀侯大去其國大去者何滅也孰滅之齊滅之曷爲不言齊滅之爲襄公諱也春秋爲賢者諱何賢乎襄公據楚莊王亦賢滅蕭不爲諱○爲襄于僞反下爲賢注爲諱及下注爲諱爲襄同復讎也何讎爾遠祖也哀公亨乎周亨煑

而殺之。亨普庚反注同煮殺也紀侯譖之以襄公之爲於此焉者事祖禰之心盡矣盡者何襄公將復讎乎紀卜之曰師喪分焉龜曰卜蓍曰筮分半也師喪亡其半。禰乃禮反師喪息浪反注同蓍音尸筮市制反寡人死之襄公答卜者之辭不爲不吉也遠祖者幾世乎九世矣九世猶可以復讎乎雖百世可也百世大言之爾猶詩云嵩高維嶽峻極于天君子萬年。幾居豈反崧高息忠反本亦作嵩家亦可乎家謂大夫家曰不可國何以可据家不可國君一體也先君之恥猶今君之恥也今君之恥猶先君之恥也先君謂哀公今君謂襄公言其恥同也國君何以爲一體据非一世國君以國爲體諸侯世故國君爲一體也雖百世號猶稱齊侯今紀無罪今紀侯也此非怒與怒遷怒齊人語也此非怒其先祖遷之于子孫與。怒與音餘曰非也古者有明天子則紀侯必誅必無紀者紀侯之不誅至今有紀者猶無明天子也古者諸侯必有會聚之事相朝聘之道號辭必稱先君以相接然則齊紀無說焉不可以並立乎天下（無說無說懌也○無說音悅注同懌音亦）故將去紀侯者不得不去紀也有明天子則襄公得爲若行乎（若如也猶曰得爲如此行乎○將去起呂反下及注同若行下孟反注同）曰不得也不得則襄公曷爲爲之上無天子下無方伯（有而無益於治曰無猶易曰闃其無人○治直吏反闃苦鵙反）緣恩疾者可也（疾痛也賢襄公爲讎者以復讎之義除滅人之惡言大去者爲襄公明義但當遷徙去之不當取有有明亂義也不爲文實者方諱不得貶）○六月乙丑齊侯葬紀伯姬外夫人不書葬此何以書（据鄫季姬也）隱之也何隱爾其國亡矣徒葬於齊爾（徒者無臣子辭也國滅無臣子徒爲齊侯所殺故痛而書之明魯宜當閔傷臨之卒不日葬日者魯本宜葬之故移恩錄文於

葬此復讎也曷爲葬之（据恩怨不兩行）滅其可滅葬其可葬此其爲可葬奈何復讎者非將殺之逐之也以爲雖遇紀侯之殯亦將葬之也（以爲者設事辭而言之以大斂而徙棺曰殯夏后氏殯於阼階之上若存殷人殯於兩楹之間賓主夾之周人殯於西階之上賓之也稱齊侯者善葬伯姬得其宜也○斂力驗反夾古洽反）

○秋七月○冬公及齊人狩于郜公曷爲與微者狩（据與高傒盟諱此競逐恥同）齊侯也（以不沒公知爲齊侯也）齊侯則其稱人何諱與讎狩也（禮父母之讎不同戴天兄弟之讎不同國九族之讎不同鄉黨朋友之讎不同市朝稱人者使若微者不沒公言齊人者公可以見齊微者至於魯人皆當復讎義不可以見齊侯也○以見賢徧反下同）前此者有事矣（溺會齊師伐衛是也）後此者有事矣（師及齊師圍盛是也）則曷爲獨於此焉譏於讎者將壹譏而已故擇其重者而譏焉莫重乎其與讎狩也（狩者上所以共承宗廟下所以教習兵行義○共音恭）於讎

者則曷爲將壹譏而已。讎者無時焉可與通。通則爲大譏。不可勝譏。故將壹譏而已。其餘從同同。其餘輕者從義與重者同不復譏都與無讎同文論之所以省文達其異義矣凡二同故言同同。○勝音升復扶又反

五年。春。王正月。○夏。夫人姜氏如齊師。○秋。倪黎來來朝。倪者何。小邾婁也。小邾婁國。○倪五兮反、二傳皆作郳黎來力兮反小邾婁力居反二傳亦無婁字小邾婁則曷爲謂之倪。未能以其名通也。倪者小邾婁之都邑時未能爲附庸不足以小邾婁名通故略謂之倪黎來者何。名也。其名何。据僖七年稱子微國也。此最微得見者其後附從齊桓爲僖七年張本文。○見賢徧反爲僖于僞反下文注同

冬。公會齊人。宋人。陳人。蔡人。伐衛。此伐衛何。納朔也。曷爲不言納衛侯朔。据納頓子于頓言納下朔入公入致伐齊人來歸衛寶知爲納朔伐之辟王也。辟王者兵也王人子突是也使若伐而去不留納朔者所以正其義因爲內諱

六年。春。王三月。王人子突救衛。王人者何。微者也。子突者何別何之者稱人序上又僖八年王人不稱字嫌二人貴也貴子之稱稱尺證反○貴則其稱人何据王子瑕不稱人本當言王子突示諸侯親親以責之也繫諸人也。曷爲繫諸人据不以微及大王人耳剌王者朔在岱陰齊時一使可致一夫可誅而緩令交連五國之兵伐天子所立還遂以自納王遣貴子突卒不能救遂爲天下笑故爲王者諱使若遣微者弱愈懸因爲内殺惡救例時此月者嫌實微者故加録之以起實貴子突。○使所吏反令力陳反爲王于僞反下因爲不爲危録皆同○夏。六月。衛侯朔入于衛。衛侯朔何以名据衛侯入于陳儀不名絶。曷爲絶之据俱入也犯命也犯天子命尤重其言入何据頓子不復書入。○不復扶又反下皆同篡辭也上辟王不得言納故復從篡辭書入也不直言篡者事各有本也殺而立者不以當國之辭言之非殺而立者以當國之辭言之國人立之曰立他國立之曰納從外曰入諸侯有屬託力加自文也不書公子留出奔者天子本當絶衛不當復立公子留因爲天子諱微弱。○殺而申志反下皆同屬音燭○

秋。公至自伐衛。曷爲或言致會。或言致伐。得意致會所伐國服兵解國安故不復錄兵所從來獨重其本會之時不得意致伐所伐國不服兵將復用國家有危故重錄所從來此謂公與二國以上也公與一國及獨出用兵得意不致不得意致伐公與二國以上出會盟得意致會不得意不致公與一國出會盟得意致地不得意不致皆例時衛侯朔入于衛。何以致伐據得意不敢勝天子也與上辟王同義入不月者不與伐天子也故不爲危錄之○螟先是伐衛納朔兵歷四時及反民煩擾之所生○螟亡丁反○冬。齊人來歸衛寶。此衛寶也。則齊人曷爲來歸之。衛人歸之也。以稱人共國辭○衛寶左氏經作衛俘衛人歸之。則其稱齊人何。讓乎我也。其讓乎我奈何。齊侯曰。此非寡人之力。魯侯之力也。時朔得國後遣人賂齊齊侯推功歸魯使衛人持寶來雖本非義賂齊當以讓除惡故善起其事主書者極惡魯犯命復貪利也不爲大惡者納朔本不以賂行事畢而見謝爾寶者玉物之凡名○惡烏路反

七年。春。夫人姜氏會齊侯于防。○夏。四月。辛卯。夜。

恒星不見夜中星霣如雨恒星者何列星也恒常也常以時列見○辛卯夜一本無夜字穀梁作昔不見賢徧反注及傳皆同列星不見則何以知夜之中星反也反者星復其位如雨者何如雨者非雨也非雨則曷爲謂之如雨不脩春秋曰雨星不及地尺而復不脩春秋謂史記也古者謂史記爲春秋○雨星于付反一音如字下注雨星同君子脩之曰星霣如雨明其狀似雨爾不當言雨星不言尺者霣則爲異不以尺寸録之何以書記異也列星者天之常宿分守度諸侯之象周之四月夏之二月昬參伐狼注之宿當見參伐主斬艾立義狼注主持衡平也皆滅者法度廢絶威信陵遅之象時天子微弱不能誅衛侯朔是後遂失其正諸侯背叛王室日卑星霣未墜而夜中星反者房心見其虚危斗房心天子明堂布政之宫也虚危齊分其後齊桓行霸陽穀之會有王事○常宿音秀下同參伐所林反下同狼注張又反與咮同朱鳥口星也一音之住反艾魚廢反隊直類反分扶問反○秋大水○無麥苗無苗則曷爲先言無麥而後言無苗苗者禾也生曰苗秀曰禾据是時苗微麥彊俱遇水災苗當先亡一災不書待

無麥然後書無苗明君子不以一過責人水旱螟螺皆以傷二穀乃書然不書國名至麥苗獨書者民食最重螟螺音終何以書記災也先是莊公伐衛納朔用兵踰年夫人數出淫泆民怨之所生○數所角反泆音逸○冬夫人姜氏會齊侯于穀

八年春王正月師次于郎以俟陳人蔡人次不言俟此其言俟何据次于陘侯屈完不書俟○屈居勿反託不得已也師出本爲下滅盛與陳蔡屬蜀與魯伐衛同心人國遠故因假以諱滅同姓託待二國爲留辭主所以辟下言及也加以者辟實俟陳蔡稱人者略以外國辭稱人微之○本爲于僞反傳及注爲久皆同屬蜀與音燭

甲午祠兵祠兵者何出曰祠兵禮兵不徒使故將出兵必祠於近郊陳兵習戰殺牲饗食士卒○祠兵音辭祭也左氏作治兵下文注同卒子忽反入曰振旅五百人曰旅其禮一也皆習戰也言與祠兵禮如一將出不嫌不習故以祠兵言之將入嫌於廢之故以振訊士衆言之互相見也祠兵壯者在前難在前振旅壯者在後復長幼且衛後也○訊音信又音峻本亦作迅相見賢徧反下同難乃旦反長丁丈反何言乎祠兵据不書爲久也爲久稽留之辭曷爲爲

久据取長葛久之吾將以甲午之日然後祠兵於是諱爲久留辭使若無
欲滅同姓之意因見出竟明盛非內邑也○夏師及齊師圍成成降于齊師
成者何盛也以上有祠兵下有盛伯來奔○成如字二傳作郕降于户江反傳及下注皆同盛則曷
爲謂之成諱滅同姓也因魯有成邑同聲相似故去爾曷爲不言降
吾師据戰於宋不言歸衛辟之也辟滅同姓言圍者使若魯圍之而去成自從後降於齊師也降者自伏之文所
以醇歸於齊言及者起魯實欲滅之不月者順諱文不書盛伯出奔深諱之○秋師還還者何善
辭也此滅同姓何善爾病之也慰勞其罷病○慰勞力報反下同其罷音皮下
同曰師病矣曷爲病之据師出皆罷病曷爲獨勞此病也非師之罪也
明君之使重在君因解非師自汲汲○冬十有一月癸未齊無知弒其君
諸兒諸兒襄公也無知公子夷仲年之子襄公從弟○兒如字一音五兮反從才用反
九年春齊人殺無知○公及齊大夫盟于暨公曷

爲與大夫盟 据與高傒盟諱不言公○暨其器反左氏作旣 齊無君也。然則何
以不名 据高傒名 爲其諱與大夫盟也。使若衆然 鄰國之臣猶吾
臣也君之於臣當告從命行而反歃血約誓故諱使若悉得齊諸大夫
約束之者愈也不月者是時齊以無知之難小白奔莒子糾奔魯齊迎
子糾欲立之魯不與而與之盟齊爲是更迎小白然後乃伐齊欲納子
糾不能納故深諱使若信者也不致者魯地也子糾出奔不書者本未
命爲嗣賤故不録之○爲其于僞反注爲是及下注實爲魯爲同歃所洽反又所甲反難乃旦反 ○夏公伐齊納
糾。納者何入辭也。其言伐之何 据晉人納捷菑于邾婁不言伐○納糾左氏經亦作納子糾
伐而言納者。猶不能納也 伐者非入國辭故云爾 糾者何。
公子糾也。何以不稱公子 据下言子糾知非當國本當去國故去見挈言公子糾○去國起呂反下同
君前臣名也 春秋別嫌明疑嫌當爲齊君在魯君前不爲臣禮公子無去國道臣異國糾故去公子見臣於
魯也納不致者言伐得意不得意可知猶遇弗遇例也不月者非納篡辭○別彼列反見賢徧反 齊小白入于
齊。曷爲以國氏 据宋公子也自陳入于蕭氏公子也 當國也 當國故先氏國也不月者移惡

于魯也其言入何。簒辭也。秋。七月。丁酉。葬齊襄公。
八月。庚申。及齊師戰于乾時。我師敗績。內不言敗。
此其言敗何據郎之戰伐敗也自誇大其伐而取敗。自誇苦瓜反本又作夸下同曷爲
伐敗據內不言敗績曷爲自誇大其伐而取敗復讎也復讎以死敗爲榮故錄之高齊襄賢仇牧是也此
復讎乎大國。曷爲使微者據納子糾公猶自行即大夫當有名氏公也
如上據知爲公公則曷爲不言公。不與公復讎也。曷爲不與
公復讎辭據諱與讎狩復讎者。在下也時實爲不能納子糾伐齊諸大夫以爲不如以
復讎伐之於是以復讎伐之非誠心至意故不與也書敗者起託義戰不致者有敗文得意不得意可知例九月。齊人
取子糾殺之。其取之何據楚人殺陳夏徵舒不言取執齊慶封殺之言執也。夏戶雅反
內辭也。脅我。使我殺之也以下浚洙知其脅也以稱人共國辭知使魯殺之時小白得國
與鮑叔牙圖國政故鮑叔薦管仲召忽曰使彼國得賢己國之患也乃脅魯使殺子糾求管仲召忽魯惶恐殺子糾歸管仲召忽死之故深諱使

若齊自取殺之。○邵忽本又作召上照反恐丘勇反 其稱子糾何 据不立也 貴也。其貴奈何。宜爲君者也 故以君薨稱子某言之者著其宜爲君明魯爲齊殺之皆當坐弒君因解上納言糾皆不爲篡所以理嫌疑也月者從未踰年君例主書者從齊取也○當坐才卧反後當坐之類皆放此 ○冬。浚洙。洙者何。水也 以言浚也○浚思俊反深也洙音殊水名 浚之者何。深之也。曷爲深之 据本非人功所爲 畏齊也 洙在魯北齊所由來 曷爲畏齊也 据伐敗也 辭殺子糾也 時魯新見脅畏齊浚之微弱恥甚故諱使若辭不肯殺子糾也齊自取殺之畏齊怒爲備亦所以起上脅月也

十年春。王正月。公敗齊師于長勺。勺時灼反 ○二月。公侵宋。曷爲或言侵。或言伐。觕者曰侵 觕麤也將兵至竟以過侵責之服則引兵而去用意尚麤麤○觕者七奴反又才古反 精者曰伐 精猶精密也侵責之不服推兵入竟伐擊之益深用意稍精密 戰不言伐 舉戰爲重若乾時戰是也合兵血刃曰戰 圍不言戰 舉圍爲重楚子圍鄭是也以兵守成曰圍 入不言圍 舉入爲重晉侯入曹執曹伯是也得而不居曰入 滅不言入 舉滅爲重齊滅萊是也取其國

曰滅書其重者也明當以重者罪之猶律一人有數罪以重者論之月者屬蜀北敗彊齊之兵南侵彊宋南北有難復連禍於大國故危之。數所主反屬蜀音燭○三月。宋人遷宿。遷之者何。不通也以其不道所遷之地以地還之也還繞也解上不通也不通反爲遷遷者宋本欲遷宿君取其國不知宿之不肯邪宋逆詐邪先繞取其地使不得通四方宿窮從宋求遷故得言遷子沈子曰。不通者。蓋因而臣之也以宋稱人也宿不得通四方宿君遷宋因臣有之不復以兵攻取故從國辭稱人也月者遷取王封當與滅人同罪書者未當坐滅人宿不能死社稷當絕也主書者從宋也。不復扶又反○夏。六月。齊師。宋師。次于郎。公敗宋師于乘丘。其言次于郎何據齊國書伐我不言次敗不言乘丘。乘繩證反伐也時伐魯故書次郎魯地伐則其言次何據齊國書伐我不言次齊與伐而不與戰。故言伐也此道本所以當言伐意也齊與伐而不與戰伐兵得成故當言伐也。○齊與音預下及注同我能敗之。故言次也此解本所以不言伐言次意也一國繞比次未成於伐魯即能敗宋師齊師罷去故不言伐言次也明國君當彊折衝當遠魯微弱深見犯至於近邑賴能速勝之故云爾所以彊內且明臣子當將順其美匡救其惡。折衝之設反下昌容反○

秋。九月。荆敗蔡師于莘。以蔡侯獻舞歸。荆者何。州名也。[州謂九州冀兖青徐揚荆豫梁雍。○莘所巾反雍於用反]州不若國。國不若氏。氏不若人。人不若名。名不若字。[皆取精詳録也]字不若子。[爵最尊春秋假行事以見王法聖人爲文辭孫順善善惡惡不可正言其罪因周本有奪爵稱國氏人名字之科故加州文備七等以進退之若自記事者書人姓名主人習其讀而問其傳則未知己之有罪焉爾猶此類也○見賢徧反孫音遜惡惡烏路反傳直專反]蔡侯獻舞何以名。[據獲晉侯不名]絶。曷爲絶之。[据晉侯不名絶]獲也。[獲得也戰而爲敵所得獻舞不言獲故名以起之]曷爲不言其獲。[据晉侯言獲也]不與夷狄之獲中國也。[與凡伯同義夷狄謂楚不言楚言荆者楚彊而近中國卒暴責之則恐爲害深故進之以漸從此七等之極始也○近附近之近卒七忽反]○冬。十月。齊師滅譚。譚子奔莒。何以不言出。[据衛侯出奔也○譚徒南反]國已滅矣。無所出也。[别於有國出奔者孔子曰君子於其言無所苟而已矣月者惡不死位也○别彼列反惡烏路反]

十有一年。春。王正月。○夏。五月。戊寅。公敗宋師于鄑。○鄑子斯反 ○秋。宋大水。何以書。記災也。外災不書。此何以書 据溡移不書○溡火號反又音郭 及我也 時魯亦有水災書魯則宋災不見兩舉則煩文不省故詭例書外以見內也先是二國比興兵相敗百姓同怨而俱災故明天人相與報應之際甚可畏之○不見賢徧反下同省所景反應應對之應

○冬。王姬歸于齊。何以書。過我也 時王者嫁女於齊涂過魯明當有送迎之禮在塗不稱婦者王者無外故從在國辭○過古禾反

十有二年。春。王三月。紀叔姬歸于酅。其言歸于酅何 据國滅來歸不書酅非紀國而言歸 隱之也。何隱爾。其國亡矣。徒歸于叔爾也 叔者紀季也婦人謂夫之弟爲叔來歸不書書歸酅者痛其國滅無所歸也酅不繫齊者特齊聽後五廟故國之起有五廟存也月者恩錄之 ○夏。四月。○秋。八月。甲午。宋萬弒其君接。及其大夫仇牧。及者何。累也。弒君多矣。舍此無

累者乎。孔父。荀息皆累也。舍孔父。荀息無累者乎。

曰有復反累復發傳者樂道人之善也孔子曰益者三樂損者三樂樂節禮樂樂道人之善樂多賢友益矣樂驕樂樂佚遊樂宴樂損矣○接左氏作捷仇牧音求下音木舍音捨下舍孔父同復扶又反年末同累復芳服反驕樂音洛下宴樂同有則此何

以書。賢也。何賢乎仇牧据與孔父同也仇牧可謂不畏彊禦

矣以下錄萬出奔月也禦禁也言力彊不可禁也○禦魚呂反其不畏彊禦奈何。萬嘗

與莊公戰莊公即魯莊公戰者乘丘時獲乎莊公。莊公歸。散舍諸

宮中散放也舍止也獲不書者士也數月然後歸之。歸反為大夫於

宋。與閔公博傳本道此者極其禍生於博戲相慢易也○數所主反公博如字戲名也字書作簙易以豉反婦

人皆在側。萬曰。甚矣魯侯之淑淑善魯侯之美也美好

天下諸侯。宜為君者。唯魯侯爾萬見婦人皆在側故許閔公以此言言閔公不

如魯侯美好○許九列反九謁反一音九刈反又一本作揭其例去列二反閔公矜此婦人色自美大於此婦人

姑其言。顧曰。此虜也（顧謂側婦人曰此萬也虜執虜也○姑丁故反）爾虜焉故（爾女也謂萬也更向萬曰女嘗執虜於魯侯故稱譽言爾○爾女音汝下同稱譽音餘又音預）魯侯之美惡乎至。（惡乎至猶何所至○惡音烏注同）萬怒。搏閔公。絕其脰（脰頸也齊人語○搏音博脰音豆頸也）仇牧聞君弒。趨而至。遇之于門。手劍而叱之（手劍持拔劍叱罵之○叱昌實反）萬臂摋仇牧。碎其首（側手曰摋首頭○萬臂必賜反本又作辟婢亦反摋素葛反又素結反側手繫也）齒著乎門闔（闔扇○著直略反門闔戶臘反門扇也）仇牧可謂不畏彊禦矣（猶乳犬攫虎伏雞搏狸精誠之至也爭搏弒君而以當國言之者重錄彊禦之賊禍不可測明當防其重者急誅之○乳如住反攫俱縛反又九碧反一本作搏又音付伏扶又反狸力之反）○冬。十月。宋萬出奔陳（萬弒君所以復見者重錄彊禦之賊明當急誅之也月者使與大國君奔同例明彊禦也○見賢徧反）

十有三年。春。齊侯。宋人。陳人。蔡人。邾婁人。會于北杏（齊桓行霸約束諸侯尊天子故爲此會也桓公時未爲諸侯所信鄉故使微者會也桓公不辭微者欲以卑下諸侯遂成霸明功也）

〇信鄉許亮反年末同甲下遐嫁反〇夏六月齊人滅遂不會北杏故也不諱者桓公行霸不任文德而尚武力又功末足以除惡〇秋七月〇冬公會齊侯盟于柯何以不日据唐之盟日〇柯音歌易也易猶佼易也相親信無後患之辭易也以豉反注及下同佼古卯反〇其易奈何桓之盟不日其會不致信之也其不日何以始乎此莊公將會乎桓曹子進曰君之意何如進前也曹子見莊將會有慚色故問之莊公曰寡人之生則不若死矣自傷與齊為讎不能復也伐齊納糾不能納反復為齊所脅而殺之〇能復扶又反下同曹子曰然則君請當其君臣請當其臣當猶敵也將劫之辭莊公曰諾於是會乎桓莊公升壇土基三尺土堦三等曰壇會必有壇者為升降揖讓稱先君以相接所以長其敬〇壇大丹反以長丁丈反曹子手劍而從之從隨也隨莊公上壇造桓公前而脅之曹子本謀當其臣更當其君者見莊有不能之色〇上時掌反造桓七報反下同管子進曰君何求乎管子管仲也君謂莊公也桓公卒愕不能應故

管子進爲此言○卒七忽反愕五各反應應對之應爲此言于僞反下爲殺同曹子曰莊公亦造次不知所言故任曹子
城壞壓竟齊數侵魯取邑以喻侵深也○壓於甲反又於輒反數所角反君不圖與君謂齊桓公圖
計也猶曰君不當計侵魯大甚○與音餘管子曰。然則君將何求所侵邑非一欲求何者曹
子曰。願請汶陽之田欲復魯竟管子顧曰。君許諾諸侯死國不死
邑故可許諾桓公曰。諾。曹子請盟。桓公下與之盟下壇與曹子定約盟
折言莊公也必下壇者爲殺牲不絜又盟本非禮故不于壇上也已盟。曹子摽劒而去之摽辟也時
曹子耑劒守桓公已盟乃摽劒置地與桓公相去離故去爾○摽劒普交反辟也辟劒置地劉兆去辟捐也辟也婢亦反下同去離力智反
要盟可犯臣約束君曰要彊見要脅而盟爾故去可犯○要盟一遥反注同彊見其丈反而桓公不
欺。曹子可讎以臣劫君罪可讎而桓公不怨。桓公之信。著乎
天下。自柯之盟始焉諸侯猶是翕然信鄉服從再會于鄄同盟于幽遂成霸功故去爾劫桓公取汶
陽田不書者諱行詐劫人也

十有四年。春。齊人。陳人。曹人。伐宋。夏。單伯會伐宋。其言會伐宋何据伐國不殊會曹伯襄言會諸侯後會也本期而後故但舉會書者刺其不信因以分別功惡有深淺也從義兵而後者功薄從不義兵而後者惡淺。別彼列反。秋。七月。荆入蔡。冬。單伯會齊侯。宋公。衛侯。鄭伯于鄄。鄄本亦作甄規面反

十有五年。春。齊侯。宋公。陳侯。衛侯。鄭伯。會于鄄。夏。夫人姜氏如齊。秋。宋人。齊人。邾婁人伐兒。兒音郳。鄭人侵宋。冬。十月

十有六年。春。王正月。夏。宋人。齊人。衛人。伐鄭。秋。荆伐鄭。冬。十有二月。公會齊侯。宋公。陳侯。衛侯。鄭伯。許男。曹伯。滑伯。滕子。同盟于幽。同盟者何。同欲也同心欲盟也同心爲善善必成同心爲惡惡必成故重而言同心也。滑于八反。邾婁子克

卒小國未嘗卒而卒者爲慕霸者有尊天子之心行進也不日始與霸者未如瑣瑣卒在二十八年○爲慕于僞反如瑣息果反

十有七年。春。齊人執鄭瞻。鄭瞻者何。鄭之微者也以無氏也此鄭之微者何言乎齊人執之据獲宋萬不書者不坐獲微者今書齊稱人坐執文。○鄭瞻二傳作詹書甚佞也爲甚佞故書惡之所以輕坐執人也然不得爲伯討者事未得行罪未成也孔子曰放鄭聲遠佞人罪未成者伯當遠之而已○爲甚于僞反惡之烏路反下惡之皆同遠佞于萬反下同○夏。齊人瀸于遂。瀸者何。瀸積也。衆殺戍者也瀸者死文瀸之爲死積死非一之辭故曰瀸積衆多也以兵守之曰戍齊人滅遂遂民不安欲去齊強戍之遂人共以藥投其所飲食水中多殺之古者有分土無分民齊戍之非也遂不當坐也故使齊爲自積死文也稱人者衆辭也不書戍將帥者封内之兵故不書○瀸子廉反二傳作殲積本又作漬強其丈反將帥子匠反下所類反○秋。鄭瞻自齊逃來。何以書。書甚佞也。曰。佞人來矣。佞人來矣重言來者道經主書者若傳去爾蓋痛曾知而受之信其計策以取齊淫女丹楹刻桷卒爲後敗也加逃者抑之也所以抑之者上執稱人嫌惡未明繫鄭者明行當本於鄉里也子貢問曰鄉人皆好之何如子曰未可鄉人皆惡之何如子曰未可不若鄉人之善者善之鄉人之惡者惡之○重直用反明行下孟反○冬。多麋。何以書。記異也。麋之爲言猶迷也象魯爲鄭瞻所迷惑也言多者以多爲異也○麋亡悲反

十有八年。春。王三月。日有食之。是後戎犯中國魯蔽鄭瞻夫人如莒淫泆不制所致

○夏。公追戎于濟西。以兵逐之曰追○濟子禮反此未有言伐者。其言追何。据公追齊師至酅舉齊侵也大其爲中國追也。以其不限所至知爲中國追也○爲中于僞反注及下皆同此未有伐中國者。則其言爲中國追何。大其未至而豫禦之也。其言于濟西何。据公追齊師至巂弗及不言于也大之也。大公除害恩及濟西也言大者當有功賞其也追例時○秋。有蜮。何以書。記異也。蜮之猶言惑也其毒害傷人形體不可見象魯爲鄭瞻所惑其毒害傷人將以大亂而不能見也言有者以有爲異也○蜮音或短狐也或謂之射一音食○冬。十月。

十有九年。春。王正月。○夏。四月。○秋。公子結媵陳

人之婦于鄄。遂及齊侯宋公盟。媵者何。諸侯娶一國則二國往媵之。以姪娣從。言往媵之者禮君不求媵二國自往媵夫人所以一夫人之尊。○媵陳以證反又繩證反娣從才用反下注同姪者何。兄之子也。娣者何。弟也。諸侯壹聘九女。諸侯不再娶。必以姪娣從之者欲使一人有子二人喜也所以防嫉妬令重繼嗣也因以備尊尊親親也九者極陽數也不再娶者所以節人情開媵路。○嫉音疾又音自媵不書。此何以書。據伯姬歸于紀不書媵也爲其有遂事書。爲下有遂事善也故書所以不當書以起將有所詳録循伯姬書媵也不媵則當取得書者張本文言公子結如陳遂及齊侯宋公盟于鄄。○爲其于僞反注及下注同大夫無遂事。此其言遂何。聘禮。大夫受命不受辭。以外土不素制不豫設故云爾出竟有可以安社稷。利國家者。則專之可也。先是鄄幽之會公比不至公子結出竟遭齊宋欲深謀伐魯故專矯君命而與之盟除國家之難全百姓之命故善而詳録之先書地後書盟者明出竟乃得專之也盟不地者方使上爲出竟地即更出地嫌上地自爲媵出地也陳稱人者爲內書故略以外國辭言之此陳侯夫人言

婦者在塗也加之者禮未成也冬齊人宋人陳人伐我西鄙鄙而盟不日者起國家後背結之約非結不信也○矯居表反難乃旦反背音佩

○夫人姜氏如莒○冬齊人宋人陳人伐我西鄙鄙者邊垂之辭榮見遠也

二十年春王二月夫人姜氏如莒月者再出也不從四年巳月者異國○夏齊大災大災者何大瘠也瘠病也齊人語也以加大知非火災也○大瘠在亦反病也本或作癠才細反一本作漬才賜反鄭注曲禮引此同大瘠者何痢也痢者民疾疫也○痢力二反疾疫也疫音役何以書記災也外災不書此何以書及我也與宋大水同義痢者邪亂之氣所生是時魯任鄭瞻夫人如莒淫泆齊侯亦淫諸姑姉妹不嫁者七人○邪似嗟反○秋七月○冬齊人伐戎

二十有一年春王正月○夏五月辛酉鄭伯突卒○鄭伯突徒没反厲公也○秋七月戊戌夫人姜氏薨○冬十有二

月葬鄭厲公春秋篡明者書葬
二十有二年春王正月肆大省肆者何跌也跌過度○肆音
四本或作佚大省所景反除自省皆同二傳作眚跌大結反過度也大省者何災省也謂子卯日也夏以卯
日亡殷以子日亡先王常以此日省吉士不忍舉又大自省勑得無獨有此行乎常若聞災自省故曰災省也○行下孟反肆大
省何以書譏何譏爾譏始忌省也時魯有夫人喪忌省者日不哭省日本以忌
吉事不以忌凶事故禮哭不辟子卯日所以專孝子之思也不與念母而譏忌省者本不事母則已不當忌省猶爲商人責不討賊○思息嗣
反爲于僞反○癸丑葬我小君文姜文姜者何莊公之母
也輒發傳者起讎母録子恩凡母在子年無適庶皆繫子也不在子年適母繫夫庶母繫子言小君者比於君爲小俱臣子辭也文者
謚也夫人以姓配謚欲使終不忘本也○無適丁歷反下同○陳人殺其公子禦寇書者殺君
之子重也○夏五月以五月首時者譏莊公取讎國女不可以事先祖奉四時祭祀猶五月不宜以首時○秋七
月丙申及齊高傒盟于防防魯地○傒音兮齊高傒者何

貴大夫也。曷爲就吾微者而盟據暨與公盟也公也以其日微者不得日
大夫盟當出名氏公則曷爲不言公。諱與大夫盟也。○冬，公
如齊納幣納幣即納徵納徵禮曰主人受鴈又納幣士受儷皮是也禮言納徵春秋言納幣者春秋質也凡婚禮皆用鴈取其知
時候唯納徵用玄纁束帛儷皮玄纁取其順天地也儷皮者鹿皮所以重古也○纁許云反儷力計反本又作麗納幣不
書。此何以書據桓三年公子翬如齊逆女不書納幣譏。何譏爾。親納幣。
非禮也。時莊公實以淫泆大惡不可言故因其有事於納幣以無廉恥爲譏不譏喪娶者舉淫爲重也凡公之齊所以起淫
者皆以危致也
二十有三年春，公至自齊。桓之盟不日，其會不致。
信之也。據柯之盟不日柯之會不致此之桓國何以致。危之也。何危
爾。公一陳佗也。公如齊淫與陳佗相似如一也○佗大何反○祭叔來聘。不稱使者
公一陳佗故絕使若我無君以起其當絕因不與天子下聘小人○祭側界反○夏，公如齊觀社。何

以書。譏。何譏爾。諸侯越竟觀社。非禮也。觀社者觀祭社，諱淫言觀社者與親納幣同義。社者土地之主。祭者報德也。生萬物居人民德至厚功至大。故感春秋而祭之。天子用三牲。諸侯用羊豕。公至自齊。○荆人來聘。荆何以稱人。据上稱州始能聘也。春秋王魯因其始來聘明夷狄能慕王化脩聘禮受正朔者當進之故使稱人也稱人當由繫國而繫荆者許夷狄者不一而足。○公及齊侯遇于穀。○蕭叔朝公。其言朝公何。据公在內不言朝公在外言會公在外也。時公受朝於外故言朝公惡公不受於朝○惡烏路反下同○秋丹桓宮楹。何以書。譏。何譏爾。丹桓宮楹非禮也。楹柱也丹之者爲將娶齊女欲以誇大示之傳言丹桓宮者欲道天子諸侯各有制也禮天子斲而礱之加密石焉諸侯斲而礱之不加密石大夫斲之士首本失禮宗廟例時○宮楹音盈柱也下傳及注同爲將于僞反斲丁角反下同礱力工反○冬十有一月。曹伯射姑卒。曹達春秋常卒月葬時也始卒日葬月嫌與大國同後卒而不日入所聞世可日不復日○射姑音亦復扶又反○十有二月。甲寅。公會齊侯盟于扈。桓之盟不日。此何以日。危之也。何危爾。我貳也。莊公有淫泆汙貳之行。○扈音户有汙汙辱之汙一音烏卧反後放此行下孟反魯子曰。我貳者。非彼然。我然也。嫌上說以齊惡我貳相疑而盟故曰也解言非齊惡我也我行汙貳動作有危故日之也

二十有四年。春。王三月。刻桓宮桷。何以書。譏。何譏爾。刻桓宮桷。非禮也。與丹楹同義月者功重於丹楹。○桷音角用椽也○葬曹莊公。○夏。公如齊逆女。何以書。親迎禮也。譏淫故使若以得禮書也禮諸侯既娶三月然後夫人見宗廟見宗廟然後成婦禮○迎魚命反見宗賢遍反下傳文見也見用幣及注同○秋。公至自齊。八月。丁丑。夫人姜氏入。其言入何。据夫人姜氏言至不言入難也。其言日何。据夫人姜氏至不日。難也乃旦反下及注同○難也。其難奈何。夫人不僂。不可使入。與公有所約。然後入。僂疾也齊人語約約遠媵妾也夫人稽留不肯疾順公不可使即入公至後與公約定八月丁丑乃入故爲難辭也夫人要公不爲大惡者妻事夫有四義雞鳴縱

弁而朝君臣之禮也三年惻隱父子之恩也圖安危可否兄弟之義也樞機之內寢席之上朋友之道不可純以君臣之義責之。不傳力主
反疾也注同遠于萬反要一遥反縱弁所買反又所綺反惻隱初力反 戊寅。大夫宗婦覿用幣。

宗婦者何。大夫之妻也。覿者何。見也。用者何。用者

不宜用也。不宜用幣為贄也。覿大歷反見也贄音至 見用幣。非禮也。以文在覿

下不使齎見知非禮也 然則曷用。棗栗云乎。腶脩云乎。腶脩者脯也禮婦人

見舅姑以棗栗為贄見女姑以腶脩為贄見夫人至尊兼而用之云乎辭也棗栗取其早自謹敬腶脩取其斷斷自脩正執此者若其辭云爾

所以叙情配志也凡贄天子用鬯諸侯用玉卿用羔大夫用鴈士用雉雉取其耿介鴈取其在人上有先後行列羔取其執之不鳴殺之不號

乳必跪而受之類死義知禮者也玉取其至清而不自蔽其惡絜白而不受汚內堅剛而外温潤有似乎備德之君子鬯取其芬芳在上臭達

於天而醇粹無擇有似乎聖人故視其所執而知其所任矣日者禮夫人至大夫皆郊迎明日大夫宗婦皆見故著其明日也大夫妻言宗婦

者大夫為宗子者也族所以有宗者為調族理親疏令昭穆親疏各得其序也故始統世世繼重者為大宗旁統者為小宗無子則絕大宗無

子則不絕重本也天子諸侯世以三牲養禮有代宗之義大夫不世不得專宗著言宗婦者重教化自本始也。斷脩丁亂反注同本又作腶

音同鍛脯加薑桂曰脩耿介古幸反下音界行戶郎反號戶刀反蹠其
委反鄄音純粹雖遂反爲調于僞反下仕爲同令力呈反昭穆上遥反
凡昭穆之例皆同○大水夫人不制遂淫二叔陰氣盛故明年復水也○復扶又反○冬戎侵曹曹
羈出奔陳曹羈者何曹大夫也以小國知無氏爲大夫○曹羈居宜反下同
曹無大夫此何以書據羈無氏賢也何賢乎曹羈據國見侵
出奔以辟難戎將侵曹曹羈諫曰戎衆以無義戎師多又常以無義
爲事君請勿自敵也禮兵敵則戰不敵則守君師少不如守且使臣下往○則守手又反又如字下同
曹伯曰不可臣下不可獨往三諫不從遂去之故君子以爲
得君臣之義也孔子曰所謂大臣者以道事君不可則止此之謂也諫必三者取月生三日而成魄臣道就也
不從得去者仕爲行道道不行義不可以素餐所以申賢者之志孤惡君也諫有五一曰諷諫孔子曰家不藏甲邑無百雉之城季氏自墮之
是也二曰順諫曹羈是也三曰直諫子家駒是也四曰爭諫子反請歸是也五曰戇諫百里子蹇叔子是也○魄普白反餐七干反諷方鳳反
墮許規反爭爭鬭之爭戇諫陟降反又呼弄反又丑用反○赤歸于曹郭公赤者何曹

無赤者。蓋郭公也以郭公在赤下。赤歸于曹郭公此連爲句郭音虢亦如字連讀郭公爲一句郭公者何。失地之君也失地者出奔也名言歸倒郭公置赤下者欲起曹伯爲戎所殺故使若曹伯死謚之爲郭公而赤微者自歸曹也不言赤奔者從微者例不得録出奔

二十有五年。春。陳侯使女叔來聘稱字者敬老也礼七十雖庶人主孝而禮之孝經曰昔者明王之以孝治天下也不敢遺小國之臣是也。女音汝。夏。五月。癸丑。衛侯朔卒春秋篡明者當書葬朔不書葬嫌與篡同例身絶國不絶故去葬明犯天子命重不得書葬與盜國同。故去起吕反年末同

○六月。辛未。朔。日有食之。鼓用牲于社。日食則曷爲鼓用牲于社据日食在天求乎陰之道也求責求也以朱絲營社。或曰脅之。或曰爲闇。恐人犯之。故營之或曰者或人辭其義各異也或曰脅之與責求同義社者土地之主也月者土地之精也上繫于天而犯日故鳴鼓而攻之脅其本也朱絲營之助陽抑陰也或曰爲闇者社者土地之主尊也爲日光盡天闇冝恐人犯歷之故營之然此說非也記或傳者亦不欲絶異說爾先言鼓後言用牲者明先

以尊命責之後以臣子禮接之所以爲順也不言鼓于社用牲者與禘于大廟用致夫人同嫌起用牲爲非禮書者善內感懼天災應變得禮也是後夫人遂不制通於二叔殺二嗣子也○營社二傾反又如字本亦作縈同爲闇于僞反注爲闇爲日光同大廟音泰應變應對之應○伯姬歸于杞○秋大水鼓用牲于社于門其言于社于門何據一鼓用牲耳于社禮也于門非禮也于門非禮故略不復舉鼓用牲不舉非禮爲重者如去于社嫌于門禮也大水與日食同禮者水亦土地所爲雲實出于地而施于上乃雨歸功于天猶臣歸美于君○復扶又反○冬公子友如陳如陳者聘也內朝聘言如者尊內也書者錄內所交接也朝京師大國善有加錄文如楚有差文聘無月者比於朝輕也

二十有六年公伐戎○夏公至自伐戎○曹殺其大夫何以不名據莒小於曹殺公子意恢名衆也曷爲衆殺之據殺三郤名不死于曹君者也曹諸大夫與君俱敵戎戰曹伯爲戎所殺諸大夫不伏節死義獨退求生後嗣子立而誅之春秋以爲得其罪故衆略之不名凡書君殺大夫大夫有罪以專殺書他皆以罪舉君死乎位曰

滅曷爲不言其滅据胡子髡滅○髡苦門反爲曹羈諱也此蓋戰也何以不言戰如上語知爲戰○爲曹于僞反下同爲曹羈諱也諱者上出奔嫌辟難欲起其賢又所諫者戰也故爲去戰滅之文所以致其意也曹無大夫書殺大夫者起當誅也○避難乃旦反爲去于僞反下起呂反○秋公會宋人齊人伐徐○冬十有二月癸亥朔日有食之異與上日食略同

二十有七年春公會杞伯姬于洮書者惡公教內女以非禮也非內也凡公出在外致在內不致其與婦人會不別得意雖在外猶不致伯姬不卒者蓋不與卒于無服女會來例皆時○洮他刀反惡公烏路反下惡莊同別彼列反○夏六月公會齊侯宋公陳侯鄭伯同盟于幽○秋公子友如陳葬原仲原仲者何陳大夫也大夫不書葬此何以書据益師等皆不書葬稱字者葬從主人也通乎季子之私行也不以公事行曰私行私行不言葬原仲于陳若告糴者告糴上有無麥禾知以國事起此上下無起文而不言

如陳嫌不辟國事實私行也不嫌使乎大夫者有國文也○告糴音狄下同使所吏反何通乎季子之私行据大夫私行不書辟內難也欲起其辟內難○內難乃旦反注及下皆同君子辟內難而不辟外難禮記曰門內之治恩揜義門外之治義揜恩○之治直吏反下之治同內難者何公子慶父公子牙公子友皆莊公之母弟也公子慶父公子牙通乎夫人通者淫通以脅公語在三十二年季子起而治之則不得與于國政坐而視之則親親親至親也○與音預因不忍見也因緣己心不忍見親親之亂故於是復請至于陳而葬原仲也書者惡莊公不能任用使辟難而出○冬杞伯姬來其言來何据有來歸直來曰來直來無事而來也諸侯夫人尊重既嫁非有大故不得反唯自大夫妻雖無事歲一歸宗大歸曰來歸大歸者廢棄來歸也婦人有七棄五不娶三不去嘗更三年喪不去不忘恩也賤取貴不去不背德也有所受無所歸不去不窮窮也喪婦長女不娶無教戒也世有惡疾不娶棄於天也世有刑人不娶棄於人也亂家女不娶類不正也逆家

女不娶廢人倫也無子棄絶世也淫泆棄亂類也不事舅姑棄悖德也口舌棄離親也盗竊棄反義也疾妬棄亂家也惡疾棄不可奉宗廟也

○更音庚背音佩喪婦息浪反長女丁丈反悖補内反

○莒慶來逆叔姬。莒慶者何。莒大夫也。莒無大夫。此何以書。譏。何譏爾。大夫越竟逆女。非禮也。禮大夫任重爲越竟逆女於政事有所損曠故竟內乃得親迎所以屈私赴公也言叔姬者婦人以字通言叔姬賤故略與歸同文重乖離也

○杞伯來朝。杞夏後不稱公者春秋黜杞新周而故宋以春秋當新王黜而不稱侯者方以子貶起伯爲黜說在僖二十三年○夏户雅反

○公會齊侯于城濮。○濮音卜

二十有八年。春。王三月。甲寅。齊人伐衛。衛人及齊人戰。衛人敗績。伐不日。此何以日。據鄭人伐衛不日至之日也。用兵之道當先至竟侵責之不服乃伐之今日至便以今日伐之故曰以起其暴也戰不言伐。此其言伐何。至之日也。至日便伐明暴故舉伐春秋伐者爲客。伐人者爲客讀伐長言之齊人語也○伐者爲客何云讀伐長言之伐人者也伐者爲主。見伐者爲主讀伐短言之齊人語也○伐者爲

主何云讀伐短言之見伐者也故使衛主之也戰序上言及者爲主曷爲使衛主之
据宋襄公伐齊宋主齊衛未有罪爾蓋爲幽之會服父喪未終而不至故○蓋爲于僞反敗者稱
師衛何以不稱師据桓十三年己巳燕人戰敗績稱師也未得乎師也未得成列
爲師也詐戰不言戰言戰者衛未有罪方欲使衛主齊見直文也不地者因都主國也○見直賢徧反○夏四月丁
未邾婁子瑣卒日者附從霸者朝天子行進○瑣素果反○秋荆伐鄭公會
齊人宋人邾婁人救鄭書者善中國能相救○冬築微○築微左氏作麋
大無麥禾冬既見無麥禾矣曷爲先言築微而後
言無麥禾諱以凶年造邑也諱使若造邑而後無麥禾者惡愈也此蓋秋水所傷就築
微下俱舉水則嫌冬水推秋無麥禾使若冬水所傷者但言無麥禾則嫌秋自不成不能起秋水因疾莊公行類同故加大明有秋水也此夫
人淫泆之所致○臧孫辰告糴于齊告糴者何請糴也買穀曰糴
何以不稱使据上大無麥禾知以國事行當言如也以爲臧孫辰之私行

也○曷爲以臧孫辰之私行据國事也君子之爲國也必有三年之委○一年不熟告糴譏也古者三年耕必餘一年之儲九年耕必有三年之積雖遇凶災民不飢之莊公享國二十八年而無一年之畜危亡切近故諱使若國家不匱大夫自私行糴也○委於鬼反儲直魚反畜勑六反匱其位反

二十有九年○春○新延廄○新延廄者何○脩舊也舊故也繕故曰新有所增益曰作始造曰築○廄九又反脩舊不書○此何以書据新宮災後脩不書譏○何譏爾○凶年不脩不諱者繕故功費差輕於造邑延廄馬廄也○蜚芳味反差初賣反○夏○鄭人侵許○秋○有蜚○何以書○記異也蜚者臭惡之虫也象夫人有臭惡之行言有者南越盛暑所生非中國之所有○蜚扶味反臭大蟲也行下孟反○冬○十有二月○紀叔姬卒國滅卒者從夫人行待之以初也○城諸及防諸君邑防臣邑言及別君臣之義君臣之義正則天下定矣○別彼列反

三十年○春○王正月○夏○師次于成○秋○七月○齊人

降鄣。鄣者何。紀之遺邑也。降之者何。取之也。取之則曷爲不言取之。爲桓公諱也。時霸功足以除惡故爲諱言降者能以德見歸自來服者可也○降鄣戶江反下注同鄣音章爲桓于僞反注同外取邑不書。此何以書。盡也。襄公服紀以過而復盡取其邑惡其不仁之甚也月者重於取邑○復扶又反惡其烏路反下同○八月。癸亥。葬紀叔姬。外夫人不書葬。此何以書。隱之也。何隱爾。其國亡矣。徒葬乎叔爾。○九月。庚午。朔。日有食之。鼓用牲于社。是後魯比弒二君狄滅邢衛○比殺申志反○冬。公及齊侯遇于魯濟。○濟子禮反○齊人伐山戎。此齊侯也。其稱人何。据下言齊侯來獻戎捷貶。曷爲貶。据齊侯伐北戎不貶子司馬子曰。蓋以操之爲已蹙矣。操迫也已甚也蹙痛也迫殺之甚痛○以操七刀反迫也注同蹙子六反此蓋戰也。何以不言戰。据得捷也春秋敵者言戰。桓公之與戎狄。

驅之爾時桓公力但可驅逐之而已戎亦天地之所生而乃迫殺之甚痛故去戰貶見其事惡不仁也山戎者戎中之别名行進故録之○去起呂反見賢徧反

三十有一年。春。築臺于郎。何以書。譏。何譏爾。臨民之所漱浣也無垢加功曰漱去垢曰浣齊人語也譏者爲瀆下也禮天子外屏諸侯内屏大夫帷士簾所以防泄慢之漸也禮天子有靈臺以候天地諸侯有時臺以候四時登高遠望人情所樂動而無益於民者雖樂不爲也四方而高曰臺○漱素口反浣户管反垢古口反去起呂反爲瀆于僞反下爲威同○夏。四月。薛伯卒卒者薛與滕俱朝隱公桓弑隱而立滕朝桓公薛獨不朝知去就也○桓弑申志反○築臺于薛。何以書。譏。何譏爾。遠也禮諸侯之觀不過郊○觀工喚反○六月。齊侯來獻戎捷戰所獲物曰捷齊大國也。曷爲親來獻戎捷據齊未嘗朝魯威我也以威恐怖魯也如上難知爲威魯書之。恐怖丘勇反下普故反其威我奈何。旗獲而過我也旗亶幟名各有色與金鼓俱舉使士卒望而爲陳者旗獲建旗縣所獲得以過魯也不書威魯者恥不能爲齊所忌難見輕侮也言獻捷繫戎者春秋王魯因見王義古者方伯征伐不道諸侯交格而戰者誅絕其國獻捷於王者楚獻捷時此月者刺齊桓憍慢恃盈非所以就霸功也○幟音志又申志反又尺志反本又作織同難乃旦反因見賢徧反○秋。築臺于秦。何以書。譏。

何譏爾。臨國也。言國者社稷宗廟朝廷皆爲國明皆不當臨也臨社稷宗廟則不敬臨朝廷則泄慢也○

冬。不雨。何以書。記異也。京房易傳曰旱異者旱久而不害物也斯祿去公室福由下作故陽雖不施而陰道獨行以成萬物也先是比築三臺慶父牙專政之應○施申豉反

三十有二年。春。城小穀。○夏。宋公。齊侯遇于梁丘。

○秋。七月。癸巳。公子牙卒。何以不稱弟。据公弟叔肸卒○肸許乙反

殺也。殺則曷爲不言刺之。据公子買有罪殺之言刺不言卒爲季

子諱殺也。曷爲爲季子諱殺。据叔孫得臣卒不日者惡不發揚公子遂弒也○爲季于僞反下爲季而爲注故爲同

季子之遏惡也。遏止○遏於葛反止也不以爲國

獄。不就獄致其刑故言卒緣季子之心而爲之諱。季子過在親親疑於非正故爲之諱

所以別嫌明疑○別彼列反季子之遏惡奈何莊公病將死以病召
季子召之於陳季子至而授之以國政至不書者內大夫出與庸循兩書曰寡
人即不起此病吾將焉致乎魯國致與也○焉於虔反季子曰
般也存君何憂焉公曰庸得若是乎歸不傭傭無節目之辭○般音班
牙謂我曰魯一生一及君已知之矣父死子繼曰生兄死弟繼曰及言隱
公生桓公及今君生慶父亦當及是魯國之常也慶父也存時莊公以為牙欲立慶父季子曰夫
何敢是將為亂乎夫何敢再言夫何敢者反覆思惟且欲以安病人也孔子曰君子有九
思視思明聽思聰色思溫貌思恭言思忠事思敬疑思問忿思難見得思義○夫何音扶下及注同覆芳服反難乃旦反俄而
牙弒械成是時牙實欲自弒君兵械已成但事未行爾有攻守之器曰械○俄五多反牙殺申志反注及下親弒同械戶
戒反季子和藥而飲之藥者酖毒也傳曰酖之是也時季子亦有械故能飲之傳不道者從可知○飲
於鴆反注同酖毒本亦作鴆直蔭反下文同曰公子從吾言而飲此則必可

以無爲天下戮笑必有後乎魯國時世大夫誅不宣揚子當繼體如故不從吾言而不飲此則必爲天下戮笑必無後乎魯國於是從其言而飲之飲之無傫氏至乎王堤而死公子牙今將爾今將欲殺○無傫無本又作巫傫音力委反又力追反堤丁兮反辭曷爲與親弒者同辭傳序經辭親躬親也君親無將將而誅焉親謂父母○無將如字閔公本將不誅將而皆同或子匠反非也然則善之與曰然殺世子母弟直稱君者甚之也季子殺母兄何善爾誅不得辟兄君臣之義也以臣事君之義也唯人君然後得申親親之恩○與音餘然則曷爲不直誅而酖之行誅乎兄隱而逃之使託若以疾死然親親之道也明當以親親原而與之於治亂當賞疑從重於平世當罰疑從輕莊不卒大夫而卒牙者本以當國將弒君書日者録季子遏惡也行誅親親雖酖之猶有恩也○八月癸亥公薨于路寢

路寢者何。正寢也。公之正居也天子諸侯皆有三寢一曰高寢二曰路寢三曰小寢父居高寢子居路寢孫從王父母妻從夫寢夫人居小寢在寢地者加録内也夫人不地者外夫人不卒内書薨死已録之矣故出乃地。○冬。十月。乙未。子般卒。子卒云子卒。此其稱子般卒何。据子赤不言子赤卒君存稱世子。明當世父位爲君 君薨稱子某。緣民臣之心不可一日無君故稱子某明繼父也名者尸柩尚存猶以君前臣名也 既葬稱子。不名者無所屈也緣終始之義一年不二君故稱子也 踰年稱公。不可曠年無君 子般卒。何以不書葬。据定姒俱稱卒書葬 未踰年之君也。有子則廟。則立廟也 廟則書葬。録子恩也 無子不廟。不廟則不書葬。未踰年之君禮臣下無服故無子不廟不廟則不書葬示一年不二君也稱卒不地者降成君也曰者爲臣子恩録之也殺不去日見隱者降子赤也。○去起呂反見賢徧反 ○公子慶父如齊。如齊者奔也是時季子新酖牙慶父雖歸獄鄧扈樂猶不自信於季子故出也不言奔者起季子不探其情不暴其罪。○樂音洛暴步卜反 ○狄伐邢。

春秋公羊卷第三

經傳伍阡貳伯捌拾叁字 注壹萬貳伯壹拾貳字 音義貳阡叁伯捌拾柒字

春秋公羊經傳解詁閔公第四

何休學

元年。春。王正月。公何以不言即位。繼弒君不言即位。復發傳者，嫌繼未踰年君義異故也。明當隱之如一。○弒申志反，復扶又反，下同 孰繼。據子般弒不見。○見賢徧反 繼子般也。孰弒子般。慶父也。殺公子牙。今將爾。季子不免。慶父弒君，何以不誅。將而不免，遏惡也。既而不可及，因獄有所歸，不探其情而誅焉，親親之道也。論季子當從議親之辟，猶律親親得相首匿，當與叔孫得臣有差。○探他南反，辟婢亦反，匿女力反 惡乎歸獄。歸獄僕人鄧扈樂。曷為歸獄僕人鄧扈樂。據師還也。○惡音烏，扈樂音洛，或如字 莊公存之時，樂曾淫于宮中，子般執而鞭之。莊公死，慶父謂樂曰：般之辱爾，國人莫不知。盍弒之矣。使弒子般。然後誅鄧扈樂而歸獄焉殺鄧扈樂不書者微也○曾才能反盍户臘反季子至而不變也至者聞君弒從家至朝季子知樂勢不能獨弒而不變正其眞僞○齊人救邢。○夏。六月。辛酉。葬我君莊公。○秋。八月。公及齊侯盟于洛姑時慶父内則素得權重外則出奔彊齊恐爲國家禍亂故季子如齊聞之奉閔公託齊桓爲此盟下書歸者使與君致同主書者起託君也○季子來歸。其稱季子何据如陳名不稱季卒不稱子賢也嫌季子不探誅慶父有其惡故復於託君安國賢之所以輕歸獄顯所當任達其功不稱季友者明齊繼魯本感洛姑之託故令與高子俱稱子起其事○令力呈反其言來歸何据召歸不書隱如言至喜之也季子來歸則國安故喜之而變至加録云爾蓋與賢相起言歸者主爲喜出言來者起從齊自外來盟不日公不致者桓之盟不日其會不致信之也○主爲于僞反下文注皆同○冬。齊仲孫來。齊仲孫者何。公子慶父也。公子慶父則曷爲謂之齊仲孫。繫之齊也。曷爲繫之齊据欒盈出奔楚還不繫楚外之也。曷爲外之（据俱出奔還也）春秋爲尊者諱（爲閔公諱受賊人也）爲親者諱（爲季子親親而受之故諱也）爲賢者諱（以季子有遏牙不殺慶父之賢故爲諱之）子女子曰。以春秋爲春秋（以史記氏族爲春秋言古謂史記爲春秋）齊無仲孫。其諸吾仲孫與（齊有高國崔魯有仲孫氏亦足以知魯仲孫言仲孫者以後所氏起其事明主書者賊不宜來因以起上如齊實弑君出奔）

二年。春。王正月。齊人遷陽（不爲桓公諱者功未足以覆比滅人之惡）○夏。五月。乙酉。吉禘于莊公。其言吉何（据禘于大廟不言吉。○吉禘大計反大廟音泰下同）言吉者。未可以吉也（都未可以吉祭經舉重不書禘于大廟嫌獨莊公不當禘于大廟可禘者故加吉明大廟皆不當）曷爲未可以吉（据三年也）未三年也（禮禘祫從先君數朝聘從今君數三年喪畢遭禘則禘遭祫則祫○君數所主反下同祫音洽）三年矣。曷爲謂之未三年。三年之喪。實以二十五月（時莊公薨至是適二十二月所以必二十五月者取期再期恩倍漸三年也孔子曰子生三年然後免於父母之懷夫三年之喪天下之通喪禮士虞記曰期而小祥曰薦此常事又期而大祥曰薦此常事中月而禫是月也吉祭猶未配是月者二十七月也傳言二十五月者在二十五月外可不譏。取期音基下同禫大感反

其言于莊公何据禘于大廟不言周公裕僖公不言僖宮未可以稱宮廟也時閔公以莊公在三年之中未可入大廟禘之于新宮故不稱宮廟明皆非也曷爲未可以稱宮廟据言禘也在三年之中矣當思慕悲哀未可以鬼神事之吉禘于莊公何以書。譏。何譏爾。譏始不三年也與託始同義

○秋八月。辛丑。公薨。公薨何以不地。隱之也。何隱爾。弒也。孰弒之。慶父也。殺公子牙。今將爾。季子不免。慶父弒二君。何以不誅。將而不免。遏惡也。既而不可及。緩追逸賊。親親之道也與不探其情同義不書葬者賊未討。○弒音試下及注同

九月。夫人姜氏孫于邾婁爲淫二叔殺二嗣子出奔不如文姜于出奔貶之者爲內臣子明其義不得以子絕毋凡公夫人奔例日此月

者有罪。公子慶父出奔莒。（慶父弑二君不當復見所以復見者起季子緩追逸賊也不日者內大夫奔例無罪者日有罪者月外大夫奔例皆時○當復扶又反下同見賢徧反下文復見同○）冬。齊高子來盟。高子者何。齊大夫也。（以有高傒也）何以不稱使。（據鄭伯使其弟語來盟）我無君也。（時閔公弑僖公未立故正其義明君臣無相適之道也春秋謹於別尊卑理嫌疑故絕去使文以起事張例則所謂君不使乎大夫也○別彼列反故絕去起呂反下欲去同）然則何以不名。（據國佐盟名）喜之也。何喜爾。正我也。其正我奈何。莊公死。子般弑。閔公弑。比三君死。曠年無君。（與曠年無君無異）設以齊取魯。曾不興師徒。以言而已矣。（設時勢然）桓公使高子將南陽之甲。（南陽齊下邑甲革皆鎧胄也○革更百反鎧苦愛反胄直又反）立僖公而城魯。或曰。自鹿門至于爭門者是也。或曰。自爭門至于吏門者是也。魯人至今以為美談。曰猶望高子也。（久闊思相見者引此）

爲喻美談至今不絕也立僖公城魯不書者諱微弱喜而加高子者美大齊桓繼絕于魯故尊其使起其功明得子續父之道○鹿門魯南城東門也其使所吏反○十有二月狄入衛○鄭棄其師鄭棄其師者何連國者并問稱國惡其將也以言棄師○惡其烏路反下及注同將也子匠反下同鄭伯惡高克使之將逐而不納棄師之道也鄭伯素惡高克欲去之無由使將師救衛隨後逐之因將師而去其本雖逐高克實棄師之道故不書逐高克舉棄師爲重猶趙盾加弑也不解國者重衆從國體録可知繫閔公篇于莊公下者子未三年無改於父之道傳曰則曷爲於其封内三年稱子緣孝子之心則三年不忍當也○盾徒本反

春秋公羊卷第四

經傳陸伯肆拾字

注壹阡叁拾字

音義壹伯柒拾壹字　仁仲比校訖

春秋公羊經傳解詁僖公第五

何休學

元年春王正月公何以不言即位 據文公言即位 繼弑君子不言即位此非子也其稱子何 僖公者閔公庶兄據閔公繼子般傳不言子○弑申志反 臣子一例也 僖公繼成君閔公繼未踰年君禮諸侯臣諸父兄弟以臣之繼君猶子之繼父也其服皆斬衰故傳稱臣子一例○衰七雷反 ○齊師宋師曹師次于聶北救邢救不言次此其言次何 據夏師救齊不言次○聶女涉反 不及事也不及事者何邢已亡矣 剌其救急舒緩使至於亡故錄之止次以起之 孰亡之蓋狄滅之 以上有狄伐邢 曷爲不言狄滅之 據狄滅溫言滅 爲桓公諱也曷爲爲桓公諱 據徐人取舒晉滅夏陽楚滅黃皆不諱○爲桓于僞反下爲桓曷爲并下注爲諱爲桓爲內爲僖皆同夏戶雅反 上無天子下無方伯天下諸侯有相滅亡者

桓公不能救則桓公恥之故以爲諱所以醇其能以治世自任而厚責之曷爲先
言次而後言救據叔孫豹先言救君也叔孫豹臣也當先通君命故先言救今此先言次知實諸
侯君則其稱師何不與諸侯專封也故沒君文但舉師而已曷
爲不與據狄滅之爲桓公諱實與不書所封歸是也而文不與文曷爲不
與據實與也諸侯之義不得專封也此道大平制大音泰○諸侯之
義不得專封則其曰實與之何上無天子下無方
伯天下諸侯有相滅亡者力能救之則救之可也
主書者起文從實也○夏六月邢遷于陳儀遷者何其意也其意
自欲遷時邢創畏狄兵更欲依險阻○陳儀左氏作夷儀遷之者何非其意也謂宋人遷宿也書者
譏之也王者封諸侯必居土中所以教化者平貢賦者均在德不在險其後爲衛所滅是也遷例大國月重煩勞也小國時此小國月者霸者
所助城故與大國同○齊師宋師曹師城邢此一事也曷爲復

言齊師宋師曹師據首戴前目而後凡○復言扶又反下同不復言師則無以知其為一事也言諸師則嫌與首戴同嫌實師言諸侯則嫌與緣陵同嫌歸聞其遷更與諸侯來城之未必反故入也故順上文則知桓公宿留城之為一事也○秋七月戊辰夫人姜氏薨于夷齊人以歸夷者何齊地也齊地則其言齊人以歸何據從國中歸不當書邾婁人執鄫子不書以歸是也○鄫似陵反夫人薨于夷則齊人以歸夫人所以薨于夷者齊人以歸至夷夫人薨于夷則齊人曷為以歸據上說夫人薨于夷者齊人以歸至夷也齊人曷為故以歸至于夷桓公召而縊殺之先言薨後言以歸而不言喪者起桓公召夫人于邾婁歸殺之于夷因為內諱恥使若夫人自薨于夷然後齊人以歸者也主書者從內不絕錄因見桓公行霸王誅不阿親親疾夫人淫泆三叔殺二嗣子而殺之○縊一賜反一本作搤於革反見賢徧反泆音逸○楚人伐鄭楚稱人者為僖公諱與夷狄交婚故進使若中國又明嫁娶當慕賢者○八月公會齊侯宋公鄭伯曹伯邾婁人于朾月者危公會霸者而與邾婁有辨也不從有夫人喪出會惡之

者不如危重也○朾物貞反又他丁反左氏作摼惡之烏路反下同○九月公敗邾婁師于纓有夫人喪不惡親用兵者時恐邾婁人以夫人與齊於喪事無薄故也○于纓左氏作偃○冬十月壬午公子友帥師敗莒師于犂獲莒挐莒挐者何莒大夫也莒無大夫此何以書大季子之獲也何大乎季子之獲据獲人當坐○于犂力知反又力兮反左氏作酈莒挐女居反一音女加反一本作茹音同季子治內難以正謂拒慶父○內難乃旦反下同御外難以正其御外難以正奈何公子慶父弒閔公走而之莒莒人逐之將由乎齊齊人不納卻反舍于汶水之上使公子奚斯入請季子曰公子不可以入入則殺矣義不可見賊而不殺奚斯不忍反命于慶父自南涘涘水涯○涘音俟北面而哭時慶父自汶水之北慶父聞之曰嘻嘻發痛語首之聲○嘻許其反此奚斯之聲也

諾已諾已皆自畢語曰。吾不得入矣。於是抗輈經而死輈小車轅冀州以北名之云爾○輈竹由反車轅也莒人聞之曰。吾已得子之賊矣。以求賂乎魯魯時雖緩追猶外購求之○購古豆反魯人不與。爲是興師而伐魯故與季子獲之季子待之以偏戰傳云爾者善季子忿不加暴得君子之道○十有二月。丁巳夫人氏之喪至自齊。夫人何以不稱姜氏据薨于夷稱姜氏經有氏不但問不稱姜幷言氏者嫌据夫人婦姜欲使去氏○去起呂反貶。曷爲貶据薨于夷不貶與弒公也與慶父共弒閔公○與殺音預又如字下申志反然則曷爲不於弒焉貶据酖牙於卒時貶貶必於重者。莫重乎其以喪至也刑人于市與衆棄之故必於臣子集迎之時貶之所以明誅得其罪因正王法所加臣子不得以夫人禮治其喪也貶置氏者殺子差輕於殺夫別逆順也致者從書薨以常文録之言自齊者順上以歸文○差初賣反又初佳反別彼列反

二年。春。王正月。城楚丘。孰城据內城不月故問之城衛也。曷爲

不言城衛〔据無遷文以言城故當言城衛〕滅也。孰滅之。蓋狄滅之。〔以上有狄入衛〕曷爲不言狄滅之。爲桓公諱也。曷爲爲桓公諱。上無天子。下無方伯。天下諸侯有相滅亡者。桓公不能救。則桓公恥之也。然則孰城之〔据不出主名見桓公德優不待之又不獨書齊實與諸侯也○爲桓于僞反下爲桓曷爲注深爲同見桓賢徧反下傳荀息見并注同〕桓公城之。曷爲不言桓公城之。不與諸侯專封也。曷爲不與。實與而文不與。文曷爲不與。諸侯之義。不得專封。諸侯之義不得專封。則其曰實與之何。上無天子。下無方伯。天下諸侯有相滅亡者。力能救之。則救之可也〔復發傳者君子樂道人之善也不繫衛者明去衛而國楚丘起其遷也不書遷與救公者深爲桓公諱使若始時尚有所救其後晏然無干戈之患所以重其任而厚責之主書者起文從實也○復扶又反卒寸忽反〕夏五月。辛巳。

葬我小君哀姜哀姜者何莊公之夫人也 誅當絕不當以夫人

禮書葬書葬者正齊桓討賊辟責內雖齊 ○虞師晉師滅夏陽虞微國也曷

爲序乎大國之上 據稱師有加文知不主會○夏陽左氏作下陽 使虞首惡也

曷爲使虞首惡 據楚人巴人滅庸不使巴首惡 虞受賂假滅國者道

以取亡焉其受賂奈何獻公朝諸大夫而問焉曰

寡人夜者寢而不寐其意也何諸大夫有進對者

曰寢不安與其諸侍御有不在側者與獻公不應

荀息進曰虞郭見與 猶曰虞郭豈見於君之心乎荀息素知獻公欲伐此二國故云爾○安與音餘

下者與見與同應應對之應郭音虢又如字注及下同 獻公揖而進之 以手通指曰揖 遂與之

入而謀曰吾欲攻郭則虞救之攻虞則郭救之如

之何願與子慮之荀息對曰君若用臣之謀則今

日取郭而明日取虞爾君何憂焉獻公曰然則奈何荀息曰請以屈產之乘（屈產出名馬之地乘備駟也○屈具物反乘繩證反注及下同）與垂棘之白璧（垂棘出美玉之地玉以尚白為美○棘一本作𦯱音同）往必可得也則寶出之內藏藏之外府（如虞可得猶外府藏也○內藏才浪反注同）馬出之內廄繫之外廄爾君何喪焉獻公曰諾雖然宮之奇存焉如之何荀息曰宮之奇知則知矣（君欲言其知寡知也○廄九又反喪息浪反知則音智下及注同）雖然虞公貪而好寶見寶必不從其言請終以往於是終以往虞公見寶許諾宮之奇果諫記曰脣亡則齒寒（記史記也○好呼報反）虞郭之相救非相為賜（賜猶惠也）則晉今日取郭而明日虞從而亡爾君請勿許也虞公不從其言終假之道以取

郭明郭非虞不滅虞當坐滅人還四年反取虞還復往故言反虞公抱寶牽馬而至荀息見曰臣之謀何如獻公曰子之謀則已行矣寶則吾寶也雖然吾馬之齒亦已長矣蓋戲之也以馬齒長戲之喻荀息之年老傳極道此者以終荀息宮之奇言且以爲戒又惡獻公不仁以滅人爲戲諱也晉至此乃見者著晉楚俱大國後治同姓也以滅人見義者此楚先治大惡親䟽之别 ○ 牽馬本又作堅手音同巳長丁丈反注同惡烏路反諱許略反别彼列反夏陽者何郭之邑也曷爲不繫于郭國之也曷爲國之君存焉爾 ○ 秋九月齊侯宋公江人黃人盟于貫澤江人黃人者何遠國之辭也桓公德盛不嫌使微者知以遠國辭稱人 ○ 貫澤古亂反二傳無澤字遠國至矣則中國曷爲獨言齊宋至爾大國言齊宋遠國言江黃則以其餘爲莫敢不至也晉大于宋不序晉而序宋者時實晉楚之君不至君子成人之美故褒益以爲徧至之辭所以

將大大霸功而勉盛德也江黃附從霸者當進不進者方爲徧至之辭○徧至音遍下同○冬十月不雨何
以書記異也說與前同○楚人侵鄭
三年春王正月不雨○夏四月不雨何以書記異
也大平一月不雨即書春秋亂世一月不雨未害物未足爲異當蒲一時乃書一月書者時僖公得立欣喜不恤庶衆比致三旱即能
退辟正殿飭過求已循省百官放佞臣郭都等理冤獄四百餘人精誠感天不雩而得澍雨故一月即書善其應變改政旱不從上發傳者著
人事之備積於是○大平音泰飭過音勑下同冤於元反澍之樹反其應應對之應後災祥之應皆放此○徐人取舒
其言取之何據國言滅易也易者猶無守禦之備不爲相諱者刺其不救也○易以豉反注同爲于僞
反○六月雨其言六月雨何據上得雨不書上雨而不甚也所以
詳録賢君精誠之應也僖公飭過求已六月澍雨宣公復古行中其年穀大豐明天人相與報應之際不可不察其意○秋齊
侯宋公江人黄人會于陽穀此大會也曷爲末言
爾末者淺耳但言會不言盟據貫澤言盟桓公曰無障谷無障斷川谷專水利也水注川曰溪注溪

曰谷○障之亮反一音章注同斷丁管反溪口兮反無貯粟有無當相通○貯中吕反無易樹子樹立本正辭無易本正當立之子無以妾爲妻此四者皆時人所患時桓公功德隆盛諸侯咸曰無言不從曷爲用明盟哉故告誓而已○冬公子友如齊莅盟莅盟者何往盟乎彼也猶曰往盟於齊莅臨也時因齊都盟主國主名不出者春秋王魯故言莅以見王義使若王者遣使臨諸侯盟飭以法度○莅音利又音類注同以見賢徧反下同遣使所吏反其言來盟者何來盟于我也此因魯都以見王義使若來之京師盟白亦事于王不加莅者來就魯魯已尊矣○楚人伐鄭

四年春王正月公會齊侯宋公陳侯衛侯鄭伯許男曹伯侵蔡蔡潰潰者何下叛上也國曰潰邑曰叛不與諸侯潰之爲文重出蔡者侵爲加蔡舉潰爲惡蔡録義各異也月者善義兵也潰例月叛例時○蔡潰戶内反下及注同重直用反惡烏路反下惡其專并六年注同遂伐楚次于陘其言次于陘何據召陵侵楚不言次來盟不言陘○陘音刑召陵上照反下文同有俟也孰俟俟屈完也時楚

強大卒暴征之則多傷士衆桓公先犯其與國臨蔡蔡潰兵精威行乃
推以伐楚楚懼然後使屈完來受盟脩臣子之職不頓兵血刃以文德
優柔服之故詳録其止次待之善其重愛民命
生事有漸故敏則有功○屈居勿反卒寸忽反○夏許男新臣
卒不言卒于於師者桓公師無危不月者爲下盟去月方見大信○爲于僞反下爲桓公同去起呂反見賢徧反○楚屈
完來盟于師盟于召陵屈完者何楚大夫也何以
不稱使據陳侯使袁僑如會○僑其驕反一本作驕音同尊屈完也曷爲尊屈
完據陳侯使袁僑如會不尊之以當桓公也增倍使若得其君以醇霸德成王事也其言盟
于師盟于召陵何據戊寅叔孫豹及諸侯之大夫及陳袁僑盟不舉會與地師在召陵
也時喜得屈完來服於陘即退次召陵與之盟故言盟于師盟于召陵師在召陵則曷爲再
言盟據齊侯使國佐如師已酉及國佐盟于袁婁俱從地不再言盟喜服楚也孔子曰書之重辭之復嗚
呼不可不察其中必有美者焉○重直用反又直容反之復扶又反年末乃復同又音福何言乎喜服楚據服
蔡無喜文楚有王者則後服桓公行霸至是乃服楚無王者則先叛桓公

不脩其師先叛盟是也夷狄也而亟病中國數侵滅中國○亟去冀反數音朔南夷

與北夷交南夷謂楚滅鄧穀伐蔡鄭北夷謂狄滅邢衛至于溫交亂中國中國不絕若綫

綫縫帛縷以喻微也○綫思賤反桓公救中國存邢衛是也而攘夷狄攘却也北伐山

戎是也○攘如羊反却也卒怗荊卒盡也怗服也荊楚也○怗他協反一本作貼服也劉兆同廣雅云靜也玉篇又丁簟反

一本作拈或音章貶反以此爲王者之事也言桓公先治其國以及諸夏治諸夏以及夷狄如王

者爲之故云爾其言來何据陳袁僑如會不言來與桓爲主也以從內文知與桓公爲天

下霸主前此者有事矣謂城邢衛是也後此者有事矣謂城緣陵是也

則曷爲獨於此焉與桓公爲主。序績也序次也績功也累次桓公

之功德莫大於服楚明德及強夷最爲盛○齊人執陳袁濤塗。濤塗之罪何。

辟軍之道也。其辟軍之道奈何。濤塗謂桓公曰。君

既服南夷矣。何不還師。濱海而東。服東夷且歸濱涯

也順海淮而東也東夷吳也從召陵東歸不經陳而趨近海道多廣澤水草軍所便也○濤徒刀反辟匹亦反又音避下同濱音賓淮五佳反近附近之近便婢面反桓公曰諾於是還師濱海而東大陷于沛澤之中草棘曰沛漸洳曰澤○沛澤音貝又普貝反草棘曰沛漸洳曰澤漸子廉反洳人庶反顛而執濤塗時濤塗與桓公俱行執者曷爲或稱侯或稱人稱侯而執者伯討也言有罪方伯所宜討稱人而執者非伯討也此執有罪何以不得爲伯討古者周公東征則西國怨西征則東國怨此道黜陟之時也詩云周公東征四國是皇桓公假塗于陳而伐楚則陳人不欲其反由己者師不正故也故令濤塗有此言○令力呈反不脩其師而執濤塗古人之討則不然也以已所招而反執人古人所不爲也凡書執者惡其專執○秋及江人黃人伐陳○八月公至自伐楚楚已服矣何以致伐楚叛盟也爲桓

公不脩其師而執濤塗故也月者凡公出滿二時月危公之久○葬許繆公得卒葬於所傳聞世者許大小次曹故卒少在曹後○傳丈專反○冬十有二月公孫茲帥師會齊人宋人衛人鄭人許人曹人侵陳月者刺桓公不脩其師因見患誑不內自責乃復加人以罪○慈左氏作茲誑九況反

五年春晉侯殺其世子申生曷爲直稱晉侯以殺据鄭殺其大夫申侯稱國也續問以殺者問殺所稱例爾非謂晉侯不當稱國辭也殺世子母弟直稱君者甚之也甚之者甚惡殺親親也春秋公子貫於先君唯世子與母弟以今君録親親也今舍國體直稱君知以親親責之○舍音捨○杞伯姬來朝其子其言來朝其子何据微者不當書朝連來者內辭也與其子來者問爲直來乎爲下朝出○爲下于僞反內辭也與其子俱來朝也因其與子俱來禮外孫初冠有朝外祖之道故使君來朝其子以殺直來之恥所以辟教戒之不明也微無君命言朝者明非實○冠古亂反○夏公孫茲如牟○牟莫侯反○公及齊侯宋公陳侯

衛侯。鄭伯。許男。曹伯。會王世子于首戴。曷爲殊會王世子據宰周公不殊別也。○首戴左氏作首止別彼列反世子貴也。世子猶世世子也辟貴意也言當世父位儲君副主不可以諸侯會之爲文故殊之使若諸侯爲世子所會也自王者言之以甚遠世子在三公下禮喪服斬衰曰公士大夫之衆臣是也自諸侯言之世子尊於三公此禮之威儀各有所施言及者因其文可得見汲汲也世子所以會者時桓公德衰諸侯背叛故上假王世子示以公義○秋。八月。諸侯盟于首戴。諸侯何以不序據上會序一事而再見者。前目而後凡也省文從可知問無事不省諸侯會盟一事不舉重者時世子不與盟○見賢徧反省所景反下同與音預鄭伯逃歸不。盟。其言逃歸不盟者何據上言諸侯鄭伯在其中弟子疑故執不知問不可使盟也時鄭伯內欲與楚外依古不盟爲解安居會上不肯從桓公盟故後言不盟○辟古賣反不可使盟則其言逃歸何據後言不盟居會上辭魯子曰。蓋不以寡犯衆也諸侯以義相約而鄭伯懷二心依古不肯盟故言逃歸所以抑一人之惡申衆人之善故云爾○楚人滅弦。

弦子奔黃。九月戊申朔日有食之此蒙齊桓德衰是後楚遂背叛伐弦滅溫晉里克比弑其二君○比殺申志反○冬晉人執虞公。虞已滅矣。其言執之何据滅言以歸上傳云四年反取虞知去滅變以歸言執○去起呂反下同不與滅也。曷爲不與滅。滅者亡國之善辭也言滅者王者起當存之故爲善辭滅者上下之同力者也言滅者臣子與君戮力一心共死之辭也不但去滅復去以歸言執者明虞公滅人以自亡當絕不得責不死位也晉稱人者本滅而執之不以王法執治之故從執無罪辭也虞稱公者奪正爵起從滅也不從滅例月者略之○戮音六又作勠力彫反

六年春。王正月。○夏。公會齊侯。宋公。陳侯。衛侯。曹伯。伐鄭。圍新城邑。不言圍。此其言圍何。彊也惡桓公行霸彊而無義也鄭背叛本由桓公過陳不以道理當先脩文德以來之而便伐之彊非所以附疏○彊也其良反○秋。楚人圍許。諸侯遂救許。○冬。公至自伐鄭事遷於救許以伐鄭致者舉不得意

七年。春。齊人伐鄭。夏。小邾婁子來朝。（至是所以進稱爵者時附從霸者朝天子旁朝罷行進齊桓公白天子進之固因其得禮著其能以爵通）○鄭殺其大夫申侯。其稱國以殺何。（据晉侯殺其世子申生稱侯）稱國以殺者。君殺大夫之辭也。（諸侯國體以大夫爲股肱士民爲肌膚故以國體録）○秋。七月。公會齊侯。宋公。陳世子款。鄭世子華。盟于甯毋。（款苦管反毋音無或音其）○曹伯般卒。○公子友如齊。○冬。葬曹昭公。

八年。春。王正月。公會王人。齊侯。宋公。衛侯。許男。曹伯。陳世子款。鄭世子華。盟于洮。王人者何。微者也。曷爲序乎諸侯之上。先王命也。（衛王者會諸侯諸侯當北面受之故尊序於上時桓公德衰甯毋之盟常會者不至而陳鄭又遣世子故上假王人之重以自助○洮他刀反）鄭伯乞盟。乞盟者何。處其所而請與也。（以不序也）其處其所而請與奈何。

何。蓋酌之也酌挹也時鄭伯欲與楚不肯自來盟㱕其國遣使挹取其血而請與之約束無汲汲慕中國之心故抑之使若叩頭乞盟者也不錄使者方抑鄭伯使若自來也不盟不爲大惡者古者不盟也○遣使所吏反下錄使同○夏。狄伐晉○秋。七月。禘于大廟。用致夫人。用者何。用者不宜用也。致者何。致者不宜致也。禘用致夫人。非禮也以致文在廟下不使入廟知非禮也禮夫人始見廟當特祭而因禘諸公朝見欲以省煩勞不謹敬故譏之不日者下用失禮明○大音泰始見賢徧反下同省所景反夫人何以不稱姜氏。貶。曷爲貶据夫人姜氏入不貶譏以妾爲妻也以逆不書入廟當稱婦姜而稱夫人者夫人當坐篡嫡也妾之事嫡猶臣之事君同○篡嫡初患反下音的下同其言以妾爲妻奈何。蓋脅于齊媵女之先至者也以不致楚女及夫人至皆不書也僖公本聘楚女爲嫡齊女爲媵齊先致其女脅僖公使用爲嫡故從父母辭言致不書夫人及楚女至者起齊先致其女然後脅魯立也楚女未至而豫廢故皆不得以夫人至書也○冬。十有二月。丁未。天王崩惠王也九年。春。王三月。丁丑。宋公禦說卒。何以不書葬。爲襄公諱也（襄公背殯出會宰周公有不子之惡後有征齊憂中國尊周室之心功足以除惡故諱不書葬使若非背殯也○說音捝爲襄于僞反下注爲天爲桓皆同）○夏。公會宰周公。齊侯。宋子。衛侯。鄭伯。許男。曹伯。于葵丘。宰周公者何。天子之爲政者也（宰猶治也三公之職號尊名也以加宰知其職大尊重當與天子參聽萬機而下爲諸侯所會惡不勝其任也宋未葬而不稱子某者出會諸侯非尸柩之前故不名○惡不烏路反勝音升）○秋。七月。乙酉。伯姬卒。此未適人。何以卒（据杞叔姬不卒）許嫁矣。婦人許嫁。字而笄之（字者尊而不泄所以遠別也笄者簪也所以繫持髮象男子飾也服此者明繫屬於人所以養貞一也婚禮曰女子許嫁笄而醴之稱字○笄古兮反泄息列反別彼列反簪莊林反）死則以成人之喪治之（不以殤禮降也許嫁卒者當爲諸侯夫人有即貴之漸猶俠卒也日者恩尤重於未命大夫故從諸侯夫人例○俠音協）○九月。戊辰。諸侯盟于葵丘。桓之盟不日。此何以日。危之也。何危爾。

貫澤之會。桓公有憂中國之心。不召而至者。江人。黃人也。葵丘之會。桓公震而矜之。叛者九國。下伐厲善義兵是也會不書者叛也叛不書者為天子親遣三公會之而見叛故上為天子下為桓公諱也會盟一事不舉重者時宰周公不與盟○不𩑰音白豫震之者何。猶曰振振然。亢陽之貌矜之者何。猶曰莫若我也。色自美大之貌○甲戌。晉侯詭諸卒。不書葬者殺世子○詭九委反

冬。晉里克弒其君之子奚齊。此未踰年之君。其言弒其君之子奚齊何。據弒其君舍不連先君連名者上不書葬子某弒君名未明也○殺其音試下及注放此弒未踰年君之號也。欲言弒其君子奚齊嫌無君文與殺大夫同欲言弒其君又嫌與弒成君同故引先君冠子之上則弒未踰年君之號定而坐之輕重見矣加之者起先君之子不解名者解言殺從弒名可知也弒未踰年君例當月不月者不正遇終始惡明故略之○冠古亂反見賢徧反

十年。春。王正月。公如齊。書如者錄內所與外交接也故如京師善則月榮之如齊晉善則月安之

如楚則月危之明當尊賢慕大無友不如已者月者僖公本齊所立桓公德衰見叛獨能念恩朝事之故善録之○秋滅溫
○溫子奔衛○晉里克弒其君卓子及其大夫荀息○
及者何累也弒君多矣舍此無累者乎曰有孔父○
仇牧皆累也舍孔父仇牧無累者乎曰有有則此
何以書賢也何賢乎荀息据與孔父同○君卓子勑角反又丁角反左氏經無子字舍音
捨下同荀息可謂不食其言矣不食言者不如食受之而消亡之以奚齊卓子皆立其
不食其言奈何奚齊卓子者驪姬之子也荀息傅
焉禮諸侯之子八歲受之少傅教之以小學業小道焉履小節焉十五受大傅教之以大學業大道焉履大節焉○驪力知反少
詩照反大傅音泰驪姬者國色也其顔色一國之選○選息戀反獻公愛之甚○
欲立其子於是殺世子申生申生者里克傅之獻
公病將死謂荀息曰士何如則可謂之信矣獻公自知廢正

當有後患欲託二子於荀息故動之云爾荀息對曰。使死者反生。生者不愧
乎其言。則可謂信矣荀息察言觀色知獻公欲爲奚齊卓子來動巳故荅之云爾○欲爲于僞反下
文爲文公不爲故爲皆同獻、公死。奚齊立。里克謂荀息曰。君殺正
而立不正。廢長而立幼長謂重耳○長呂丈反注同如之何。願與
子慮之。荀息曰。君嘗訊臣矣上問下曰訊言臣者明君臣相與言不可負○訊音信上
問下曰訊臣對曰。使死者反生。生者不愧乎其言。則可
謂信矣。里克知其不可與謀。退弑奚齊。荀息立卓
子。里克弑卓子。荀息死之。荀息可謂不食其言矣
起時莫不背死鄉生去敗與成荀息一受君命終身死之故言及與孔父同義不日者不正遇禍終始惡明故略之○背音佩鄉許亮反○
夏。齊侯。許男。伐北戎。○晉殺其大夫里克。里克弑
二君。則曷爲不以討賊之辭言之據衛人殺州吁惠、公之大

夫也惠公篡立已定晉國君臣合爲一體無所復責故曰此乃惠公之大夫安得以討賊之辭言之○所復扶又反下同然

則孰立惠公。欲難殺之意○難乃旦反里克也。里克弒奚齊卓子。

逆惠公而入。里克立惠公則惠公曷爲殺之。惠公

曰。爾既殺夫二孺子矣孺子小子也奚齊卓子時皆幼小○夫音扶孺如住反又將

圖寡人如我有不可將復圖我如二孺子爲爾君者。不亦病乎。於是殺

之。然則曷爲不言惠公之入据齊小白入于齊晉之不言出

入者。踊爲文公諱也踊豫也齊人語若關西言渾矣獻公殺申生文公與惠公恐見及出奔不子當

絕還入爲篡文公功足以并掩前人之惡故惠公入懷公出文公入渾皆不書悉爲文公諱故也爲文公諱者欲明文公之功大也語在下懷

公者惠公子也惠公卒懷公立而秦納文公故出奔惠公文公出奔不書者非命嗣也○踊音勇豫也言渾户昆反又户本反下同齊

小白入于齊。則曷爲不爲桓公諱。桓公之享國也

長享食美見乎天下。故不爲之諱本惡也。文公之享

國也短美未見乎天下故爲之諱本惡也桓公功大善惡相除足封有餘較然爲天下所知文公功少嫌未足除身篡而有封功故爲之諱并不言惠公懷公出入者明非徒足以除身篡而已有足封之明較也美不如桓公之功大○美見賢徧反下同較然音角下同○秋七月○冬大雨雹何以書記異也夫人專愛之所生也○雨于付反雹步角反

十有一年春晉殺其大夫丕鄭父○丕普悲反○夏公及夫人姜氏會齊侯于陽穀○秋八月大雩公與夫人出會不恤民之應○冬楚人伐黃

十有二年春王三月庚午日有食之是後楚滅黃狄侵衛○夏楚人滅黃○秋七月○冬十有二月丁丑陳侯處臼卒○處臼左氏作杵臼

十有三年春狄侵衛○夏四月葬陳宣公○公會齊

侯。宋公。陳侯。衛侯。鄭伯。許男。曹伯。于鹹桓公自貫澤陽穀之會後所以不復與舉小國者從一法之後小國言從令行大國唯曹許以上乃會○鹹音咸不復扶又反下同○秋。九月。大雩由陽穀之會不恤民復會于鹹城緣陵煩擾之應○冬。公子友如齊

十有四年。春。諸侯城緣陵。孰城之。諸侯不序故問誰城城杞也。曷為城杞。滅也。孰滅之。蓋徐莒脅之。以下皆狄徐也言脅者杞王者之後尤微是見恐曷而亡○恐丘勇反曷火葛反曷為不言徐莒脅之。為桓公諱也。曷為為桓公諱。上無天子。下無方伯。天下諸侯有相滅亡者。桓公不能救。則桓公恥之也。然則孰城之。桓公城之。曷為不言桓公城之。不與諸侯專封也。曷為不與。實與而文不與。文曷為不與。諸侯之義不得專封也。諸侯之義不得專封。則其曰

實與之何。上無天子。下無方伯。天下諸侯有相滅亡者。力能救之。則救之可也輒發傳者與城衛同義言諸侯者待桓公德衰待諸侯然後乃能存之外城不月者文言諸侯非內城明矣○爲桓于僞反下爲桓爲天下并遂臣爲同○夏六月。季姬及鄫子遇于防。使鄫子來朝。鄫子曷爲使乎季姬來朝据使者臣爲君銜命文也內辭也。非使來朝。使來請己也使來請娶己以爲夫人下書歸是也禮男不親求女不親許魯不防正其女乃使要遮鄫子淫泆使來請己與禽獸無異故畢鄫子使乎季姬以絕賤之也月者甚惡內也○要一遙反遮諸奢反泆音逸惡烏路反○秋。八月。辛卯。沙鹿崩。沙鹿者何。河上之邑也。此邑也。其言崩何据梁山言崩襲邑也襲者嘿陷入于地中言崩者以在河上也河岸有高下如山有地矣故得言崩也沙鹿崩。何以書。記異也。外異不書。此何以書据長狄之齊晉不書爲天下記異也土地者民之主霸者之象也河者陰之精爲下所襲者此象天下異齊桓將卒霸道毀夷狄動宋襄承其業爲楚所敗之應而不繫

國者起天下異○狄侵鄭○冬蔡侯肸卒不書葬者潰當絕也不月者賤其背中國而附父讎
故略之甚也肸立不書者父獻舞見獲留卒於楚肸以次立非簒也○肸許乙反注同背音佩
十有五年春王正月公如齊月者善公既能念恩尊事齊桓又合古五年一朝之義故
錄之○楚人伐徐○三月公會齊侯宋公陳侯衛侯鄭
伯許男曹伯盟于牡丘遂次于匡○公孫敖率師
及諸侯之大夫救徐言次者刺諸侯緩於人恩既約救徐而生事止次不自往遣大夫往卒不能解
也大夫不序者起會上大夫君已目故臣凡也內獨出名氏者臣不得因君殊尊省文別尊卑也○別彼列反○夏五月日
有食之是後秦獲晉侯齊桓公卒楚執宋公霸道衰中國微弱之應○秋七月齊師曹
師伐厲月者善錄義兵厲葵丘之會叛天子之命也曹稱師者桓公霸道衰曹獨能從之征伐不義故深之所以勸勉不能
扶助霸功激揚解惰也○厲如字舊音賴激古歷反解古賣反隋也徒卧反○八月螟公久出煩擾之所生○螟之戎反
○九月公至自會桓公之會不致此何以致据祠之會不致久

也（久暴師衆過三時。暴步卜反）。季姬歸于鄫。己卯晦。震夷伯之廟。晦者何。冥也（晝日而冥。冥亡丁反又亡定反注同）。震之者何。雷電擊夷伯之廟者也。夷伯者曷爲者也。季氏之孚也（孚信也季氏所信任臣）。季氏之孚則微者。其稱夷伯何。大之也。曷爲大之（据陽虎稱盜）。天戒之。故大之也（明此非但爲微者異乃公家之至戒故尊大之使稱字過于大夫以起之所以畏天命孔子曰君子有三畏畏天命畏大人畏聖人之言）。何以書。記異也（此象桓公德衰彊楚以邪勝正僖公蔽於季氏季氏蔽於陪臣陪臣見信得權僭立大夫朝天意若曰蔽公室者是人也當去之。去起呂反）。冬。宋人伐曹。楚人敗徐于婁林（謂之徐者爲滅杞不知尊先聖法度惡重故狄之也不月者略兩夷狄也。爲于僞反）。十有一月。壬戌。晉侯及秦伯戰于韓。獲晉侯。此偏戰也。何以不言師敗績（据泓之戰言宋師敗績。泓烏宏反）。君獲不言師敗績也（舉君獲爲重也釋不書者以獲君爲惡書者以惡見獲與獲人君者皆當絕也）

主書者從僕人例○惡烏路反

十有六年。春。王正月。戊申。朔。霣石于宋五。是月。六鷁退飛過宋都。曷為先言霣而後言石据星霣後言霣○十六年本或從此下別爲卷案七志七録何注止十一卷公羊以閔附莊故也後人以僖卷大輒分之爾霣于敏反是月如字或一音徒兮反六鷁五歷反水鳥霣石記聞。聞其磌然。視之則石。察之則五。是月者何。僅逮是月也是月邊也魯人語也在正月之幾盡故曰劣及是月也○磌然之人反又大年反聲響也一音芳君反本或作砰八耕反僅其靳反劣也逮音代又大計反及也幾音祈何以不日据五石言日晦日也凡災異晦日不日日食是也日食常於晦朔不日晦可知也六鷁無常故言是月以起晦也晦則何以不言晦据上言朔春秋不書晦也事當日者日平居無他卓佹無所求取言晦朔也趡盟奚戰是也○佹九委反趡翠軌反朔有事則書重始故書以録事若泓之戰及此皆是也晦雖有事不書重始而終自正故不復書以録事○不復扶又反下同曷為先言六而後

言鷁 據霣石後言五 六鷁退飛記見也視之則六察之則鷁徐而察之則退飛 鷁小而飛高故視之如此事勢然也宋都者宋國所治也人所聚曰都言過宋都者時獨過宋都退飛○所治直吏反 五石六鷁何以書記異也外異不書此何以書為王者之後記異也 王者之後有亡徵非親王安存之象故重錄為戒記災異也石者陰德之專者也鷁者鳥中之耿介者皆有似宋襄公之行襄欲行霸事不納公子目夷之謀事事耿介自用卒以五年見執六年終敗如五石六鷁之數天之與人昭昭著明甚可畏也於晦朔者示其立功善甫始而敗將不克終故詳錄天意也○為王于僞反注同耿介音戒之行下孟反

○三月壬申公子季友卒其稱季友何 據翬戰名不稱季來歸不稱友 賢也 閔公不書葬故復於卒賢之明季子當蒙討慶父之功遏牙存國終當錄也不稱子者上歸本當稱字起事言子

○夏四月丙申鄫季姬卒○秋七月甲子公孫慈卒 日者僖公賢君宜有恩禮於大夫故皆日也一年喪骨肉三人故曰痛之

○冬十有二月公會齊侯宋公陳侯衛侯鄭伯許男邢侯曹伯

于淮月者危桓公德衰任豎刀易牙隳功滅項自此始也○隳許規反

十有七年春齊人徐人伐英氏稱氏者春秋前黜稱氏也伐國而舍氏言之者非主名故伐之得從國舉○夏滅項孰滅之齊滅之以言滅知非內也以不諱知齊滅○項戶講反國名曷為不言齊滅之據齊師滅譚為桓公諱也春秋為賢者諱此滅人之國何賢爾君子之惡惡也疾始絕其始則不得終其惡○為桓于僞反下及注同惡惡並如字一讀上烏路反善善也樂終樂賢者終其行○行下孟反桓公嘗有繼絕立僖公也存亡之功存邢衛杞故君子為之諱也言嘗者時桓公德衰功廢而滅人嫌當坐故上述所嘗盛美而為之諱所以尊其德彰其功傳不言服楚獨舉繼絕存亡者明繼絕存亡足以除殺子糾滅譚遂項覆終身之惡服楚功在覆寡惡之表所以封桓公名當如其事也不月者桓公不坐滅略小國○秋夫人姜氏會齊侯于卞○卞皮彥反○九月公至自會○冬十有二月乙亥齊侯小白卒

十有八年。春。王正月。宋公會曹伯。衛人。邾婁人。伐齊月者與襄公之征齊善錄義兵。夏。師救齊。五月。戊寅。宋師及齊師戰于甗。齊師敗績。戰不言伐。此其言伐何。宋公與伐而不與戰。故言伐。春秋伐者爲客。伐者爲主。曷爲不使齊主之據甲寅衛人及齊人戰。甗魚輦反又音言與伐音預下不與同與襄公之征齊也。曷爲與襄公之征齊據齊桓公霸者猶不與征衛桓公死。豎刀易牙。爭權不葬。爲是故伐之也不爲文實者保伍連率本有用兵征伐不義之道。刁音彫爲是于僞反注同。狄救齊。秋。八月。丁亥。葬齊桓公。冬。邢人。狄人。伐衛狄稱人者善能救齊雖拒義兵猶有憂中國之心故進之不於救時進之者辟襄公不使義兵壅塞

十有九年。春。王三月。宋人執滕子嬰齊名者著葵丘之會叛天子

命者也不得爲伯討者不以其罪執之安執之所以著有罪者爲襄公
殺恥也襄公有善志欲承齊桓之業執一惡人不能得其過故爲見其
罪所以助賢者養善意也月者録責之○爲襄于僞
反下故爲起爲爲襄公深爲若不爲皆同見賢徧反○夏六月宋
人曹人邾婁人盟于曹南因本會于曹南盟故
以地實邾婁説在下鄫子會
盟于邾婁其言會盟何據外諸侯會盟不録
及曹伯襄言會諸侯後會也
説與會伐宋同義君不會大夫刺後會者起實君也地以邾婁者起爲
邾婁事也不言君者爲襄公諱也魯本許嫁季姬於邾婁季姬淫泆使
鄫子請己而許之二國交忿襄公爲此盟欲和解之既在人閒反爲邾
婁所欺執用鄫子恥辱加於宋無異故没襄公使若微者也不於上地
以邾婁者深爲襄公諱使若不爲邾婁事盟而鄫子自就邾婁爲所執
者也上盟不日者深順諱文從微者例使若下執不以上盟爲辭也會
盟不日者言會盟不信已
明無取於日自其正文也己酉邾婁人執鄫子用之惡
乎用之用之社也其用之社奈何蓋叩其鼻以血
社也惡無道也不言社者本無用人之道言用之已重矣故絶其所
用處也日者魯不能防正其女以至於此明當痛其女禍而自
責之○惡乎音烏惡無
烏路反用處昌慮反○秋宋人圍曹○衛人伐邢○冬公

會陳人蔡人楚人鄭人盟于齊因宋征齊有隙爲此盟也是後楚遂得中國霍之會執宋公○梁亡此未有伐者其言梁亡何据蔡潰以自潰爲文舉侵也自亡也其自亡奈何魚爛而亡也梁君隆刑峻法一家犯罪四家坐之一國之中無不被刑者百姓一旦相率俱去狀若魚爛魚爛從内發故云爾者其自亡者明百姓得去之君當絕者

二十年春新作南門何以書譏何譏爾門有古常也惡奢泰不奉古制常法○惡烏路反○夏郜子來朝郜子者何未有存文嫌不名故執不知問○郜古報反姬姓之國下同失地之君也何以不名据鄧穀名兄弟辭也郜魯之同姓故不忍言其絕賤明當尊遇之異於鄧穀也書者喜内見歸○五月乙巳西宮災西宮者何小寢也小寢則曷爲謂之西宮有西宮則有東宮矣魯子曰以有西宮亦知諸侯之有三宮也西宮者小寢内室楚女所居也禮諸侯娶三國女以楚女居西宮知二國女於小寢内各有一宮也故云爾禮夫人居中宮少

在前右媵居西宮左媵居東宮少在後西宮災何以書記災也是時僖公爲齊所脅以齊媵爲
嫡楚女廢在西宮而不見恤悲愁怨曠之所生也言西宮不繫小寢者小寢夫人所統妾之所繫也天意若曰楚女本當爲夫人不當繫於齊
女故經亦云爾○爲適丁歷反又作嫡○鄭人入滑○秋齊人狄人盟于邢
狄稱人者能常與中國也○冬楚人伐隨叛楚故也
二十有一年春狄侵衛貶狄者爲犯中國諱○爲于僞反下不爲褻下文爲執皆同○宋
人齊人楚人盟于鹿上○夏大旱何以書記災也
新作南門之所生○秋宋公楚子陳侯蔡侯鄭伯許男曹伯
會于霍執宋公以伐宋孰執之楚子執之以下獻捷貶○
霍左氏作盂曷爲不言楚子執之據溴梁盟下執莒子邾婁子復出晉人也○溴古闃反復出扶
又反下同不與夷狄之執中國也不與執爲重復與舉伐者劫質諸侯求其國事當起也不爲褻公
諱者守信見執無恥說在下也○冬公伐邾婁○楚人使宜申來獻捷

此楚子也。其稱人何據稱使知楚子○捷在接反貶。曷爲貶據齊侯獻戎捷不貶爲執宋公貶。曷爲爲執宋公貶據上已沒不與執中國宋公與楚子期以乘車之會蓋鹿上之盟○乘車繩證反下同公子目夷諫曰。楚夷國也。彊而無義。請君以兵車之會往。宋公曰。不可。吾與之約以乘車之會。自我爲之。自我墮之。曰不可。終以乘車之會往。楚人果伏兵車。執宋公以伐宋許諼劫質諸侯求其國當絶故貶○墮許規反誰諼誰本亦作詐諼音許元反詐也又音援宋公謂公子目夷曰。子歸守國矣。國子之國也。吾不從子之言。以至乎此。公子目夷復曰。君雖不言國。國固臣之國也所以堅宋公意絶彊楚之望於是歸。設守械而守國。楚人謂宋人曰。子不與我國。吾將殺子君矣。宋人應之曰。吾賴社稷之神靈。吾國已有君矣。楚人知雖殺宋公。猶不得宋國。於是釋宋公。宋公釋乎執。走之衛。襄公本謂公子目夷曰國子之國也宋公懾前語故慙不忍反走之衛不書者執解而往非出奔也○守手又反又如字應應對之應

公子目夷復曰。國爲君守之。君曷爲不入。然後逆襄公歸。凡出奔歸書執獲歸不書者出奔已失國故録還惡盜國與執獲者異臣下尚隨君事之未失國不應盜國無爲録也○國爲于僞反下爲襄爲公子注爲沒故爲皆同

惡乎捷。捷乎宋。以上言伐宋○惡音烏

曷爲不言捷乎宋。據戎捷也

爲襄公諱也。襄公本會楚欲行霸憂中國也不用目夷之言而見詐執伐宋幾亡其國故諱爲沒國文所以申善志不月者因起其事○幾音祈

此圍辭也。曷爲不言其圍。據上言守國知圍也

爲公子目夷諱也。目夷遭難設權救君子嘉圍存國免主之功故爲諱圍起其事所以彰目夷之賢也歸捷書者刺魯受惡人物也○遭難乃旦反

十有二月。癸丑。公會諸侯盟于薄。言諸侯者起霍之會諸侯也不序者起公從旁以議釋宋公會盟一事也

言會者因以殊諸侯也釋宋公執未有言釋之者此其言釋之

何據執滕子不言釋公與爲爾也公與爲爾奈何公與議爾

也善僖公能與楚議釋賢者之厄不言公釋之者諸侯亦有力也

二十有二年春公伐邾婁取須朐○朐其俱反左氏作句○夏宋

公衛侯許男滕子伐鄭○秋八月丁未及邾婁人戰

于升陘○陘音刑○冬十有一月己巳朔宋公及楚人戰于

泓宋師敗績偏戰者日爾此其言朔何據奚之戰不言朔春

秋辭繁而不殺者正也繁多也殺省也正得正道尤美○不殺所戒反注同省所景反何

正爾宋公與楚人期戰于泓之陽泓水名水北曰陽楚人濟

泓而來濟渡有司復曰請迨其未畢濟而擊之迨及宋

公曰不可吾聞之也君子不厄人吾雖喪國之餘

我雖前幾爲楚所喪所以得其餘民以爲國喻褊弱○喪國息浪反注同幾音祈寡人不忍行也。既濟。未畢陳有司復曰。請迨其未畢陳而擊之。宋公曰。不可。吾聞之也。君子不鼓不成列軍法以鼓戰以金止不鼓不戰不成列未成陳也君子不戰未成陳之師○畢陳直覲反下及注同已陳。然後襄公鼓之。宋師大敗。故君子大其不鼓不成列。臨大事而不忘大禮。有君而無臣言朔亦所以起有君而無臣惜其有王德而無王佐也若襄公所行帝王之兵也有帝王之君宜有帝王之臣有帝王之臣宜有帝王之民未能醇粹而守其禮所以敗也○王德于況反又如字下王佐同醇粹音純下雖遂反以爲雖文王之戰。亦不過此也有以文王伐崇陸戰當與擊地舉水者大其不以水厄人也

二十有三年。春。齊侯伐宋。圍緡。邑不言圍。此其言圍何。疾重故也疾痛也重故喻若重故創矣襄公欲行霸守正履信屬爲楚所敗諸夏之君宜雜然助之反因其困而伐之痛與重故創無異故言圍以惡其不仁也○緡亡巾反重故直用反又直龍反注同故創初良反下同屬音燭雜七合反又如字

惡烏路反○夏五月庚寅宋公慈父卒何以不書葬盈乎諱也盈蒲也相接足之辭也襄公本以背殯不書其父葬至襄公身書葬則嫌霸勤業不成所覆復者薄故復使身不書葬明當以前諱除背殯以後諱加微卦内取女不去曰略之者功覆之也○慈父左氏作茲父復扶又反去起呂反○秋楚人伐陳

○冬十有一月杞子卒卒者桓公存王者後功尤美故爲表異卒録之始見稱伯卒獨稱子者微弱爲徐莒所脅不能死位春秋伯子男一也辭無所貶貶稱子者春秋黜杞不明故以其一等貶之明本非伯乃公也又因以見聖人子孫有誅無絕故貶不失爵也不名不日不書葬者從小國例也○始見賢徧反

二十有四年春王正月○夏狄伐鄭○秋七月○冬天王出居于鄭王者無外此其言出何據王子瑕奔晉不言出不能乎母也不能事母罪莫大於不孝故絕之言出也下無廢上之義得絕之者明母得廢之臣下得從母命魯子曰是王也不能乎母者其諸此之謂與猶曰是王也無絕義不能事母而見絕外者其諸謂此灼然異居不復供養者與主書者録王者所居也○與音餘復扶又反供養九用反下餘亮反○晉

侯夷吾卒篡故不書葬明當絶也不日月者失衆身死子見篡逐故略之猶薛伯定也

二十有五年春王正月丙午衛侯燬滅邢衛侯燬何以名据楚子滅蕭不名○燬況委反絶曷爲絶之据俱滅人滅同姓也絶先祖支體尤重故名甚之也日者爲魯憂內錄之○爲魯于僞反下同○夏四月癸酉衛侯燬卒○

宋蕩伯姬來逆婦宋蕩伯姬者何蕩氏之母也蕩氏宋世大夫其言來逆婦何据莒慶言逆叔姬連來者嫌內女爲殺自來也兄弟辭也其稱婦何有姑之辭也宋魯之間名結婚姻爲兄弟稱婦者見姑之辭以逆賓文知不殺直來也主書者無出道也○見賢徧反○宋殺其大夫何以不名据宋殺其大夫山名宋三世無大夫三世內娶也三世謂慈父王臣處臼也內娶大夫女也言無大夫者禮不臣妻之父母國內皆臣無娶道故絶去大夫名正其義也外小惡正之者宋以內娶故公族以弱妃黨益彊威權下流政分三門卒生篡弒親親出奔疾其末故正其本○去起呂反○秋楚人圍陳納頓子于頓何以不言遂据楚

子鄭人侵陳遂侵宋兩之也微者不別遂但別兩耳別之者惡國家不重民命一出兵爲兩事也納頓子書者前出奔當絕還入爲盜國當誅書楚納之與之同罪也主書者從楚納之頓子出奔不書者小國例也不見挈者故君不可見挈於臣○惡烏路反○葬

衛文公不月者滅同姓故奪臣子恩也○冬十有二月癸亥公會衛子

莒慶盟于洮莒無大夫書莒慶者尊敬婿之義也洮內地公與未踰年君大夫盟不別得意雖在外猶不致也○別彼列反

二十有六年春王正月己未公會莒子衛甯遬盟

于向○遬音速向舒亮反○齊人侵我西鄙公追齊師至雋弗

及其言至雋弗及何據公追戎于齊西不言所至又不言弗及○雋户圭反又似兖反侈也

侈猶大也六公能却彊齊之兵弗者不之深者也言齊人畏公士卒精猛引師而去之深遠不可得及故曰侈不直言大之者自爲追唯臣子得褒之耳不得與追戎同也言師者侈大公所追也國內兵不書而季地者善公齊師去則止不遠勞百姓過復取勝得用兵之節故錄詳之○侈昌爾反又昌者反大也卒子忽反自爲于僞反下深爲同○夏齊人伐我北鄙○衛人

伐齊○公子遂如楚乞師。乞者何。卑辭也。曷爲以
外內同若辭據春秋尊魯重師也外內皆同卑其辭者深爲與人者重之曷爲
重師據弘之戰不重師師出不正反戰不正勝也不正者不正自謂出當復
反戰當必勝兵凶器戰危事不得已而用之爾乃以假人故重而不暇別外內也稱師者正所乞名也乞師例時○當復扶又反下同別彼
列反下同○秋楚人滅隗以隗子歸不月者略夷狄滅微國也不言獲者舉滅爲重書以歸者
惡不死位不名者所傳聞世見治始起責小國略但絕不誅之○隗五罪反二傳作夔惡不烏路反下同傳直專反見治賢徧反下直吏反
○冬楚人伐宋圍緡邑不言圍此其言圍何刺道
用師也時以師與魯未至又道用之於是惡其視百姓之命若草木不仁之甚也稱人者楚未有大夫未得稱師楚自道用之故
從楚文公以楚師伐齊取穀言以者行公意別魯兵也稱師者順上文公至自
伐齊。此已取穀矣。何以致伐據伐邾婁取叢不致未得乎取穀
也未可謂得意於取穀曷爲未得乎取穀據俱取邑曰。患之起。必自

此始也魯內虛而外乞師以犯彊齊會齊侯昭卒晉文行霸幸而得免孔子曰人之生也直罔之生也幸而免故雖得意猶致伐也

二十七年。春。杞子來朝貶稱子者起其無禮不備故魯入之○夏。六月。庚寅。齊侯昭卒。○秋。八月。乙未。葬齊孝公。○乙巳。公子遂帥師入杞日者杞蜀脩禮朝魯雖無禮君子躬自厚而薄責於人不當乃入之故錄責之○蜀音燭○

冬。楚人。陳侯。蔡侯。鄭伯。許男。圍宋。此楚子也。其稱人何据序諸侯之上貶。曷爲貶据圍鄭不貶爲執宋公貶。故終僖之篇貶也古者諸侯有難王者若方伯和平之後相犯復故罪非楚前執宋公僖公與共議釋之今復圍犯宋故貶因以見義終僖之篇貶者言君子和平人當終身祢也○爲于僞反難乃旦反今復扶又反見賢徧反○十有二月。甲戌。公會諸侯盟于宋地以宋者起公解宋圍爲此盟也宋得與盟則宋解可知也而公釋之見矣○與音預

二十有八年。春。晉侯侵曹。晉侯伐衛。曷爲再言晉侯据楚人圍陳納頓子于頓亦兩事不再出楚人非兩之也。然則何以不言遂

據侵蔡遂伐楚言遂未侵曹也。未侵曹。則其言侵曹何。致其意
也。其意侵曹。則曷爲伐衛。晉侯將侵曹。假塗于衛。
衛曰不可得。則固將伐之也曹有罪晉文行霸征之衛壅遏不得使義兵以時進故著
言侵曹以致其意所以通賢者之心不使壅塞也宋襄公伐齊月此不月者晉文公功信未著且當脩文德未當深求於諸侯故不美也。衛
壅於勇反下同又作壅同遏於葛反。公子買戍衛。不卒戍。刺之。不卒戍者
何。不卒戍者。內辭也。不可使往也即往當言戍衛不卒不可使
往。則其言戍衛何據言戍衛行文遂公意也使臣子不可使恥深故諱使若往不卒竟
事者明臣不得壅塞君命刺之者何。殺之也。殺之則曷爲謂之刺
之。內諱殺大夫謂之刺之也有罪無罪皆不得專殺故諱殺言刺之不言刺公子買但
言不卒戍刺之者起爲上事刺之也內殺大夫例有罪不日無罪日外殺大夫皆時。刺爲于僞反下爲下卒爲晉深爲不爲同。楚
人救衛。三月。丙午。晉侯入曹。執曹伯畀宋人。畀

者何與也其言畀宋人何據下執衛侯言歸之于京師○畀宋必二反與也下同與
使聽之也與使聽其獄也時天王居于鄭晉文欲討楚師以宋王者之後法度所存故因假使治之宋稱人者明聽訟必
師斷與其師衆共之○斷丁亂反下當斷同曹伯之罪何甚惡也其甚惡奈
何不可以一罪言也曹伯數侵伐諸侯以自廣大傳曰晉侯執曹伯班其所取侵地于諸侯是也齊桓師
役諸侯背叛無道者非一晉與曹同姓恩惠當先施刑罰當後加起而征之嫌其失義故著其甚惡者可知也以兵得不言獲者晉文伯討不
坐獲者故亦不責曹不死義兵曰者喜義兵得時入○數所角反下數道同○夏四月己巳晉侯齊
師宋師秦師及楚人戰于城濮楚師敗績此大戰
也曷爲使微者據秦稱師錄功知大戰必不使微者楚雖無大夫齊桓行霸書屈完也○濮音卜子
玉得臣也以上敗績下殺得臣子玉得臣則其稱人何據屈完當桓公稱名
氏貶曷爲貶據邲之戰林父不貶○邲皮必反大夫不敵君也臣無敵君戰之義故
絕正也秦稱師者助霸者征伐克勝有功故褒進之齊桓先○朝天子晉文先討夷狄者晉文之時楚與爭彊所遭遇異楚

殺其大夫得臣 楚無大夫其言大夫者欲起上楚人本當言子玉得臣所以詳録霸事不氏者子玉得臣楚之驕蹇臣數道其君侵中國故貶明當與君俱治也○道音導 ○衛侯出奔楚 晉文逐之不書逐之者以王事逐之擇立其次無絶衛之心惡不如出奔重 ○五月癸丑公會晉侯齊侯宋公蔡侯鄭伯衛子莒子盟于踐土陳侯如會其言如會何 據曹伯襄言會諸侯 後會也 說與會伐宋同剌陳侯不慕霸者反歧意于楚失信後會會畢不致者安信與晉文也盟曰者諭也衛稱子者起叔武本無即位之意陳歧意于楚在二十七年○諭右究反 ○公朝于王所曷爲不言公如京師 據三月公如京師 天子在是也天子在是則曷爲不言天子在是 據狩于河陽 不與致天子也 時晉文公年老恐霸功不成故上白天子曰諸侯不可卒致願王居踐土下謂諸侯曰天子在是不可不朝迫使正君臣明王法雖非正起時可與故書朝因正其義不書諸侯朝者外小惡不書獨録內也不書如不言天王者從外正君臣所以見文公之功○卒七忽反下會卒同見賢徧反下不見當見見其同 ○六月衛侯鄭自楚復歸于衛 言復歸者天子有命

歸之名者刺天子歸有罪也言自楚者爲天子之諱也天子所以陵遲者爲善不賞爲惡不誅衛侯出奔當絕叔武讓國不當復發而反衛侯
令殺叔武故使若從楚歸者復歸例皆時此月者爲下卒出也○當復扶又反令力呈反下令自同○衛元咺出奔
晉○咺況阮反○陳侯款卒不書葬者爲晉文諱行霸不務教人以孝陳有大喪而彊會其孤故深爲恥之
宋襄亦背殯猶不爲齊桓諱者時宋襄自會之卒不日者賤其歧意于楚○秋杞伯姬來○公子
遂如齊○冬公會晉侯齊侯宋公蔡侯鄭伯陳
子莒子邾婁子秦人于温○天王狩于河陽狩不
書此何以書据常事也不與再致天子也一失禮尚愈再失禮重故深正其義
使若天子自狩非致也魯子曰温近而踐土遠也此魯子一說也温近狩地故可言狩踐土
遠狩地故不言狩也公以再朝而日言之上謗是○壬申公朝于王所其日何据上朝不
日録乎内也危録内再失禮將爲有義者所惡不月而日者自是諸侯不繫天子若日不繫於月○惡烏路反下惡衛
同○晉人執衛侯歸之于京師歸之于者何歸于

者何歸之于者罪已定矣歸于者罪未定也罪未定則何以得爲伯討此難成公十五年晉侯執曹伯歸于京師○難乃旦反下方難同歸之于者執之于天子之側者也罪定不定已可知矣歸之者決絕之辭執于天子之側已白天子罪定不定白在天子故言已可知歸于者非執之于天子之側者也罪定不定未可知也未得白天子分別之者但欲明諸侯尊貴不得自相治當斷之于天子爾大惡雖未可知執有罪當爲伯討矣無罪而執人當貶稱人○別彼列反衛侯之罪何殺叔武也何以不書據殺大夫書爲叔武諱也春秋爲賢者諱何賢乎叔武据失兄意○爲叔于僞反下爲賢爲叔武及注而爲深爲皆同讓國也其讓國奈何文公逐衛侯而立叔武叔武辭立而他人立則恐衛侯之不得反也故於是已立故上稱子然後爲踐土之會治反衛侯叔武訟治於晉文公令白王者反衛侯使還國也叔武讓

國見殺而爲叔武諱殺者明叔武治反衛侯欲兄饗國故爲去殺己之罪所以起其功而重衛侯之無道○爲去起呂反衛侯得反。曰。叔武篡我。元咺爭之曰。叔武無罪。終殺叔武。元咺走而出。此晉侯也。其稱人何此以伯討而何貶者言歸之于伯討明知坐他事故更問之○篡初患反貶。曷爲貶据他罪衛之禍。文公爲之也。文公爲之奈何。文公逐衛侯而立叔武。使人兄弟相疑春秋許人臣者必使臣許人子者必使子文公惡衛侯大深愛叔武大甚故使兄弟相疑○大深音泰下同放乎殺母弟者。文公爲之也文公本逐之非故致此禍也逐之文不見故貶主書者以起文公逐之○放乎甫往反○衛元咺自晉復歸于衛。自者何。有力焉者也。有力焉者有力于晉也言恃晉有屬己力以歸方難下意故於是發問○屬音燭此執其君。其言自何上元咺出奔晉而文公執衛侯知以元咺訴執之怪訴其君而助之爲叔武爭也解文公助之意以元咺爲叔武爭訴以爲忠於已而助之雖然臣無訴君之義復於衛非也恃君臣之義故著言自明不當有力於惡人也言復歸者深爲霸者恥之使若無罪○

爭爭鬬之爭下注同悖必内反○諸侯遂圍許○曹伯襄復歸于曹遂會諸侯圍許曹伯言復歸者天子歸之也名者與衛侯鄭同義執歸不書書者名惡當見本無事不當言遂又不更舉曹伯者見其能悔過即時從霸者征伐也霸兵不月者刺文公不復武脩文以附疏會君卒歛服許卒不能降威信自是衰故不成其善○降户江反

二十有九年春介葛盧來介葛盧者何夷狄之君也何以不言朝据諸侯來曰朝介葛音戒國名不能乎朝也不能升降揖讓也介者國也葛盧者名也進稱名者能慕中國朝賢君明當扶勉以禮義○公至自圍許○夏六月公會王人晉人宋人齊人陳人蔡人秦人盟于狄泉文公圍許不能服自知威信不行故復上假王人以會諸侯年老志衰不能自致故諸侯亦使微者會之月者惡霸功之廢於是○故復扶又反年末同惡烏路反○秋大雨雹夫人專愛之所生雨于付反雹步角反○冬介葛盧來前公圍許不在故更來朝不稱字者一年再朝不中禮故不復進也○中丁仲反

三十年。春。王正月。夏。狄侵齊。秋。衛殺其大夫元咺。及公子瑕。衛侯未至。其稱國以殺何据歸在下道殺也時巳得天子命還國於道路遇而殺之坐之與至國同故但稱國不復別也言及公子瑕者下大夫別尊卑。復扶又反別尊彼列反。衛侯鄭歸于衛。此殺其大夫。其言歸何据未至而有專殺之惡與入惡同歸惡乎元咺也衛侯歸殺無惡則元咺之惡明矣曷為歸惡乎元咺据師還元咺之事君也。君出則己入晉人執衛侯歸之于京師元咺自晉復歸于衛時晉力以歸是也君入則己出衛侯鄭自楚復歸于衛元咺出奔晉是也以為不臣也故不從犯伯執為天子所還言復歸從出入無惡言歸以見元咺有出入罪衛侯得殺之所以專臣事君之義名者為殺叔武惡天子歸有罪也執歸不書主書者名惡當見。以見賢徧反下同為于偽反惡夫烏路反。晉人。秦人。圍鄭。介人侵蕭稱人者侵中國故退之。冬。天王使宰周公來聘與葵丘會同義。公子遂如京師。遂如晉。大夫無遂事。此其言遂何。公不得為政爾不從公政令也時見使如京師而横生事矯君命聘晉故疾其驕蹇自專當絶之不舉重者遂當有本。撟君居表反本又作矯

三十有一年。春。取濟西田。惡乎取之以不月與取運異知非内叛邑。惡音烏取之曹也。曷為不言取之曹据取叢言邾婁田也諱取同姓之田也同姓相貪利惡差重恥差深。惡差初賣反下同此未有伐曹者。則其言取之曹何据伐同姓不諱即有兵當舉伐曹下日若甲戌取須朐晉侯執曹伯。班其所取侵地于諸侯也班者布徧還之辭。布徧音遍下文同晉侯執曹伯。班其所取侵地于諸侯。則何諱乎取同姓之田据晉還之得為伯久也魯本為霸者所還當時不取久後有悔更緣前語取之不應復得故當坐取邑。公子遂如晉。夏。四月。四卜郊。不從。乃免牲。猶三望。曷為或言三卜。或言四卜。三卜。禮也。四卜。非禮也。三卜

何以禮。四卜何以非禮據俱卜也求吉之道三三卜吉凶必有相奇者可以決疑故求吉必三卜。奇居宜反禘嘗不卜。郊何以卜禘比祫為大嘗比四時祭為大故據之郊。非禮也禮天子不卜郊卜郊何以非禮據上言三卜禮魯郊。非禮也以魯郊非禮故卜爾昔武王既沒成王幼少周公居攝行天子事制禮作樂致大平有王功周公薨成王以王禮葬之命魯使郊以彰周公之德非正故卜三卜吉則用之不吉則免牲謂之郊者天人相與交接之意也不言郊天者謙不敢斥尊。少詩照反大平音泰王功于況反魯郊何以非禮據成公乃不郊惡之。惡之烏路反下皆同天子祭天郊者所以祭天也天子所祭莫重於郊居南郊者就陽位也槀席玄酒器用陶匏大珪不琢大羹不和為天至尊物不可悉備故推質以事之。槀古老反匏白交反琢大轉反和户卧反為天于偽反下則為本為主為皆同諸侯祭土土謂社也諸侯所祭莫重於社卿大夫祭五祀士祭其先祖天子有方望之事方望謂郊時所望祭四方羣神日月星辰風伯雨師五嶽四瀆及餘山川凡三十六所無所不通盡八極之內天之所覆地之所載無所不至故得郊也諸侯山川有不在其封内者。則不祭也故魯郊非禮也曷為或言免牲。或

言免牛。免牲。禮也魯卜郊不吉免之禮卜郊不吉則爲牲作玄衣纁裳使有司玄端放之於南郊明本爲天
不敢留天牲免牛。非禮也。免牛何以非禮。傷者曰牛養牲不謹
敬有災傷天不饗食用不得復爲天牲故以本牛名之非禮者非天牲不當復見免但當內自省責而已。復爲扶又反下同見免賢徧反下以
見同三望者何。望祭也。然則曷祭。祭泰山河海。曷爲
祭泰山河海据郊者主爲祭天。大山音泰本亦作泰下同山川有能潤于百
里者。天子秩而祭之此皆助天宣氣布功故祭天及之秩者隨其大小尊卑高下所宜禮祭天牲角
繭栗社稷宗廟角握六宗五嶽四瀆角尺其餘山川視卿大夫天燎地瘞日月星辰布山縣水沉風磔雨升燎者取俎上七體與其珪寶在辨
中置於柴上燒之。繭古典反燎力召反瘞於例反縣音玄磔陟百反觸石而出。膚寸而合側手
爲膚按指爲寸言其觸石理而出無有膚寸而不合。膚寸方于反側手爲膚按指爲寸不崇朝而徧雨
乎天下者。唯泰山爾崇重也不重朝言一朝也。崇朝如字注同雨于付反又如字崇重直龍反下
同河海潤于千里亦能通氣致雨潤澤及于千里韓詩傳曰湯時大旱使人禱于山川是也郊望非一獨祭

三者魯郊非禮故獨祭其大者猶者何通可以已也已止何以書譏不郊而望祭也譏尊者不食而卑者獨食書者惡失禮也魯至是郊者僖公賢君欲尊明其先祖之功德不就廢之譏者春秋不見事不書皆從事舉可知也不吉言不從者明已意汲汲欲郊而卜不從爾所以見事鬼神當加精誠○秋七月○冬杞伯姬來求婦其言來求婦何兄弟辭也其稱婦何有姑之辭也書者無出道也○狄圍衛○十有二月衛遷于帝丘月者惡大國遷至小國城郭堅固人衆彊遷徙畏人故惡之也

三十有二年春王正月○夏四月己丑鄭伯接卒不書葬者殺大夫申侯也君殺大夫皆就葬別有罪無罪唯內無貶公之道不可去葬故從殺時別之○接二傳作捷別有彼列反下同去起呂反○衛人侵狄○秋衛人及狄盟不地者起因上侵就狄盟也復出衛人者嫌與內微者同也言及者時出不得狄君也稱人而言及則知狄盟者卑○復扶又反○冬十有二月己卯晉侯重耳卒○重直龍反

三十有三年。春。王二月。秦人入滑。齊侯使國歸父來聘。夏四月。辛巳。晉人及姜戎敗秦于殽。其謂之秦何據敗者稱師未得師稱人。殽本又作肴户交反或户高反夷狄之也曷爲夷狄之據俱見敗秦伯將襲鄭輕行疾至不戒以入曰襲。○輕遣政反百里子與蹇叔子諫曰。千里而襲人。未有不亡者也行疾不假塗變必生道遠多險阻遭變必亡。○蹇居輦反秦伯怒曰。若爾之年者。宰上之木拱矣宰冢也拱可以手對抱。○拱九勇反以手對抱爾曷知。師出。百里子與蹇叔子送其子而戒之曰。爾即死。必於殽之嶔巖。是文王之所辟風雨者也其處險阻隘勢一人可要百故文王過之驅馳常若辟風雨襲鄭所當由也。○嶔苦銜反鄒湙生猪詮之音上林賦並同徐音欽韋昭漢書音義去瞻反又本或作廞同巖五銜反韋音巖處昌慮反隘於賣反要一遥反傳要之同吾將尸爾焉在牀曰尸在棺曰柩子揖師而行揖其父於師中介胄不拜爲其拜如踖。○冑古又反爲于僞反踖音存 百里子與蹇叔子從其子而哭之。秦伯怒曰。爾曷爲哭吾師。對曰。臣非敢哭君師。哭臣之子也 言恐臣先死子不見臣故先哭之 弦高者。鄭商也。鄭商賈人○賈音古 遇之殽。矯以鄭伯之命而犒師焉 詐稱曰矯犒勞也見其軍行非常不似君子恐見虜掠故生意矯君命勞之○矯以居表反犒苦報反勞也勞力報反下同掠音亮 或曰往矣。或曰反矣 軍中語也時以爲鄭賈使弦高犒之或以爲鄭伯已知將見襲必設備不迎還或曰緒出當遂往之 然而晉人與姜戎要之殽而擊之。匹馬隻輪無反者 然然上議猶豫留住之頃也匹馬一馬也隻踦也皆喻盡○隻輪如字一本又作易輪董仲舒云車皆不還故不得易輪輪轍隻踦居宜反一本作易踦 其言及姜戎何 據秦人白狄不言及吳子主會也 姜戎微也。故絕言及 稱人。亦微者也。何言乎姜戎之微 據邾人狄人伐衛不言及 先軫也 先軫晉大夫也言姜戎微則知稱人者尊 或曰。襄公親之 以既殞又危文公葬 襄公親之。則

其稱人何據桓十三年衛侯背殯用兵不稱人貶。曷為貶據俱背殯用兵君在乎殯

而用師。危不得葬也與衛迫齊宋異故惡不子也。惡烏路反下同詐戰不日。

此何以日據不言敗績外詐戰文也詐卒也齊人語也。卒七忽反盡也惡晉不仁。癸巳葬

晉文公。狄侵齊。公伐邾婁。取叢取邑不致者得意可知例。取叢才工反

二傳作取此言樓。秋。公子遂率師伐邾婁。晉人敗狄于箕

不月者略微者與夷狄也。冬。十月。公如齊月者善公念齊恩及子孫。十有二月。公

至自齊。乙巳。公薨于小寢。霣霜不殺草。霣于敏反

李梅實。何以書。記異也。何異爾。不時也周之十二月夏之十

月也易中孚記曰陰假陽威之應也早霣霜而不殺萬物至當霣霜之

時根生之物復榮不死斯陽假與陰威陰威列索故陽自霣霜而反不

能殺也此禄去公室政在公子遂之應也。復扶又反索息各反。晉人。陳人。鄭人。伐許

春秋公羊卷第五

經傳柒阡壹伯卌叁字　注壹萬玖佰
參拾字　音義貳阡叁伯壹拾陸字

春秋公羊經傳解詁文公第六

何休學

元年春王正月公即位○二月癸亥朔日有食之是後楚世子商臣弒其君楚滅江六狄比侵中國○天王使叔服來會葬其言來會葬何据奔喪以非禮書歸含且賵不言來○歸含本又作唅户暗反五年經同賵芳鳳反會葬禮也但解會葬者明言來者常文不爲早晚施也常事書者文公不肖諸侯莫肯會之故書天子之厚以起諸侯之薄蓋以長補短也叔服者王子虎也服者字也叔者長幼稱也不繫王者不以親疏録也不稱王子者時天子諸侯不務求賢而專貴親親故尤其在位子弟刺其早任以權也魯得言公子者方録異辭故獨不言弟也諸侯得言子弟者一國失賢輕○不爲于僞反下不爲同長幼丁丈反稱也尺證反○夏四月丁巳葬我君僖公○天王使毛伯來錫公命○錫者何賜也命者何加我服也復發傳者嫌禮與桓公同死生異也主書者惡天子也古者三載考績三考黜陟幽明文公新即位功未足施而錫之非禮也○錫思歷反復扶又反惡烏路反○晉侯伐

衛○叔孫得臣如京師書者與莊二十五年同知不爲喪聘書者聘爲貢職天子當得異方之物以事宗廟又欲以知君父無恙不以喪廢故不譏也如他國就不三年一譏而已○恙餘亮反○衛人伐晉○

秋。公孫敖會晉侯于戚○戚子寂反○冬。十月。丁未。楚世子商臣弒其君髡楚無大夫言世子者甚惡世子弒父之禍也不言其父言其君者君之於世子有父之親有君之尊言世子者所以明有父之親言君者所以明有君之尊又責臣子當討賊也日者夷狄子弒父忍言其日○髡苦門反左氏作頵

○公孫敖如齊書者譏喪娶吉凶不相干

二年。春。王二月。甲子。晉侯及秦師戰于彭衙。秦師敗績稱秦師者惡其衆惡其將前以不用賢者之言匹馬隻輪無反者今復重師敗績師敵君不正者賊之不嫌得敵君○衙音牙本或作牙惡烏路反將子匠反復扶又反下不復皆同重直用反○丁丑。作僖公主。作僖公主者何。爲僖公作主也爲僖公廟作主也主狀正方穿中央達四方天子長尺二寸諸侯長一尺○爲僖公廟于僞反下蓋爲以爲下欲爲同主者曷用。虞主用桑禮平明而葬日中而反虞以陽求陰

謂之虞者親喪以下壙皇皇無所親求而虞事之虞猶安神也用桑者取其名與其麤觕所以副孝子之心禮虞祭天子九諸侯七卿大夫五士三其奠處猶吉祭○壙苦晃反又音曠麤才古反又七奴反練主用栗謂期年練祭也埋虞主於兩階之間易用栗也夏后氏以松殷人以柏周人以栗松猶容也想見其容貌而事之主人正之意也柏猶迫也親而不遠主地正之意也栗猶戰栗謹敬貌主天正之意也禮士虞記曰桑主不文吉主皆刻而諡之蓋為禘祫時別昭穆也虞主三代同者用意尚麤觕未暇別也○期年音基三年同人正音征下同別彼列反下同用栗者。藏主也。藏于廟室中常所當奉事也質家藏于堂作僖公主何以書據作餘公主不書譏。何譏爾。不時也。其不時奈何。欲久喪而後不能也禮作練主當以十三月文公亂聖人制欲服喪三十六月十九月作練主又不能卒竟故以二十五月也日者重失禮鬼神○三月。乙巳。及晉處父盟。此晉陽處父也。何以不氏據陽處父伐楚救江諱與大夫盟也諱去氏者使若得其君如經言邾婁儀父矣不地者起公就於晉也日者起公盟也俱没公齊高傒不使若君處父使若君者親就其國恥不得其君故使若得其君也如晉不書不致者深諱之○去起呂反○夏。六月。公孫敖會宋公。陳侯。鄭伯晉士縠盟于垂斂盟不日者欲共盟誅商臣雖不能誅猶為疾惡故也褒與信辭也不如平丘兩舉會盟詳錄之者時至即盟會禮不成○縠户木反垂斂左氏作垂隴○自十有二月不雨至于秋七月何以書記異也以不言旱大旱以災書此亦旱也曷為以異書大旱之日短而云災云言也言有災故以災書此不雨之日長而無災故以異書也此祿去公室政在公子遂之所致也不就莊三十一年發傳者此最甚事著○八月丁卯大事于大廟躋僖公大事者何大祫也以言大與有事異又從僖八年禘數之知為大祫○大廟音太下太祖皆同躋僖子兮反升也本又作躋同祫音洽大祭禘數大帝反下所主反大祫者何合祭也其合祭柰何毀廟之主陳于大祖毀廟謂親過高祖毀其廟藏其主于大祖廟中禮取其廟室笮以為死者炊沐大祖周公之廟陳者就陳列大祖前大祖東鄉昭南鄉穆北鄉其餘孫從王父父曰昭子曰穆昭取其鄉明穆取其北面尚敬○笮側白反炊沐昌垂反下音木東鄉許亮反下同未毀廟之主皆升合食于大祖自外來曰升

五年而再殷祭殷盛也謂三年祫五年禘禘所以異於祫者功臣皆祭也祫猶合也禘猶諦也審諦無所遺失禮天子特禘特祫諸侯禘則不礿祫則不嘗大夫有賜於君然後祫其高祖○諦音帝礿羊略反躋者何升也何言乎升僖公据禘于大廟不道所升譏何譏爾逆祀也其逆祀奈何先禰而後祖也升謂西上禮昭穆指父子近取法春秋惠公與莊公當同南面西上隱桓與閔僖亦當同北面西上繼閔者在下文公緣僖公於閔公爲庶兄置僖公於閔公上失先後之義故譏之傳曰後祖者僖公以臣繼閔公猶子繼父故閔公於文公亦猶祖也自先君言之隱桓及閔僖各當爲兄弟顧有貴賤耳自繼代言之有父子君臣之道此恩義逆順各有所施也不言吉祫者就不三年不復譏略爲下張本○禰乃禮反○冬晉人宋人陳人鄭人伐秦○公子遂如齊納幣納幣不書此何以書譏何譏爾譏喪娶也娶在三年之外則何譏乎喪娶据逆在四年○喪取七住反本亦作娶同三年之內不圖婚僖公以十二月薨至此未滿二十五月又禮先納采問名納吉乃納幣此四者皆在三年之內故去爾吉禘于莊公譏然則曷爲不於

祭焉譏据吉禘于莊公譏始不三年大事圖婚俱不三年大事獨從吉禘不復譏三年之恩疾矣疾痛非虛加之也非虛加責之以人心爲皆有之以人心爲皆有疾痛不忍娶以人心爲皆有之。則曷爲獨於娶焉譏据孝子疾痛吉事皆不當爲非獨娶也娶者。大吉也合二姓之好傳之於無窮故爲大吉。好呼報反傳直專反非常吉也與大事異其爲吉者主於己主於己身不如祭祀尚有念先人之心以爲有人心焉者。則宜於此焉變矣變者變慟哭泣也有人心念親者聞有欲爲已圖婚則當變慟哭泣矣況乃至于納幣成婚哉。慟杜貢反

三年。春。王正月。叔孫得臣。會晉人。宋人。陳人。衛人。鄭人。伐沈。沈潰。伐沈音審國名潰戶內反○夏。五月。王子虎卒。王子虎者何。天子之大夫也。外大夫不卒。此何以卒据原仲也新使乎我也王子虎即叔服也新爲王者使來會葬在葬後三年中卒君子恩隆於親親則加報之故

卒明當有恩禮也尹氏卒曰此不日者在期外也名者卒從正○新使所吏反○秦人伐晉○秋○楚人
圍江○雨螽于宋○雨螽者何○死而墜也以先言雨也墜去隨地也不
言如雨言雨螽者本飛從地上而下至地似雨尤醇○雨螽于付反下及注同一音如字螽音終而墜直類反注同隋大果反上時掌反醇音
純何以書○記異也○外異不書○此何以書○爲王者之
後記異也螽猶衆也衆死而墜者君臣將爭彊相殘賊之象是後大臣比爭鬭相殺司城驚逃子哀奔亡國家廓然無人
朝廷久空蓋猶三世內娶貴近妃族禍自上下故異之云爾○爲王于僞反近附近之近○冬○公如晉○十有
二月○己巳○公及晉侯盟○晉陽處父帥師伐楚救
江○此伐楚也○其言救江何据兩之當先言救也非兩之當重出處父也生事當與言遂三者皆違
例知後言救江起伐楚意故問之○重直用反爲諼也諼詐○諼許元反其爲諼奈何○伐
楚○爲救江也救人之道當指其所之實欲救江而反伐楚以爲其勢必當引圍江兵當還自救也故云爾孔子曰
自古皆有死民無信不立

四年。春。公至自晉。夏。逆婦姜于齊。其謂之逆婦姜于齊何[據不書逆者主名不言如齊不稱女]略之也[稱婦姜云至文也逆與至共文故爲略]高子曰。娶乎大夫者。略之也[賤非所以奉宗廟故略之不書逆者主名卑不爲録使也不言如齊者大夫無國也不稱女者方以婦姜見與至共文重至也不稱夫人爲致文者賤不可奉宗廟也不言氏者本當稱女女者父母辭君子不奪人之親故使從父母辭不言氏。爲于僞反使所吏反見與賢偏反]○狄侵齊。秋。楚人滅江。○晉侯伐秦。○衞侯使甯俞來聘。○冬。十有一月。壬寅。夫人風氏薨[○甯俞乃定反下音餘]

五年。春。王正月。王使榮叔歸含且賵。含者何。口實也[孝子所以實親口也緣生以事死不忍虛其口天子以珠諸侯以玉大夫以碧士以貝春秋之制也文家加飯以稻米。飯扶晚反]其言歸含且賵何[據宰咺歸兩賵不言且也連賵何之者嫌據賵言歸。咺況阮反]兼之兼之非禮也[且兼辭以言且知譏兼之也含言歸者時主持含來也去夫者含者臣子職以至尊行至卑事失尊之義也不

從含晚言來者本不當含也主書者從含也○去起呂反下同○三月辛亥葬我小君成風

成風者何僖公之母也風氏也任宿顓臾之姓○任音壬顓臾音專下音揄○王使

召伯來會葬去天者不及事刺比失喪禮也○夏公孫敖如晉○秦人

入鄀○鄀音弱○秋楚人滅六○冬十月甲申許男業卒

六年春葬許僖公○夏季孫行父如陳○秋季孫

行父如晉○八月乙亥晉侯讙卒○讙好官反○冬十月

公子遂如晉○葬晉襄公書遂者刺公生時數如晉葬不自行非禮也禮諸侯薨使大夫

弔自會葬○數所角反○晉殺其大夫陽處父○晉狐射姑出奔

狄晉殺其大夫陽處父則狐射姑曷爲出奔据蔡殺其

大夫公子燮蔡公子履出奔楚此非同姓恐見及○射姑音亦又音夜穀梁作夜射姑殺也以非恐見及知其殺射

姑殺則其稱國以殺何君漏言也自上言泄下曰漏○君漏力豆反泄也言

泄息列反又以制反其漏言奈何。君將使射姑將謂作中軍大夫。姑將子匠反下同陽處父諫曰。射姑民衆不說。不可使將。於是廢將。陽處父出。射姑入。君謂射姑曰。陽處父言曰。射姑民衆不說。不可使將。射姑怒。出刺陽處父於朝而走明君漏言殺之當坐殺也易曰君不密則失臣臣不密則失身幾事不密則害成○不說音悅下同刺七亦反又一音七賜反○

閏月不告月。猶朝于廟。不告月者何。不告朔也禮諸侯受十二月朔政於天子藏于大祖廟每月朔朝廟使大夫南面奉天子命君北面而受之比時使有司先告朔慎之至也受於廟者孝子歸美先君不敢自專也言朝者緣生以事死親在朝朝莫夕已死不敢渫鬼神故事必于朔者感月始生而朝○大祖音泰比必利反朝朝上如字下直遥反渫息列反曷爲不告朔據俱月也天無是月也。閏月矣。何以謂之天無是月。非常月也所在無常故無政也猶者何。通可以已也朝者因視朔政爾無政而朝故加猶不言朔者閏月無告朔禮也不言公者内事可知七年。春。公伐邾婁。三月。甲戌。取須朐。取邑不日。

此何以日據取叢也朐其俱反。內辭也。使若他人然使若公春伐邾婁而去、他人自以甲戌日取之內冊取邑然後甚而日也今此一取而日故使若他人然所以深諱者邑之盟不見序并爲取邑故。并爲于僞反年末注同。遂城郚主書者甚其生事困極師衆。郚音吾。夏。四月。宋公王臣卒不書葬者坐殺大夫也不日者內娶略。宋人殺其大夫。何以不名據宋殺其大夫山名宋三世無大夫。三世內娶也故使無大夫。戊子。晉人及秦人戰于令狐。令力丁反晉先眜以師奔秦。此偏戰也。何以不言師敗績據秦師敗績。眜音蔑左氏作蔑敵也俱無勝負此晉先眜也。其稱人何據奔無出文知先眜也貶。曷爲貶據新築之戰衛孫良夫敗績不貶外也。其外奈何。以師外也懷持二心有功欲還無功便持師出奔故於戰貶之起其以師外也本所以懷持二心者其咎亦由晉侯要以無功當誅也不起者敵而外事可知也。咎其九反何以

不言出据楚囊瓦俱戰而奔言出遂在外也起其生事成於竟外從竟外去○狄侵我

西鄙○秋八月公會諸侯晉大夫盟于扈諸侯何

以不序大夫何以不名序次也据新城盟諸侯序趙盾名公失序也公

失序奈何諸侯不可使與公盟眣晉大夫使與公

盟也以目通指曰眣文公內則欲久喪而後不能喪娶逆祀外則貪利取邑爲諸侯所薄賤不見序故深諱爲不可知之辭不日者

順諱爲善文也○眣音舜本又作眹尹乙反又大結反以目通指曰眣本又作眹音同字書云眣瞚也以忍反○冬徐伐莒

謂之徐者前共滅王者後不知尊先聖法度今自先祀文對事連可以延同惡莒在下不得狄故復狄徐也一罪再狄者明爲莒狄之爾徐先

狄在僖十五年○復扶又反○公孫敖如莒莅盟

年春王正月○夏四月○秋八月戊申天王崩○

十月壬午公子遂會晉趙盾盟于衡雍○雍於用反○

乙酉公子遂會伊雒戎盟于暴四日不能再出不卒名者非一事再見也○雒

音洛暴步報反本又作曝一音甫沃反見賢徧反○公孫敖如京師。不至復。丙戌。
奔莒。不至復者何。不至復者。內辭也。不可使往也
安居不肯行故諱使若已行但不至還爾即已行當道所至乃言復如至黃矣不可使往。則其言如
京師何。遂公意也正其義不使君命壅塞○壅於勇反何以不言出据慶父言出奔
遂在外也諱使若從外奔不敢復還遂者也日者嫌敖罪明則起君弱故諱使若無罪○復扶又反螺先是
公如晉公子遂公孫敖比出不可使勢奪於大夫煩擾之應○螺音終○宋人殺其大夫司馬。
宋司城來奔。司馬者何。司城者何。皆官舉也。皆以官名舉言
之天子有大司徒大司馬大司空皆三公官名也諸侯有司徒司馬司空皆卿官也宋變司空爲司城者辟先君武公名也曷爲
皆官舉据宋殺其大夫山不官舉宋三世無大夫。三世內娶也。宋以
內娶故威勢下流三世妃黨爭權相殺司城驚逃子哀奔亡主或不知所任朝廷久空故但舉官起其事也大夫相殺例皆時
九年。春。毛伯來求金。毛伯者何。天子之大夫也。何

以不稱使據南季稱使當喪未君也時王新有三年喪踰年矣。何以謂之未君據崩在八年踰年當即位即位矣。而未稱王也。未稱王。何以知其即位。以諸侯之踰年即位。亦知天子之踰年即位也俱繼體其禮不得異以天子三年然後稱王。亦知諸侯於其封内三年稱子也各信恩於其下。○信音申踰年稱公矣。則曷爲於其封内三年稱子。緣民臣之心。不可一日無君。緣終始之義。一年不二君故君薨稱子某既葬稱子明繼體以繫民臣之心不可曠年無君故踰年稱公緣孝子之心。則三年不忍當也孝子三年志在思慕不忍當父位故雖即位猶於其封内三年稱子子張曰書云高宗涼闇三年不言何謂也孔子曰何必高宗古之人皆然君薨百官總已以聽冢宰三年。○涼音亮又音良闇如字又音陰毛伯來求金何以書。譏。何譏爾。王者無求。求金。非禮也。然則是王

者與。据未稱王與音餘曰。非也。非王者。則曷爲謂之王者。王
者無求。曰。是子也雖名爲三年稱子者其實非唯繼父之位繼文王之體。守
文王之法度。文王之法。無求而求。故譏之也引文王者文王
始受命制法度○夫人姜氏如齊奔父母之喪也不言奔喪者尊内猶不言朝聘也故以致起得禮也書者
大夫家危重言如齊者大夫繫國○二月。叔孫得臣如京師。○辛丑葬
襄王。王者不書葬。此何以書。不及時書。過時書重録
失時我有往者則書謂使大夫往也惡文公不自往故書葬以起大夫會之日者僖公成風之喪襄王比加禮
故恩録之所以甚責内○惡烏路反○晉人殺其大夫先都。○三月。夫人姜
氏至自齊出獨致者得禮故與臣子辭月者婦人危重從始至例○晉人殺其大夫
士縠。及箕鄭父。○楚人伐鄭。○公子遂。會晉人。宋
人。衛人。許人。救鄭。○夏。狄侵齊。○秋。八月。曹伯襄

卒。九月。癸酉。地震。地震者何。動地也。動者震之故傳先言動者喻若物之動地以曉人也何以書。記異也。天動地靜者常也地動者象陰爲陽行是時魯文公制於公子遂齊晉失道四方叛得星孛之萌自此而作故下與北斗之變所感同也不傳天下異者從王內録可知。行下孟反孛音佩。冬。楚子使椒來聘。椒者何。楚大夫也。楚無大夫。此何以書。始有大夫也。入文公所聞世見升平法內諸夏以外夷狄也屈完子玉得臣者以起霸事此其正也聘而與大夫者本大國。椒子遥反一本作萩子小反見賢徧反始有大夫。則何以不氏。據屈完氏許夷狄者。不一而足也。許與也足其氏則當純以中國禮責之嫌夷狄質薄不可卒備故且以漸。卒七忽反。秦人來歸僖公成風之禭。其言僖公成風何。兼之。兼之。非禮也。禮主于敬當各使一使所以別尊卑。禭音遂贈喪之衣服一使所吏反別彼列反下同曷爲不言及成風。據及者別公夫人尊卑文也連成風者但問尊卑體當絕非欲上成風使及僖公。上時掌反又如字成風尊也。不可使卑及尊也母尊亭在下者明婦人有三從之義少繫父既嫁繫夫夫死繫子。少詩召

反。葬曹共公

十年春王三月辛卯臧孫辰卒。夏秦伐晉謂之秦者起令狐之戰敵均不敗晉先眛以師奔秦可以足矣而猶不知止故夷狄之。楚殺其大夫宜申。

自正月不雨至于秋七月公子遂之所招。及蘇子盟于女栗女音汝本亦作汝。冬狄侵宋。楚子蔡侯次于厥貉魯恐故書刺微弱也。厥貉居勿反又音厥下麥又户各反二傳作厥貉

十有一年春楚子伐圈圈求阮反一音卷說文作圈字林曰萬反二傳作麇。夏。叔彭生會晉郤缺于承匡。秋曹伯來朝。公子[illegible]如宋。狄侵齊。冬十月甲午叔孫得臣敗狄[illegible]何以日嫌夷狄不能偏戰故問也。鹹音咸長狄也蓋長百尺兄弟[illegible]之齊。一者之魯。一者之晉不書者外異也其

之齊者。王子方父殺之。其之魯者。叔孫得臣殺之。經言敗殺不明，故復云爾。○復，扶又反則未知其之晉者也。其言敗何據敗者內戰文，非殺一人也大之也長狄之三國皆欲爲君，長大，非一人所能討，興師動衆然後殺之，如大戰，故就其事言敗其日何據日而言敗，與公子友敗莒師于犂同，非殺一人文。○犂，力知反，又力兮反大之也如結日大戰其地何。大之也如大戰故地何以書。記異也魯成就周道之封，齊晉霸尊周室之後，長狄之操無羽翮之助，別之三國，皆欲爲君，此象周室衰，禮義廢，大人無輔佐，有夷狄行事，以三成不可苟指一，故自宣成以往，弑君二十八，亡國四十。○行，下孟反

十有二年。春。王正月。盛伯來奔。盛伯者何。失地之君也。何以不名。兄弟辭也與郜子同義。月者，前爲魯所滅，今來見歸，尤當加意厚遇之。杞伯來朝。二月。庚子。子叔姬卒卒者許嫁此未適人。何以卒。許嫁矣。婦人許嫁。字而笄之。死則以成人之喪治之。其稱子何據伯姬卒亦許嫁，不稱子。○笄，古兮反貴也。其貴奈

三行上半截照式偹補寫明如左反面成父二字亦照寫補好

遂如宋

于鹹狄者何

三人言相類如兄弟一者之齊

公羊六

成父

何毋弟也不稱母妹而繫先君言子者遠別也禮男子不絕婦人之手婦人不絕男子之手○別彼列反○夏楚人圍巢○秋滕子來朝○秦伯使遂來聘遂者何秦大夫也秦無大夫此何以書賢繆公也何賢乎繆公据聘不足與大夫荊人來聘是也○使遂二傳作術繆音穆以爲能變也其爲能變奈何惟諓諓善竫言諓諓淺薄之貌竫猶撰也○諓諓徐在淺反又子淺反又音餞尚書截截淺薄貌也賈逵注外傳云巧言也善竫在井反撰也本或作諞皮勉反又必淺反本作譔七全反又仕勉反俾君子易怠俾使也易怠猶輕惰也○俾必爾反注同使也易以豉反注同惰大臥反而況乎我多有之惟一介斷斷焉無他技一介猶一槩斷斷猶專一也他技奇巧異端也孔子曰攻乎異端斯害也已○一介古拜反一介猶一槩也尚書音古賀反斷斷丁亂反專一也注同技其綺反槩古愛反奇其宜反本又作琦同其心休休休休美大貌○休休許虬反美大貌能有容能含容賢者逆耳之言是難也是難行也秦繆公自傷前不能用百里子蹇叔子之言感而自變悔遂霸西戎故因其能聘中國善而與之使有大夫子貢曰君子之過也如日月

七々卅五

五十七。之食焉過也人皆見之更也人皆仰之此之謂也○冬。十有二月。戊午。晉人。秦人。

戰于河曲。此偏戰也。何以不言師敗績。敵也。曷爲

以水地以水地者謂以水曲折起地遠近所在也据戰于泓不言曲。折之設反河曲疏矣。河千

里而一曲也何曲疏以据地明故可以曲地因以起二國之君數與兵相伐戰無已時故不言及不別曲直而地以河

曲明兩曲也。數所角反不別彼列反下同季孫行父。帥師城諸及運書帥師者

刺魯微弱臣下不可使邑久不脩不敢徒行與師厲衆然後敢城之言及者別君邑臣邑也。運二傳作鄆後皆爾

十有三年。春。王正月。○夏。五月。壬午。陳侯朔卒不書

葬者盈爲晉文諱也晉文雖霸會人孤以尊天子自補有餘故復盈爲諱。盈爲于僞反下文盈爲爲周公皆同復扶又反○邾

婁子蘧篨卒。蘧篨其居反下直居反○自正月不雨至于秋七

月公子遂所致○世室屋壞。世室者何。魯公之廟也魯公周公

子伯禽。○世室二傳作大室周公稱大廟。魯公稱世室。羣公稱宮

少差異其下者所以上尊周公。○大廟音泰下同此魯公之廟也。曷爲謂之世室。世室猶世室也。世世不毀也。魯公始封之君故不毀也周公何以稱大廟于魯。据魯公始封也封魯公以爲周公也。爲周公故語在下周公拜乎前。魯公拜乎後。始受封時拜于文王廟也尚書曰用命賞于祖是也父子俱拜者明以周公之功封魯公也曰。生以養周公。生以魯國供養周公。○以養餘亮反注皆同供養九用反下同死以爲周公主。如周公死當以魯公爲祭祀主加曰者成王始受其茅土之辭禮記明堂位曰封周公於曲阜地方七百里革車千乘蓋以爲有王功故半天子也。○死以爲如字注死以爲周公主同乘繩證反王于況反然則周公之魯乎。曰不之魯也。封魯公以爲周公主。然則周公曷爲不之魯。据爲周公者謂生以養周公死以爲周公主周公不之魯則不得供養爲主欲天下之一乎周也。周公聖人德至重功至大東征則西國怨西征則東國怨嫌之魯恐天下迴心趣鄉之故封伯禽命使遥供養死則奔喪爲主所以一天下之于周室。○鄉許亮反魯祭周公。何以爲牲。据廟異也周

公用白牡白牡殷牲也周公死有王禮謙不敢與文武同也不以夏黑牡者嫌改周之文當以夏辟嫌也魯公

用騂犅騂犅赤脊周牲也魯公以諸侯不嫌故從周制以脊爲差○騂息營反犅音剛詩作剛騂犅赤脊也羣公

不毛不毛不純色所以降于尊祖魯祭周公何以爲盛据牲異也○盛成政反又音成

粢盛也在器曰盛周公盛盛者新穀魯公燾燾者冒也故上以新也○燾徒報反一本作燾音同冒也

冒亡報反羣公廩廩者連新於陳上財令半相連爾此謂方祫祭之時序昭穆之差○廩力甚反財令力呈反下同

世室屋壞何以書譏何譏爾久不脩也簡忽久不以時脩治至令

壞敗故譏之言屋者重宗廟詳録之以不務公室不月者知久不脩當蒙上月○冬公如晉○衛侯會

于沓○沓徒合反○狄侵衛○十有二月己丑公及晉侯

盟○還自晉○鄭伯會公于斐還者何善辭也何

善爾往黨衛侯會公于沓至得與晉侯盟反黨鄭

伯會公于斐故善之也黨所也所猶時齊人語也文公前扈之盟不見序後能救鄭之難不

逆王者之求上得尊尊之義下得解患之恩一出三爲諸侯所榮故加録於其還時皆深善之○棐本又作棐芳尾反難乃旦反

十有四年春王正月公至自晉月者爲臣子喜録上事○爲臣于僞反下爲後故爲同○邾婁人伐我南鄙○叔彭生帥師伐邾婁○夏五月乙亥齊侯潘卒不書葬者潘立儲嗣不明乍欲立舍乍欲立商人至使臨葬更相篡弑故絶其身明當更立其先君之次○潘普干反更相音庚下吳楚更同篡弑申志反下同○六月公會宋公陳侯衛侯鄭伯許男曹伯晉趙盾癸酉同盟于新城盟下日者刺諸侯微弱信在趙盾○盾徒本反○秋七月有星孛入于北斗○孛者何彗星也狀如篲○孛步内反徐扶憒反其言入于北斗何据大辰不言入又不言孛名北斗有中也中者魁中何以書記異也孛者邪亂之氣篲者掃故置新之象也北斗天之樞機玉衡七政所出是時桓文迹息王者不能統政自是之後齊晉並爭吳楚更謀競行天子之事齊宋莒魯弑其君而立之應○爭爭鬭之爭○公至自會○晉人納接菑于邾婁弗克納○

納者何。入辭也。其言弗克納何。［据言于邾婁與納頓子于頓同俱入國得立辭○捷菑在妾反又如字下側其反二傳作捷菑］大其弗克納也。［克勝也鄭伯以勝爲惡此弗勝故爲大］何大乎其弗克納。［据伐齊納子糾恥不能納］晉郤缺帥師。革車八百乘。以納接菑于邾婁。力沛若有餘。［沛有餘貌○乘繩證反沛若普貝反有餘貌］而納之。邾婁人言曰。接菑晉出也。貜且齊出也。［出外孫也○貜俱縛反下子餘反］子以其指。［指手指］則接菑也四。貜且也六。［言俱不得天之正性］子以大國壓之。［壓服也服邾婁使從命○壓於甲反又於輒反服也］則未知齊晉孰有之也。［設齊復興兵來納貜且亦欲服邾婁使從命未知齊晉誰能使外孫有邾婁者○齊復扶又反下同］貴則皆貴矣。［時邾婁再娶二子母尊同體敵］雖然。貜且也長。［既兩不得正性又皆貴唯當以年長故立之○長丁丈反注同］郤缺曰。非吾力不能納也。義實不爾克也。［如邾婁人言義不可奪也故云爾］引師而去之。故君子大其弗克納也大其不以己非奪人之是此晉郤缺也。其稱人何。貶。曷爲貶據趙鞅納蒯聵不貶不與大夫專廢置君也。曷爲不與據大其弗克納實與弗克納是而文不與。文曷爲不與。大夫之義。不得專廢置君也不復發上無天子下無方伯傳者諸侯本有錫命征伐憂天下之道故明有亂義大夫不得專也接菑不繫邾婁者見挈于郤缺也不氏者本當言郤婁接菑見當國也。見挈賢徧反下音苦結反。九月。甲申。公孫敖卒于齊已絶卒之者爲後齊脅魯歸其喪有恥故爲内諱使若尚爲大夫。齊公子商人弑其君舍。此未踰年之君也。其言弑其君舍何據弑其君之子奚齊也連名何之者弑成君未成君俱名問例所從也已立之。已殺之商人本正當立恐舍緣潘意惡爲害故先立而弑之成死者而賤生者也惡商人懷詐無道故成舍之君號以賤商人之所爲不解名者言成君可知從成君不日者與卓子同。惡烏路反卓勑角反。宋子哀來奔。[illegible]者何。無聞焉爾。冬。單伯如齊。

齊人執單伯。齊人執子叔姬。執者曷爲或稱行人或不稱行人此問諸侯相執大夫所稱例稱行人而執者。以其事執也以其所銜奉國事執之晉人執我行人叔孫舍是也不稱行人而執者以已執也已者已大夫自以大夫之罪執之分別之者罪惡各當歸其本。○別彼列反單伯之罪何。道淫也。惡乎淫。淫乎子叔姬時子叔姬嫁當爲齊夫人使單伯送之。○惡音烏然則曷爲不言齊人執單伯。及子叔姬据夫人婦姜繫公子遂內辭也使若異罪然深諱使若各自以他事見執者不書叔姬歸于齊者深諱以起道淫書單伯如齊者起送叔姬也齊稱人者順諱文使若非伯討

十有五年。春。季孫行父如晉。○三月。宋司馬華孫來盟月者文公微弱大夫秉政宋亦蔽於三世之黨二亂結盟故不與信辭不稱使者宋無大夫官舉者見宋亂也錄華孫者明惡一國非以月惡華孫也。○華孫戶化反見賢徧反惡烏路反下皆同。○夏。曹伯來朝。○齊人

歸公孫敖之喪。何以不言來據齊人來歸子叔姬內辭也。脅我
而歸之。筍將而來也筍者竹箯一名編輿齊魯以北名之曰筍將送也爲叔姬淫惡魯類故取其尸
置編輿中傳送而來脅魯令受之故諱不言來起其來有恥不可言來
也不月者不以恩錄與子叔姬異○筍將音峻竹箯也將送也竹箯婢
緜反一音步賢反服虔音編韋昭音如頻反編必緜反一音篇郭璞音步
典反輿音餘爲叔于僞反下父爲子爲若爲實爲同傳直專反令受力
呈反下同○六月。辛丑朔。日有食之。鼓用牲于社是後楚人滅庸宋人
弒其君處臼齊人弒其君商人
宣公弒子赤莒弒其君庶其○單伯至自齊大夫不致此致者喜患禍解也不省
去氏者淫當絕使若他單伯
至也○解戶買反省所景反○晉郤缺帥師伐蔡。戊申。入
蔡。入不言伐。此其言伐何。至之日也。其日何據甲寅齊人伐
衛日
伐也至之日也嫌至日伐不至日入故曰入也主書與甲寅同義○秋。齊人侵我西
鄙。○季孫行父如晉。○冬。十有一月。諸侯盟于扈
不序不日者順上諱文使
己之盟都不可得而知○十有二月。齊人來歸子叔姬。

其言來何（据齊人歸公孫敖之喪不言來）閔之也（閔傷其棄絕來歸）此有罪。何閔爾。父母之於子。雖有罪。猶若其不欲服罪然（孔子曰父爲子隱子爲父隱直在其中矣所以崇父子之親也言齊人不以棄歸爲文者[illegible]敖同文相發明叔姬于文公爲姊妹言父母者時文公母在明孝子當申母恩也月者閔録之從無罪例）○齊侯侵我西鄙。遂伐曹。入其郛。郛者何。恢郭也（恢大也郭城外大郭。○郛芳夫反郭也恢郭苦回反大也）入郛書乎。曰。不書（圍不言入入郛是也）入郛不書。此何以書。動我也（諱使若爲同姓見入郛故動懼我也）動我者何。内辭也。其實我動焉爾（齊侵魯魯實爲子叔姬故動懼失操云爾鄉者不去幾亦入我郛故舉入郛以起魯恥且明兵之所鄉苟得其罪則莫敢不懼○鄉者許亮反下同幾音祈）

十有六年。春。季孫行父會齊侯于陽穀。齊侯弗及盟。其言弗及盟何（据序上會也連盟何者嫌据盟）不見與盟也（與齊期盟爲叔姬故中見簡賤不見與盟悔辱有恥故諱使若行父會而去齊侯不及得與盟故言齊侯弗及亦所以起齊侯不肯○爲于僞反）

夏五月公四不視朔視朔說在六年不舉不朝朝者禮月終于廟先受朔政乃朝明王教尊也朝廟私也故以不視朔為重常以朔者重始也公曷為四不視朔据無事也公有疾也以不諱舉公知有疾公有疾乃復舉公是也○乃復扶又反下同何言乎公有疾不視朔据有疾無惡也自是公無疾不視朔也有疾無惡不當書又不言有疾者欲起公自是無疾不視朔也然則曷為不言公無疾不視朔有無疾不視朔有疾猶可言也無疾不可言也言無疾大惡不可言也是後公不復視朔政事委任公子遂○六月戊辰公子遂及齊侯盟于犀丘○犀丘音西左氏作郪丘穀梁作師丘○秋八月辛未夫人姜氏薨○毀泉臺泉臺者何郎臺也莊公所築臺于郎以郎譏臨民之漱浣○漱素侯反浣户管反郎臺則曷為謂之泉臺未成為郎臺未成時但以地名之既成為泉臺既成更以所置名之毀泉臺何以書譏何譏爾築之譏毀之

譏先祖爲之已毁之不如勿居而已矣但當勿居令自毁壞不當故毁暴揚先祖之惡也築毁譏同知例皆時○令力呈反暴步卜反○楚人秦人巴人滅庸○巴布加反○冬十有一月宋人弒其君處臼弒君者曷爲或稱名氏或不稱名氏大夫弒君稱名氏賤者窮諸人賤者謂士也士正自當稱人○處臼二傳作杵臼大夫相殺稱人賤者窮諸盜降大夫使稱人降士使稱盜者所以別死刑有輕重也無尊上非聖人不孝者斬首梟之無營上犯軍法者斬要殺人者刎脰故重者錄輕者略也不日者內娶略賤之○別彼列反梟古堯反要一遙反刎亡粉反頭如字本又作脰音脰

十有七年春晉人衛人陳人鄭人伐宋○夏四月○癸亥葬我小君聖姜聖姜者何文公之母也○聖姜二傳作聲姜○齊侯伐我西鄙○六月癸未公及齊侯盟于穀○諸侯會于扈○秋公至自穀○冬公子遂如齊○

十有八年春王二月丁丑公薨于臺下○秦伯罃
卒秦穆公也至此卒者因其賢○伯罃乙耕反何云穆公也左氏穆公子康公○夏五月戊戌齊
人弒其君商人商人弒君賊復見者與大夫異齊人已君事之殺之宜當坐弒君○復見扶又反下同下賢遍
反○六月癸酉葬我君文公○秋公子遂叔孫得臣
如齊不舉重者譏喪娶使二大夫出虛國家廢政事重錄內也○冬十月子卒子卒者
孰謂謂子赤也何以不日據子般卒日隱之也何隱爾弒
也弒則何以不日據子般卒日○弒也音試下及注同不忍言也所聞世臣子恩痛王
父深厚故不忍言其日與子般異○夫人姜氏歸于齊歸者大歸也夫死子弒賊人立無所歸留
故云也有去道書者重絕不復反○季孫行父如齊○莒弒其君庶其
稱國以弒何據莒人弒其君密州稱國以弒者衆弒君之辭一人
弒君國中人人盡喜故舉国以明失衆當坐絕也例皆時者略之也

春秋公羊卷第六

經傳叁阡伍伯叁拾柒字

注伍阡柒伯叁拾伍字

音義壹阡叁伯柒拾玖字

余仁仲刊于家塾